商务世界的跨文化交际

景艳娥　著

地震出版社

图书在版编目（CIP）数据

商务世界的跨文化交际/景艳娥著. — 北京：地震出版社，2021.11（2025.1重印）

ISBN 978-7-5028-5397-6

I.① 商 … II.① 景 … III.① 商务 — 英语 — 教学研究 — 高等学校　IV.① F 7

中国版本图书馆CIP数据核字（2021）第241764号

地震版　XM4977/F（6186）

商务世界的跨文化交际

景艳娥著

责任编辑：刘素剑

责任校对：凌　樱　郭贵娟

出版发行：地震出版社

　　　　北京市海淀区民族大学南路9号　　　　邮编：100081
　　　　发行部：68423031　　　　　　　　　传真：68467991
　　　　总编办：68462709　68423029
　　　　专业部：68467982
　　　　http://seismologicalpress.com
　　　　E-mail:dz_press@163.com

经销：全国各地新华书店

印刷：北京市兴怀印刷厂

版（印）次：2022年10月第一版　　　2025年1月第二次印刷
　　开本：787×1092　1/16
字数：324千字
印张：13.25
书号：ISBN 978-7-5028-5397-6
定价：85.00元

前　言

　　自改革开放政策实施以来，中国与世界各国的商务往来越来越频繁。近年来，随着改革开放政策的深入，中国经济继续以前所未有的深度和广度向世界开放，并日益融入区域经济和全球经济一体化的框架中，中国政治和经济实力不断提升。国外著名跨国集团公司、金融机构、工商企业竞相抢占中国市场，在中国纷纷设立分支机构、分公司及合资企业，引发了新一轮对高素质复合型对外经济贸易人才的需求：要求他们具备良好的英语听、说、读、写、译以及对外交流、沟通的能力，同时还要熟知对外经济贸易专业知识和国际贸易惯例。

　　在经济全球化时代，越来越多的学者认识到商务英语教学本身就是一种跨文化行为，其内容除了涵盖语言、商务知识外，还应关注存在于语言与行为背后的文化内涵，跨文化交际能力的培养应该成为商务英语教学在培养学生语言能力、交际能力之外的另一项重要内容。随着全球化进程的加速，中国与世界的经济交往日益密切。为适应国际竞争的需要，中国需要大量具有较强跨文化交际能力的商务领域专业人才，这对我们的商务英语教学带来了巨大的挑战。中国的经济正在迅速发展，与世界各国的商务交往日益频繁，已经成为全球经贸技术合作和引资、投资的热点。中国企业目前所面临的竞争与挑战不仅来自国内企业，还来自世界各地的跨国公司和外向型企业。因而，只有熟悉中西方文化，能够正确地认识并妥善地把握中西方文化差异的企业或政府机构，才能不断地提高自己进行跨文化商务交际的能力，强化自身优势，在激烈的竞争中脱颖而出。

　　随着跨文化商务交际活动越来越多，社会对于跨文化商务人才的要求也越来越高，因此有必要对商务世界的跨文化交际加以说明，以提高我国跨文化商务人才的质量，这也是本书撰写的基本目的。

　　全书内容共 6 章，分别是：跨文化交际概述、跨文化商务交际的科学认识、跨文化商务交际技巧、跨文化交际中的商务礼仪、跨文化商务交际中的冲突、跨文化交际中的商务谈判。为了确保研究内容的丰富性和多样性，作者在创作过程中参考了大量理论与研究文献，在此向涉及的专家学者们表示衷心的感谢。

最后，由于作者水平有限，加之时间仓促，本书难免存在疏漏和不足，在此，恳请同行专家和读者朋友批评指正！

编　　者

目 录

第一章　跨文化交际概述

第一节　交际与文化

■ 一、交际

（一）交际的概念

"交际"一词语来源于拉丁语，意为"共享、共有"，这也是交际的前提和目的，即人们通过交际，不仅可以获得更多"共享"的东西，还可以获得更多"共有"的东西，如知识、技能等。交际中，具有同一文化背景的人们可以进行有效的交流，而来自不同文化背景的人们，因为共享的东西有限，在交流时常常会产生障碍。这就是我们所说的跨文化交际。《辞海》中"交际"词条下的释义："敢问交际何心也？"朱熹注："际，接也。""交际"谓人以礼仪币帛相交接也。据此意义，该词后来泛指人与人的往来应酬。

随着交际学在美国的兴起、发展和逐渐成熟，"交际"的概念连同这门学科一起被迅速传播到世界的各个国家。"交际"一词，主要是指英语中的"communication"。不同语言间文化习俗的比较就是帮助在跨文化交际中不同文化背景下的人们相互了解，获得更多"共有"和"共享"的共同点，从而消除跨文化交际过程中的障碍。

目前，国内外诸多学者基于对交际的研究与探讨，提出了很多种交际的定义。这些定义之间的不同之处，体现在交际内容和交际方式的侧重点各有不同。另外，有些交际的定义是围绕交际的符号特征进行论述的。下面来介绍关于交际定义的两个有代表性的观点。

1. 丹斯对交际的定义

丹斯从三个维度对交际进行了论述，具体内容如下所示。

（1）观察的层次。

观察的层次这一维度主要是指抽象化的程度，即：交际既具有较高的抽象性，还具有较高的概括性。

（2）意向性。

意向性这一维度主要讨论：交际行为是人的一种有意为之，还是人的无心之举。在实际交往过程中，一方面，交往的双方对于信息的传递和接收，不可能始终保持准确、及时且有效的完美状态，交际的失败时有发生，如交际的一方对另一方有意传递出来的信息不理解或视而不见；另一方面，若是交际的一方做出在本国文化语境下，代表积极的态度含义的某个动作，但是，这一动作在另一方看来，由于文化背景的不同，则可能具有冒犯和侮辱的含义，这样一来，便会导致交际危机的发生。

（3）规范性评价。

规范性评价这一维度是对交际成功与否的判定。简而言之，就是将交际的成功，解析为一个完整的交际过程后最终的表现形式。有人对判定交际成功与否的标准进行了研究，提出应将信息接收者对所接收到信息的准确理解作为交际成功与否的判定标准，但是这一判定标准忽略了客观实际。事实上，在现实生活中的交际，往往伴随着误解或困惑，并且这两种情形的产生原因均是信息接收者未能正确理解信息。因此，人们主张无论接收者是否理解信息，只要具备信息的传递，就视为交际达成。

2．斯蒂芬·李特约翰对交际的定义

斯蒂芬·李特约翰在《人类传播理论》中没有对交际进行定义，主要围绕"意识性"对交际的影响进行了论述，他依据"意识性"的程度，将交际分为三类，即未感知的、偶然感知的和被关注的。以观看足球比赛的情境为例，当坐在你后排的人伸出大拇指，并且将大拇指朝向地面时，会出现三种情况：其一，未感知的交际。后排的人所传递的某种信息，你并未感知到。其二，你偶然注意到了后排的动作，并且理解和认可他所做动作的表达含义，但你并未做出回应。其三，你注意到后排动作，并了解其中的含义，但是你反感这种做法，进而与后排的人进行理论。

李特约翰又从信息传递方式的角度出发，将交际行为分为非语言行为、征候式行为以及言语行为。在李特约翰关于交际的相关论述中，涉及了交际的一个核心问题，即交际从根本上讲，是一种有意识行为还是一种无意识行为？

以符号学为立足点来看，交际过程包含三个要素，即信息发出者、信息以及信息接收者。同时，还可以将信息传递分为两个阶段，即信息编码和信息解码。理想状态下的信息传递，首先，人在接收到外界刺激的同时，大脑也会针对信息展开一定的认知活动，并对其进行编码；其次，这些加工处理过的信息通过人的语言或身势语来完成传递；最后，接收者接收到传递过来的信息时，展开积极的解码活动，来获取信息的内在含义，就有如交际双方在展开对话时通常表现为循环往复的话轮转换。而在此之中，交际双方传达或是接收的信息是正确的，即获得正确的编码和解码，这是对话得以持续进行的保证。

综上所述，人在进行交际的时候，首要的条件就是自身的需要，其次就是他人的参与。交际即信息编码、解码的过程，交际的过程也充分体现了信息双方的关系。交际行为的发生，是人与人之间进行的一种信息交换的过程，并且这种行为既可能是有意识的，也可能是无意识的。例如，除语言之外，人的眼神、身体姿态也可以传达出人的某种信息，可以是需求、愿望，也可以是感觉或态度等，有学者将之称为关系。

当前，随着网络的飞速发展，人们的交际打破了时空与距离的限制，人们可以实时地使用网络传递信息，但是并不意味着这样的交际就一定是成功的，交际的双方仍然会由于文化背景的不同，而造成交际的失败。总而言之，交际同文化一样，是相当复杂的，相信随着时间的推移，人们对于交际的认识将会越来越深刻。

（二）交际的特点

从不同的角度来看，交际呈现出不同的特点。下面仅就有代表性的两个观点加以介绍和说明。

1. 勒斯蒂格和凯斯特认为的交际特点

勒斯蒂格和凯斯特依据对交际的研究，提出交际具有以下四个特点。

（1）符号性。

交际的符号性特点与信息的传递方式有关，信息发送者在编码成功之后的传递过程中，不管是采用言语的方式或非语言的方式，都具有符号性。简单来说，没有离开符号的信息。

（2）解释性。

解释性特点指的是信息需要解码，任何一种交际都离不开对信息的解释，这也是交际得以顺利进行的前提之一。

（3）交互性。

交互性特点是对信息发送者和接收者之间存在的关系的概括。交际的交互性最典型的表现是话轮的转换。

（4）情境性。

交际不是凭空发生的，不仅需要物理环境、上下文语境的支持，还离不开交际双方所具有的背景知识。另外，信息在一种情境中为真，但是在另一种情境中，则可能表现为假。这证明对于交际来说，情境性是其重要特点之一，并且与时间、空间，以及时空中所有的存在相联系。

2．王玉环和李金珊对交际特征的认识

相比于勒斯蒂格和凯斯特，王玉环和李金珊对交际特征的认识增加了事务性和动态性。其中，事务性指的是交际双方不仅借助信息内容交换意见，所伴随的语气、眼神、动作等同样在传达某种信息；动态性表明交际不是一个人的独白，而是交际双方的一种互动。

■ 二、文化

（一）文化简述

文化述说起来就是，包括人在内的天地万物所产生的信息的融汇、渗透，并且这种融汇、渗透以精神文明为导向。文化是精神文明的保障与导向。文化这一概念所包含的内容十分广泛，因此，难以对文化进行一个严格和精确的定义。诸多专家学者，不管是哲学家、社会学家，还是历史学家和语言学家等，均努力地从各自的学科领域出发，试图来对文化的概念进行界定。但是，始终没有找到一个被人们广泛认可的、令人满意的定义。下面我们，从两个角度对文化的内涵进行分析和介绍。

1．广义的文化

关于广义的文化描述起来就是，人类在社会历史发展过程中，长期积累创造的财富总和，既包括了物质财富，又包括了精神财富。文化主要包括以下两个方面的内容。

（1）显性文化。

显性文化主要是指由人类所创造的物质财富，即物质文明。人类社会中的工具、服饰、日常用品等，均属于物质文明的范畴。

（2）隐形文化。

隐性文化主要包括了制度文化和心理文化。前者主要是指生活、家庭、社会制度，后者主要指思维方式、宗教信仰、审美等。隐性文化涉及的学科领域有文学、哲学、政治等。

另外，人类创造的精神财富所包含的内容不仅有宗教、信仰、风俗习惯，还包括了科学技术及各种制度等。

广义的文化，一方面，立足于人类与一般动物，围绕着人类社会与自然界二者的本质区别进行研究；另一方面，从人类区别于自然的独特的生存方式的角度出发，针对文化现象进行研究，并且由于这些研究所涉及的领域非常广泛，因此，被称为"大文化"。人类认识世界的方法和观点不是一成不变的，而是随着人类科学技术的发展不断变化的，因此，人们对文化的界定，也将会愈发开放与合理。

2．狭义的文化

狭义的文化就是指人们普遍的社会习惯，比如人们的衣食住行、风俗习惯等。泰勒在《原始文化》一书中，针对狭义的文化进行了论述，他认为文化是包括知识、信仰、艺术、道德、法律、习俗和任何人作为一名社会成员而获得的能力和习惯在内的复杂整体。

我国的学者普遍将狭义的文化特指为精神财富。这与美国文化人类学家克拉克洪的理解一致，他指出：狭义的文化即历史和文学中的文化。他认为可以将这种文化理解为某种文化素养。当人们提到"文化"，首先想到的是它的狭义方面，即文化的精神形态。

（二）文化的特征

1．文化的后天性

人们并不会先天就继承本民族文化，只会通过后天习得来获得。首先，人的感知器官为人的文化习得提供了生理基础；其次，人们所处的后天社会环境直接决定了人们的文化归属。文化可以说是人在进行社会活动的一条准绳，制约着人们生活的方方面面，一旦人们脱离这种约束，就会受到相应的惩罚。可见，文化对人的行动具有引导作用。

当人们在转换不同文化空间的过程中，可以发现文化之间在具有共性的同时，也不乏个性的存在。例如，每一种文化都体现了对真、善、美的追求，但是不同文化对这一追求的表达和实现方式是存在差异的。

2．文化的普适性

文化的普适性是指，对人类来说，每一种文化都是物质的产物和非物质的产物的集合体。虽然任何一种文化的外在表现方式方面是千差万别的，但是都可以在其细节上发现某一个文化共同点。可见，就文化所包含的内容而言，是具有一致性的，并且随着经济文化的全球化发展，文化也呈现出趋同态势，人们愈发追求和认可真、善、美，这一观点也逐渐成了人类共同的价值观。

除此之外，关于文化的普适性，还体现在任何一个民族文化的发展变迁均经历了这样几个阶段，即从野蛮、未开化走向文明，从不完美走向完美。

3．文化的民族性

文化具有民族性或差异性，可以说是毋庸置疑的，相关实证数不胜数。美国人类学家露丝·本尼迪克特提出，文化就像人一样，在思想与行为模式方面，多多少少会存在一些相同的模式，即任何一种文化在其内部都具有一致性，并且每一个民族都在不断传承其独特价值观。个体之间的异质性在这些价值观的影响下，会被统一在共同的目标之下，可见，文化有助于民族认同感的培养。简而言之，以人类社会中关于"美"的认识为例，处于不同文化样式下的人们对于"美"有着不同的见解，"美"的表现形式也不尽相同。

当不同文化背景下的人们进行交往时，代表着跨文化交际产生了。对于跨文化交际来说，文化所具有的普适性和民族性对其具有非常重要的意义。

正是因为文化之间存在一定的共性，才可以使人们的跨文化交际得以进行。不同文化之间具有的可参考共性和范式，使文化冲突的调和得以实现，使交际双方可以理解对方文化与本民族文化之间的差异。同时，正是由于文化本身所具有的民族性、差异性以及个体性，才使得人类文化如此丰富多彩。文化具有的这些特性，可以为跨文化交际提供前提，同时也对跨文化交际提出了挑战。例如，指称同一事物的词语，由于不同文化背景下的引申义或联想意义不同，也会造成交际的失误。

4．文化的动态性

文化决定着一个人身份的认同感，但是这并不是说个人所信奉的文化是一成不变的。文化具有动态性，一个民族或国家内部的文化是不断发展变化的。随着社会媒介的发展，不同文化之间的交流也越来越便捷，文化之间的相互影响从广度和深度上较之以前都大为不同。比如借助于网络媒介，我国的新现象、新词语往往在一夜之间就会红遍大江南北，更有甚者，能够在短时期内就获得其他文化的关注。例如，"追梦人"一词的走红及流行，表明网络媒体，如微信、快手、抖音，在推动文化的流动性方面功不可没。这些新词语在引发网络集体狂欢的同时，不仅对自身的文化符号进行了重新分析，也引起了西方媒体的注目，从跨文化交际的角度来看，这无疑打通了一条新的交流渠道。文化的动态性还表现为，不同民族文化之间并不存在无法逾越的鸿沟，随着跨文化交流的频繁和深入，高语境文化与低语境文化之间的界限也越来越难以分辨。例如，我国作为高语境国家，在过去，当人们面对他人的称赞时，往往做出迂回的、含蓄的，甚至是否定的回答。而现在，由于受到西方文化的影响，在我国，人们也逐渐采用低语境文化的话语方式进行交流。

（三）文化的层次

文化不仅具有多样性，还具有复杂性。因此，人们很难对文化有一个准确且清晰的分类，目前对于文化的划分，只是对文化某一个角度进行的尝试性分析。从文化结构的角度出发，有以下几种分类方式：第一，两分说，是指将文化划分为物质文化和精神文化；第二，三层次说，是指将文化划分为物质、制度、精神三个层次；第三，多层次说，是指将文化划分为物质、制度、风俗习惯，以及思想与价值等层次；第四，六大子系统说，是指将文化划分为物质、社会关系、精神、艺术，以及语言符号、风俗习惯等。

文化主要由生产文化与精神文化构成，前者如科技，后者如生活、思想等。任何一种文化都是为生活服务的，离不开人们的生活，文化无一不包含了生活和生存的理论与方式，以及理念和认识。

1．文化的内部结构

关于文化的内部结构，概括起来有以下四个层次。

（1）物态文化层。

物态文化层是指人类在物质生产活动方式方面和产品方面的物质总和，是一种可触知的具有物质实体的文化事物。

（2）制度文化层。

制度文化层是指人在参与社会实践过程中，所组建的各种社会行为规范、准则以及各种组织形式所构成的文化。

（3）行为文化层。

行为文化层是指存在于人际交往中的、具有约定俗成性质的行为模式，包括了礼俗、民俗、风俗等诸多形态。

（4）心态文化层。

心态文化层在人的社会意识活动经过长时间的发展中形成的精神文化，或是社会意识等，是一种人的主观因素，包括了价值观念、审美情趣以及思维方式等，也可以说心态文化是文化的核心。

2．人类学家定义的文化层次

有些人类学家将文化分为三个层次。其具体内容为：第一，高级文化，内容主要包括哲学、文学、艺术等。第二，大众文化，主要包括了人生活的各个层面及生活方式，如习俗、仪式，又如人的衣食住行、人际关系等。第三，深层文化。一方面，是指价值取向，以及生活节奏、解决问题等方面的方式；另一方面，是指性别、阶层、职业，以及亲属关系等相关的个人角色。

不管是高级文化还是大众文化均蕴含在深层文化之中，而深层文化中的某一概念，又反映在大众文化与高级文化之中。大众文化主要反映的是在深层文化之中的某种习俗或生活方式；高级文化反映的是来自深层文化中的某一种艺术形式或文学主题。

（四）文化的表现形式

一种文化系统的内部往往呈现出不同的姿态。例如在中国，东南西北民风习俗各异。如果把中华文化这个大系统称为主流文化，那么那些地方性的、个别群体的、少数民族的文化就是亚文化（subculture）。亚文化虽然与主流文化存在差异，但仍然是一个价值观、态度、行为模式、生活方式的体系。克鲁克和克拉克洪将文化分为外显文化和内隐文化，他们认为，只有真正理解了内隐文化才能理解文化的本质。

文化是一个大范畴，广义的文化包括人类改造过的自然或自然物和政治、经济、艺术、哲学、宗教、民俗、心理等社会生活的各个方面，它可以分为实物、风俗习惯、制度、思想产品和心理意识等层次。广义的文化被划分为物质文化、社会文化和精神文化。其中，社会文化即集体交往或社会交际文化，是我们所讲的狭义的文化。精神文化则以语言为基础和载体。文化可以被广义地定义为某一特殊社会生活方式的整体，可以有罗马文化、印度文化、阿拉伯文化、华夏文化等。同时，这一整体中的部分，因为能够体现该文化的特色也可以被称为文化，如饮食文化、园林文化、武术文化、服饰文化等。

■ 三、交际与文化综合论述

交际具有传播文化的使命，需要完成一种文化承担者的任务。文化基础直接影响人的交际行为，具有不同文化基础的人，形成的交际行为也是不同的，文化是交际基础的同时，也制约着交际。交际中，不同文化背景下诸多事物展现出色彩斑斓、纷繁各异的意义。

如我们现实生活中并不存在"龙"，在古老的中国传统文化中，龙是民间信仰中神圣的神异瑞兽。《说文解字》中是这样描述的，"龙，麟虫之长，能幽能明，能大能小，能长能短。春分而登天，秋分而入渊"。中国民间传说中龙为尊贵的象征，与帝王、皇室关系紧密；它代表祥瑞，与国泰民安、大吉大利不可分割。中国人以龙为崇高威严的象征，把龙奉为百兽之长。因为其腾云驾雾和神灵出没的灵异品格，人们尊龙为"四灵"之一。在中国古老的文化习俗中，龙专司雨水，是造福万物和百姓的神物。每逢我们传统节日和盛大庆典，都会组织舞龙、赛龙舟等形式多样的大型祈福活动，人们聚集在一起，寄希望龙的保佑，祈祷来年风调雨顺、五谷丰登。作为神灵的象征，龙的形象遍及中国人生活的各个角落。从古至今，历代皇帝王室的建筑均以龙形为主要标志，如天安门汉白玉华表上腾空而起的飞龙、故宫大殿云龙阶石上浮云遨游的巨龙、首都北海公园和山西大同龙壁上神态各异的祥龙等。在全球化已成为趋势的今天，龙已经成为中华民族的象征，傲然屹立在世界东方。世世代代生长在中华大地上的中华儿女，骄傲地向世界宣告自己是龙的传人。从某种意义上讲，龙是我国文化的特产，是一种文化个性。

西方神话传说中的dragon（龙）是一种鳄鱼类的陆生动物，性格极其凶残，是"喷烟吐火"的怪物。西方人认为它是邪恶的象征，认为龙是凶残，肆虐的，主张应予以灭绝。另外，在一些描写圣徒、英雄勇敢地和龙争斗的西方神话传说中，故事结果大多以怪物被杀画上句号。恶魔撒旦也称"the great dragon"（巨龙），英语中它有"凶暴之徒""严厉透顶的人"等诸多含意。而在现代英美新流行语中，a dragon lady 指一个以统治者身份并行使极大权力的女人；有时 dragon 也有"打人的警察"之意。

每一个人都是从对自身文化的习得过程中，获取交际方法的。任何人考虑的问题、说话的方式、谈论的话题等，均会受到文化环境或背景的制约。人类文化的发展形成离不开交际，但是交际行为本身又构成了文化特性。因此，文化就是交际，交际就是文化，两者是你中有我、我中有你的相互依存关系。理解和把握好这一点是促使跨文化交际成功的一把万能钥匙。

第二节　跨文化交际

■ 一、跨文化交际的起源与发展

迪亚士到达好望角、郑和下西洋、麦加圣地的朝拜以及丝绸之路的延伸，中外历史上记载的这些远行都是跨文化的经历，其中所包含的跨文化交际足迹就是它的起源。

跨文化交际是伴随着人类的诞生而存在的一个重要现象。早在 1492 年 8 月，意大利航海家哥伦布离开西班牙的巴罗斯港，历时两个多月的海上航行，他发现了美洲巴哈马群岛的华特林岛，就是我们所谓的"新大陆"。返航时，哥伦布在这块土地上留下了数十名水手，并把他俘虏的印第安人带回国，这便是早期的人种迁移。此后，西班牙人将美洲的烟叶、番薯、玉米、可可等带回欧洲，进而把它们传播到世界各地。由此可见，正是这些跨文化交际活动促进了世界资源的共享，同时，促进了世界文明的传播。世界上任何一个国家或是民族的形成和发展都不是孤立和自闭的，都是伴随着跨文化的接触和交流活动而存在的。哈姆斯认为，世界范围内的交际经历了五个发展阶段：语言的产生；文字的使用；印刷术的发明；近百年交通工具的进步以及通信手段的迅速发展；跨文化交际。他认为，世界范围内近数十年的交际都是以跨文化为特征的，这是人类交际的第五个阶段。因此，我们可以得出结论：跨文化交际和语言的产生具有同等重要的地位。

当今社会中，交通工具的飞速进步和通信手段的迅猛发展导致不同国家的人们频繁地接触和交流，越来越多的人开始重视跨文化交际。其中，如日中天的互联网更是通过计算机网络系统，在一个虚拟的空间里将全世界各地的人们结成一个整体。人类历史上这种大规模、多层次性和高频率的人际交往是前所未有的，整个人类已经悄然步入全程信息化时代。互联网信号已延伸到世界各地的每个角落，信息化社会跨越了地区、民族和文化界限，可以说是无所不至、无处不及。网上银行、网上购物、网上会议等都已如寻常事物走入我们的生活。来自不同国度、互不相识的人可以通过互联网交流信息、建立友谊和拓展业务。所有这一切表明，跨文化交际已经成为我们这个时代一个极为明显的社会特征。对大多数人来说，跨文化交际似乎只是一个学术术语，是普通人在日常生活中根本无法触及的事物。但事实上，即使不与外国人直接接触，我们仍可能是跨文化交际活动的参与者，在不知不觉中从事着跨文化交际活动，如欣赏国外电影、电视节目，阅读外语文学作品等。作为观众和读者，自始至终，我们和来自不同国度、具有不同的文化背景、使用不同语言的作者以及电影、电视演员们一起走过他们在戏里、书里的人生，同喜共悲。因此，在某种程度上，正确理解外国小说、电影和电视同样是一个复杂的跨文化交际过程。

■ 二、跨文化交际的基本概念

跨文化交际首先是一种交际，它具有交际的特征，如特定符号表述的意义、信息的传送与共享，它也遵循着交际的模式。但是，跨文化交际又不是一种普通的交际，它是一种具有特殊性的交际方式，有着自己的特点和模式。

"跨文化交际"的概念最早产生于美国，指的是具有不同文化背景的个人之间的交际。换句话说，跨文化交际是不同文化背景的人之间所发生的相互作用。从其本身来看，跨文化交际并不是什么新鲜事物，它是自古以来就存在的一种普遍现象，具有不同文化背景的人在进行接触时肯定会产生跨文化交际。甚至，我们可以毫不夸张地说，跨文化交际的历史实际就是人类发展的历史。

20世纪70年代初，狭义的跨文化交际被引入有关外语和交际培训的文献中。跨文化交际意味着一种特定的交际情境：在面对面的交流情境中，来自不同文化背景的人用不同的语言和话语策略进行交流。随着该术语的普遍使用，它被广泛地用于翻译研究、对比语言学（语用学）、外国文学阅读以及文化意义的比较分析中。由于在没有采用新方法论的前提下开展了一些相似的研究，故这一术语没有揭示其相关领域的一些重要问题，使得狭义的跨文化交际遭受到一些批评。但是，狭义的跨文化交际研究和应用已经拓展为相对特定的兴趣领域，即对来自不同文化背景的人所进行的面对面的交流而开展的话语分析。纵览我国的跨文化交际活动，它的历史如同中华文明一样源远流长，并散发出耀眼夺目的光芒。其中，明代郑和率领庞大的船队七次出使西洋，最远曾到达非洲东海岸和红海沿岸，访问了大约 30 个国家。这次远航促进了中国和亚非各国的经济交流，是世界航海史上的伟大壮举，更重要的是，它是中国历史上较大规模的跨文化交际活动的开篇序曲。21 世纪的今天，科技进步打破了时间和空间的限制，缩小了我们在这个世界中彼此的距离，这一切都使生活在不同地区人们之间的交流变得简单易行。因此，现代社会中，跨文化交际的重要性就远远地高于历史上任何时期。

20 世纪 70 年代至今，中国政府大力推行的改革开放政策把中国同世界各强国连线，无数跨国公司和外资企业在神州大地上安家落户，中国和世界上绝大多数国家和地区都建立了直接的经济、贸易往来关系，国与国之间的相互依赖性越来越强。越来越多的中国人投身于异域文化的环境中，出国学习、从事商务、洽谈业务甚至远嫁海外的比比皆是。同时，改革开放所带来的经济的迅猛发展和生活质量的提高也使得大批中国人跨出国门，利用自己的闲暇时间来饱览异域风光，开阔自己的视野。经济强国的大浪把中国人卷入一个又一个五彩缤纷的神奇万花筒，同时，也将他们置身于一个跨文化交际的国际化大舞台。当今的中国社会已经处在一个全方位对外开放的平台上，这在中国历史上是一个史无前例的伟大时期。这一切也使我们遭遇到从未有过的文化摩擦、文化误解和文化冲击。随着通信、交通工具的迅速发展和全球化趋势的增强，跨文化交流变得更为直接且不受时空约束。同时，为了更好地相互适应，我们往往需要更多特定的跨文化交流策略来协调和融合跨文化交际中的具体活动，跨文化交际研究已经成为一门非常重要的学科。

▎三、跨文化交际的研究内容

（一）跨文化交际研究的缘由

美国是一个多民族、多种族的国家，具有跨文化交际研究的根基和沃土。自 20 世纪 60 年代起，美国的学者们将跨文化研究作为一门学问来研究，主要集中在人们如何处理语言、行为的差异及其不同效果上，以特定的文化方法描述并探讨交际参与者在特定情境下的语言行为。在外语教学领域，跨文化交流中的语言运用研究变得日益重要，因为当外语学习者想把课堂知识应用到真实的跨文化交际情境中时，这些分析给他们提供了所需能力的语言基础。

我国跨文化交际研究的历史很短。20世纪80年代中期，我国相关学者才开始跨文化交际的研究，并且在研究初期，学者们将研究的重点主要放在了外语教学、文化和语言的关系上。1982年，许国璋先生发表的论文 *Culturally Loaded Words and English Language Teaching*，标志着我国跨文化交际学的正式诞生。文章中，他着重围绕词的文化内涵与翻译的关系进行了论述。除此之外，他还提出在不同语言中表面上对等的词汇实际上在文化内涵上并不相等。此后，学者们谈论文化差异的文章越来越多，并相继发表在各种学术刊物上。究其原因，不仅是由于跨文化交际引起了人们的兴趣，还跟交际教学在外语教学中的推广有着紧密的联系，外语的推广使人们进一步清醒地认识到学习外语必须结合文化。语言学习者如果只关注语言形式的不同，而不注意分析语言的内涵是学不好外语的。1995年，我国第一届跨文化交际研讨会议在哈尔滨工业大学召开，这也是我国首次将跨文化交际作为主要议题的会议。会上成立了中国跨文化交际研究会，选举产生了研究会的领导机构，会议决定每两年召开一次大会。1996年8月，北京大学与美国肯特州立大学（Kent State University）共同举办了议题为"交际与文化——进入21世纪的中国与世界"的研讨会，1997年在北京外国语大学召开了第二届会议。在这里，我们不得不涉及一个时常被人关注的问题，跨文化交际研究的理论框架和研究方法究竟是什么？我们知道，跨文化交际研究的一个突出特点就是它的多学科性质，它的理论与材料来源于人类学、心理学、语言学、社会学、文化学等学科。其中，人类学，特别是文化人类学对于跨文化交际研究的贡献极为突出，没有一个固定不变的模板适合所有的跨文化交际的研究者和外语学习者。因为在跨文化交际作为一门学科出现以前，文化人类学对于文化的定义、文化和语言的关系、非语言交际等都已经做了很多研究，搜集了大量的材料，为跨文化交际的创立准备了必要的条件。众多学者一致认为，霍尔的《无声的语言》是跨文化交际研究的奠基之作。在具体的文化差异方面，跨文化交际交流取之于人类学的则更多。人类学家许烺光所著的《美国人与中国人——通向分歧之路》（*Americans and Chinese：Passage to Differences*）对中美文化的差异做了十分全面而透辟的分析。可以说，人类学在跨文化交际研究中起到了举足轻重的作用。

（二）跨文化交际研究的目的

1. 培养人们对不同文化持积极、理解的态度

文化具备个体差异性，通过发现对方的不同点，才能注意到不可忽视的大量共同之处。反过来，在这个过程中，我们能够加深对自身文化的理解，从而做到客观

地把握各自的文化特性。

2. 培养跨文化接触时的适应能力

当我们第一次与异域文化碰触时，常会受到文化冲击，导致某种不适应的产生。设法减缓冲击、提高适应能力是使跨文化交际得以成功进行的唯一途径，这也是跨文化研究的一项重要内容。

3. 培养跨文化交际的技能

随着全球化的发展，有越来越多的国人可以在国内参与到跨文化交际中。同时，也有越来越多的人走出国门。为了满足跨文化交际的需要，人们需要学习和掌握与人打交道的实际技能，尤其是如何与不同文化背景下的人进行交往。对跨文化交际研究来说，其具有的实践意义要大于它具有的理论意义。

事实上，我们周围许多人对跨文化交际的重要性还缺乏一定的了解和认识。大部分人认为这不过是学习外语过程中一个常见的问题，在他们看来，只要学会外语，按照习惯做法，剩下的一切完全可以迎刃而解。然而，他们忘记了，习惯是一种具有个体差异性的客观行为，它不具备普遍性，它常因文化背景的不同而有所不同，有时只是细微的差异。在中国特定的文化背景下属于常识性的行为和表述，在某个外国文化的背景下很可能就变成一种反常的行为。很多中国的语言学习者认为，听、说、读、写的四项基本技能便是外语学习的全部内容，掌握了它们便可以顺利地与外国人畅谈交流。这里，他们错误地将跨文化交际能力和掌握外语的基本能力画上了等号。用外语进行交谈，实际上就是在进行跨文化交际活动。仅能够用丰富的词汇、正确的语法和表达流利的外语去交流，并不足以与外国人进行无障碍的沟通和交流。通过自己的切身体验，越来越多的跨文化交际参与者和语言学习者对这个客观存在的事实是不置可否的。

交际中的文化差异，即不同语言和不同民族具有的文化特质是存在差异的，并且这种文化差异，具体表现在交往方式、问候礼仪礼节方面，或是在文化习俗等方面存在差异。文化差异的高级表现形式主要体现为文化冲突。因此，跨文化交际研究的主要目的就是避免这些冲突的发生。如果对目标文化没有一定的了解，在交际过程中就容易造成交际障碍。跨文化交际研究可以帮助交际双方消除不必要的误解。跨文化交际研究有助于不同文化之间进行交流，在充分了解各个国家文化在不同时期的不同发展状态的同时，可以帮助我们反省自身文化，找出自身文化的不足。只有这样，才有可能使本民族文化的发展更上一层楼，更好地与世界对话和交流。

第三节　环境对跨文化交际的影响

任何文化都与本民族的生产和生活现实存在着密切的关联。由于不同民族的发展历程、生活环境、生产和生活方式、生活态度等存在显著的差异性，由此衍生出的物品类型、行为举止、社会规范、思维方式、风俗习惯（包括个人与集体观念、时间观念、权势距离感、信息交流的方式——直接透明还是间接含蓄）等必然有不同于其他民族文化的独特之处。

环境（environment）是指围绕着人群的空间及可以直接、间接影响人类生活和发展的各种自然因素、社会因素的总和。交际环境是指对交际行为、方式、内容和效果产生影响的自然、社会及个人因素。

人们在进行跨文化交际的过程中，环境是影响交际效果的重要因素之一。一方面，交际往往受特定时代、特定氛围的限制，交际者应该尊重当前的事实环境。在谈话的气氛、格调及语言材料和表达手段的选择上都必须适应现实的状况。另一方面，交际的具体时空因素制约着语言表达手段的具体选择和话语模式的确定。

交际环境根据不同的标准可以分为圈外环境和圈内环境，自然环境、社会环境和人物个性环境，高（强）环境和低（弱）环境等。

一、圈内环境和圈外环境

根据交际范围，将交际环境分为圈内环境和圈外环境。圈内环境和圈外环境是宏观跨文化交际的范畴，既涵盖国家范围内跨民族的交际和民族范围内群体间、行业间的交际，也包括跨国家和跨民族的交际。

1. 圈内环境

圈内环境是指在交际者长期生活的群体范围内与其他个体进行交际所处的环境和氛围。一般来说，在圈内环境中进行交际，交际者享有的社会规范相同，影响交际行为和效果的主要是个人的认知和个性等因素。

2. 圈外环境

圈外环境是指交际者离开原来的群体来到一个陌生的群体环境中进行交际所处的环境和氛围。在圈外环境中进行交际，影响交际行为和效果的因素很多，包括自然因素、社会因素和个人因素，交际者既要了解和适应交际对象的文化，避免触犯禁忌，同时也要容忍因文化差异带来的冒犯与亵渎。圈外环境下的交际往往以文化了解为基础，否则会造成交际失误，甚至失败。

▍二、自然环境、社会环境和人物个性环境

按照属性来分，交际环境可以分为自然环境、社会环境和人物个性环境。从现实的角度来看，影响跨文化交际的环境主要是自然环境、社会环境和个性环境。

（一）自然物理环境

自然物理环境是指人类通过长期有意识的社会劳动，加工和改造了的自然物质、创造的物质生产体系、积累的物质文化等形成的环境体系。自然物理环境对人们的生产和生活产生一定的影响，如物产的差异及其衍生的生活习惯和观念的差异等。对跨文化交际产生影响的因素主要是时空环境，即交际的时间和空间环境。

交际中的空间环境主要包括交际时所处的位置环境和地域环境。

1．位置环境

位置环境是指交际行为发生时所处的实际位置，其通常会赋予交际内容一定的含义或者联想。例如，吃饭时谈论与大小便有关的话题会让人产生不快的联想。如果不注意位置环境，通常会造成交际的失误。

【案例】

A：How much is it ?

B：One dollar.

此对话如果发生在美国，"One dollar"实指 1 美元，但如果在加拿大或者澳大利亚，则分别指 1 加元或者 1 澳元。虽然数字相同，但如果按国际习惯兑换，算上汇率，其间的差别就大了。

2．地域环境

不同民族赖以生活的地域存在地理环境上的差异，因而与之相关的气候、地形、生物以及生产生活方式、社会结构、风俗习惯等自然背景和社会背景也必然存在显著的差异性。

由于不同民族所处的地域不同，不仅会导致物产上的差异，还会形成习俗、规制方面的差异。例如，在海边生活的民族，其物产主要是水产品，其习俗也往往与水有关，如"开渔节"等。生活在草原地区的民族，其物产主要是畜产品及其附属产品，其习俗也往往与牧业有关，如我国藏族人民会在藏历六月（农历八月）举行为期 8 天的"当吉仁"赛马节等。生活在平原的农业产区，其物产主要是农副产品，其习俗也

往往与农业有关，如"春节"，是庆祝一年的丰收和展望下一年的成就。

交际的形式和内容与人们在一定地域条件影响下的劳动生活和文化密切相关。例如，表达"大手大脚地花钱"这一意思的英文表达是"spend money like water"，这与英国的岛国环境密切相关；而同义的汉语表达是"挥金如土"，与中国的农耕文化密切关联。英国是一个岛国，历史上航海业比较发达，因此，很多语言都与水和船相关。例如，"to rest on one's oars"（暂时歇一歇），"to keep one's head above water"（奋力图存），"all at sea"（不知所措），等等。

英语中有俗语："East is east，and west is west，and never the twain shall meet."《晏子春秋》中也有类似的表达："橘生淮南则为橘，生于淮北则为枳。叶徒相似，其实味不同。所以然者何？水土异也。"这些说法的文化地域性特征很明显。

【案例1-1】

I'm Stuffed

Mr. and Mrs. AndrewEggman, an American couple, had dinner with a family in Australia. When the hostess asked Mrs. Eggman to have more，she said. "I'm stuffed." Immediately the host and hostess became quiet and wordless.

Question：Why ？

【分析】

In America, "I'm stuffed" means "I'm full". But in Australia，it means：(1) "I'm pregnant." (2)"I have too much sex."

场合语境是人们在交际中选择语言材料的基础。对交际场所的重视可以避免与特定背景不协调的情形，从而实现有效的交际。

3．时间环境

时间观是人们在长期社会实践中自然形成的。人们的时间观一旦形成，便深深地潜藏在人们思想深处，制约和支配着人们的言行。反过来，一定的言行又反映一定的时间观，人们的言行传递出与时间观有关的信息。美国人类学家爱德华·T.霍尔说，时间会说话，它比有声语言更坦率，它传达的信息响亮而清晰。

交际的时间环境是指交际发生时对交际方式的选择、交际内容的繁简和交际效果的好坏等产生影响的时间点或者时间段。交际发生的时间点或者时间段对交际产生影响，因此，交际对时间点或者时间段的选择与适应直接影响交际的效果。

【案例1-2】

某年春节，一对夫妻专门开车来到一家商店买鞭炮。店员在他们挑选鞭炮的时候想套近乎，但一时又找不到合适的话题，便随口问道："你们是准备去上坟用的吗？"那对夫妻便立刻停止挑选鞭炮，并惊诧中带有几分恼怒地看着店员说："今天我们厂开张。"因为被触了霉头，最后他们什么也没有买，愤愤地离店而去。而店员在尴尬中带有几分懊恼和自责，目睹着这对夫妇离去。

【分析】

案例中交际失误是因为对交际的时间环境把握不准。在中国，放鞭炮是为了增加喜庆的气氛或者驱邪，因而很有讲究。如大年初一早上放鞭炮是求开门红，祈愿新的一年一切顺利。但是，在有些地方则在这一天上坟祭祖（祭祖后会放鞭炮）。在中国，因春节而歇业的工厂、商店等重新开张，为了祈求新年的好运和财气也要放鞭炮。因此，只有了解这些地方性习俗才能避免这样的尴尬和不快。

（二）社会环境

社会环境是指人类生存及活动范围内社会物质和精神条件的总和。社会环境一方面是人类精神文明和物质文明发展的标志，另一方面又随着人类文明的演进而不断地丰富和发展，所以也有人把社会环境称为文化与社会环境。人类在改造自然、发展生产、创造文明的活动中结成不同的群体，建立了生产关系和社会关系。不同的社会制度、经济状况、风俗习惯、文化背景等构成了社会环境。广义的社会环境包括整个社会经济文化体系，如生产力、生产关系、社会制度、社会意识等。狭义的社会环境仅指人类生活的直接环境，如家庭、单位、组织和其他集体性社团等。

社会环境对人的形成和发展进化起着重要作用，同时人类活动给予社会环境以深刻的影响，而人类本身在适应和改造社会环境的过程中也在不断变化。

1．心理环境

心理环境是德国心理学家勒温在拓扑心理学中提出的一个基本概念。心理环境是指对人的心理产生实际影响的整个生活环境。它是指人脑中对人的一切活动产生影响的环境事实，即对人的心理事件产生实际影响的环境。

人们的生活环境包括自然环境和社会环境，它囊括了对人产生影响的一切过去、现在和将来的人、事、物等全部社会存在，其中历史传统、文化习俗、社会关系等社会现实，则是更为重要的心理环境。只要有心理的存在，都可能有意识或者无意识地影响人的行为。

中西方的自然环境、社会环境及文化渊源差别很大，因而形成了具有各自特色的习俗。例如，在西方人往往以时间、天气等为媒介来问候对方，礼品偏重纪念意义，而中国人往往以关心对方的身体、饮食等个人事务为媒介来问候对方，礼品偏重实用，并强调双数和寓意，等等。

例如，母亲以警察来吓唬儿子，使他因害怕警察而乖乖听话。对这个儿童实际产生影响的是在他头脑里的警察权威，而不是客观的法律或社会权威。

2. 认知环境

认知环境被定义为人们能够明白的一组事实。这些事实体现为认知环境里的各种元素，包括对物质概念与精神概念的分辨、对具体概念和抽象概念的取舍、对正确概念与错误概念的评判等，共同组成认知主体的总认知环境。

在跨文化交际中，人们总是利用已有的认知来对人们的交际语言或者行为进行正误、优劣等价值性评估，并在评估的基础上做出适当的反应。如果超出已有的认知范围，往往会做出错误的评判，影响到交际的效果。

【案例1-3】

有位外国朋友在中国学习中文，因为他是一位数学博士，所以逻辑思维能力特别强，很善于举一反三，学习中文特别快，老师总夸他聪明。有一天上课时老师讲的是反义词，老师教他们学习"开"与"关"，这位外国朋友也很快学会了。下课时，他看到一位中国同学在闷闷不乐地抽烟，他便走过去问那个同学："你怎么了，怎么这么'关心'呢？"那个同学愣住了："我'关心'什么了？"这位外国人说道："你这么'不开心'，难道不是'关心'吗？"

【案例1-4】

有一道给外国留学生的汉语试题：有位歌手出了很多唱片，而且接到很多参加电影拍摄的邀请。这位歌星很（　　　）

A. 红

B. 绿

C. 白

D. 黄

结果，外国留学生选"绿""白""黄"作为答案的大有人在，就是没有选"红"这个答案的。因为，在他们的认知环境里没有用"红人"来指称那些因某方面才艺而广受欢迎和器重的人的表达方式。

【案例1-5】

某君在A国留学，结识了一位该国同学，两人相处甚好，成了好朋友。一天，他看见同学的一本杂志，想借来看看，于是便说："Would you be kind enough to lend it to me？"他发现他的这位同学听到他的话后显出不悦的神情。后来，某君才认识到，原来在该国"Would you be kind enough to lend itto me？"只能对陌生人或者上司等位尊的人使用，不能用于熟识的人。因为他和同学是好朋友，用这样的表达有疏远的意思，因而同学听了会露出不悦的神情。

（三）个性环境

一个民族的性格往往是十分复杂的，它的形成与历史、地理、风俗、习惯等多种因素有关，是文化的积淀与传承。

每个民族都有其独特的性格特征，如中国人谦逊、美国人大方、英国人矜持、法国人浪漫、德国人勤奋、荷兰人节俭、日本人谨慎，等等。不同民族的性格往往会对人们的交际行为产生实质性的影响。

曾有一个关于"天堂和地狱"的故事展现了欧洲不同民族的个性特征。在天堂里，英国人适合做警察，法国人适合当厨师，德国人适合当机械师或者机修工，意大利人适合做情人，而瑞士人适合做所有人的管理者。然而，在地狱里，英国人适合当厨师，法国人适合当机械师或者机修工，瑞士人适合做情人，德国人适合当警察，而意大利人适合当所有人的管理者。

另外还有一个故事：有4个人同在一条船上，他们分别来自德国、英国、法国和意大利。突然，船要沉没，船长发现了他们4个人，叫他们弃船，但是，他们都不愿意离开。船长想让他们离开，不得不想办法让他们跳入水中。于是，船长告诉英国人说："如果你不跳，那太不公平了。"英国人"扑通"一声跳下了船。船长转而对法国人说："在当前的条件下，经过对眼前形势的仔细分析和选择，唯一合理的选择就是跳水。"只听"扑通"一声，法国人也跳下了船。他又转向德国人说："我命令你跳！"只听一声："遵命，船长！"德国人也跳下了水。最后，船长对意大利人说："禁止从甲板上跳，回去！"意大利人也"扑通"一声跳下水去了。

不同的民族具有不同的性格特征，下面以俄罗斯人与德国人为例。

1. 俄罗斯人的性格

如俄罗斯诗人丘特切夫所说："用理性不能理解俄罗斯人，用一般的标准无法衡量俄罗斯人。"

（1）勇敢顽强。

1812年，拿破仑率60万大军入侵俄罗斯，以失败告终。拿破仑说，他还从未遇到过如此顽强的军队。"二战"时期，在莫斯科保卫战和伏尔加格勒保卫战中，俄罗斯人不屈不挠、顽强战斗的精神让世界为之惊叹。

（2）礼貌自尊。

俄罗斯人讲究绅士风度。如在1998年金融危机时，俄罗斯卢布贬值速度很快，但人们仍然安静整齐地在银行门口排队。俄罗斯人一般不会崇洋媚外，更不会低三下四。

（3）处事严谨。

俄罗斯人买东西，往往要逐一点数，如雇员出去买40瓶酒，回来时老板会打开每个箱子，逐一点数。

2．德国人的性格

（1）守纪律、讲整洁。

德国人非常注重规则和纪律，干什么都十分认真。凡是有明文规定的，德国人都会自觉遵守；凡是明确禁止的，德国人绝不会去做。德国人很讲究清洁和整齐，不仅注意保持自己生活的小环境的清洁和整齐，而且十分重视大环境的清洁和整齐。德国人也很重视服装穿戴。工作时就穿工作服，下班回到家里虽可以穿得随便些，但只要有客来访或外出活动，就一定会穿戴整齐。看戏、听歌剧时，女士要穿长裙，男士要穿礼服，至少要穿深色的服装。

（2）守时间、喜清静。

德国人非常守时，约定好时间后，无特殊情况，一般不会变动。德国人应邀到别人家做客或者是外出拜访朋友，无特殊原因都会按点到达。德国人多喜欢清静的生活。一般晚上8时至第二天早晨8时不可以演奏乐器、大声喧哗。如果晚上要搞聚会活动，事先要向邻居讲明情况，请求他们谅解，并尽可能安排在周末，尽可能不大声喧闹。否则，受干扰的邻居会十分恼怒，可能会当面提出抗议，个别人甚至会请警察出面干预。

（3）待人诚恳、注重礼仪。

德国人办事干脆利落，能办的就办，办不到的，会明确告知。德国人比较注意礼仪。两人相遇时，都相互打招呼问好。朋友见面与告别时以握手为礼。正式场合，男子对女子行吻手礼。

送礼在德国也很受重视。应邀去别人家做客时，一般都带礼物。大部分人带束鲜花，也有一些男性客人带瓶葡萄酒，个别人带一本有意义的书或者画册等。在欢迎客人、探望病人时，也多送鲜花。在祝贺他人生日、节日或者婚嫁时，可寄送贺卡；如送贺礼，则以实用和有意义为原则，而不是以价格高低论轻重。所送礼物都要事先用礼品纸包好。许多人常在收到礼时就打开看，并向送礼人表示感谢。

在跨文化交际过程中，民族的性格会对交际产生影响。

三、高（强）环境和低（弱）环境

高环境与低环境美国文化人类学家霍尔根据跨文化交际过程中背景信息与提供信息多寡的实际，提出了"high-context"（"高环境"或者"强环境"，HC）与"low-context"（"低环境"或者"弱环境"，LC）的概念。

高环境（HC）交流突出按预定程序传输的信息，其信息主要建立在人们的认知基础上，即以受信者大脑中储存的信息为基础，而通过交际方式和途径传达的信息量相对较少。低环境（LC）交流则是将大多数的信息通过交际方式和途径传达。

个人本位是低环境文化的主要原因，而人伦本位是高环境文化的根由。例如，美国人口流动性大，崇尚个体主义，群体关系松散，所以不可能有许多共享的环境因素作为交际的辅助背景；而中国人重群体关系，大家长期生活于一定的地理范围内，可谓"低头不见抬头见"，长期的共同生活环境往往使大家对言外之意可以做到心有灵犀一点通。

HC 和 LC 两种文化的差异不仅体现在言语信号的多寡上，也体现在言语的语法结构上。中国等东方国家的文化由于传统和历史的缘故在漫长的岁月中很少改变，始终如一的要旨产生了对于环境始终如一的反应，因此，日常生活中的大部分正常行为不需要也不期待许多深入的背景信息。而处在美国等西方国家文化中的人"由于缺乏大量共同经历，他们每次与别人交往时都需要详细的背景信息"，必须依靠以言语为传递信息的主要渠道的详细描述代码。这种 LC 文化的成员要求言语表达详细、清楚、确切，如果观点不明，他们便提出问题。相反，HC 文化的人听到别人说话太多时则倾向于烦躁厌倦。

两种文化的差异是相对的。用一种特定的文化模式来衡量各种文化时，它们就构成了一个连续统一体（continuum），它们各自都是这个统一体上的一个点；不能把一个文化模式看作只有两个极端：一种文化不在这端，就在那端。尽管各种文化各不相同，但只是程度上的差别，而不是性质上的差别。HC—LC 是衡量各种文化的一种模式，所有文化都有这两种文化形式的特点，只是程度不同。一种倾向可能在某种文化中占支配地位，但同时也有另一种倾向的成分。各种文化都必须有这两种倾向，才能存在。另外，两种文化也存在变化与融合的问题。随着政治、经济的发展，各种文化在接触的过程中，必然互相影响，互相吸收。就霍尔提出的文化模式而论，各种文化互相吸收的结果必然缩小原 HC 和 LC 两种倾向的差距，使不同的文化缩小差异性，扩大共同性，趋向于融合。

第四节 跨文化交际的失误

英国语用学家珍妮·托马斯（Jenny Thomas）提出了"语用失误"（pragmatic failure– theinability to understand what is meant by what is said）的概念。她将语用失

误分为两大类：语言使用得体性影响下的语言语用失误（pragmalinguistic failure）和社会文化影响下的社交语用失误（sociopragmatic failure）

在交际过程中，人们往往利用自己已习得的认知作为对交际对方的行为和言语的评判标准，并据此进行评估和解读，对符合自己认知范围的行为与言语给予认可，对超出自己认知范围的行为与言语给予抵制或者排斥，甚至敌视。由于受到各种因素的影响，交际面临很多风险，可能会出现交际失误。正如布朗·吉利恩（Gillian Brown）所说，"Communication is a risky business."（交际是一件具有风险的事情。）也会存在不同的结果：或交流顺畅，或尴尬难堪，或不欢而散，或招致敌视与冲突，等等。

■ 一、语言交际失误及其原因

所谓言语交际失误是指在交际过程中因言语表达的方式不当，或者对言语文化含义的理解差异等引起的失误。语义的稳定性只是相对的，在一定的语境条件下，许多语用性语义或临时性语义就会产生。阿卡玛基恩（Akmajian）在论及言语交际时认为，言语交际具有六大缺陷（six disfigurements）：含义的模糊性（ambiguity in meaning）、交际意图的欠明确性（inaccurate for the communicative intention）、表达的字面意义与实际意义的距离感（people can not express the implied meaning except the literal meaning）、间接内涵的隐蔽性（people can not offer the indirect connotation）、言语功能隐含性（people can not embody the language function）和语言参照的抽象性（abstract in the language reference）。这些缺陷使得言语交际具有很大的风险，很容易造成理解上的隔膜，从而影响交际的质量和效果。

（一）内涵意义导致的失误

词语有基本的概念意义（又叫外延意义）和内涵意义。概念意义是指词语的字面含义（词语在言语交际中所表达出来的反映客观事物主要特征的意义），而内涵意义是指超出词语的语境应用意义。例如，在汉语中，"日"与"月"，其概念意义分别是指白天能给人们带来强光和热度的天体和夜晚给人们带来柔光且有盈亏现象的天体，而其内涵意义是阳刚与阴柔。同样，在西方语言里"blue"的概念意义是指自然界中一种常见的基本色彩，而其内涵意义是"忧郁"。例如，小约翰·施特劳斯于1866年所创作的圆舞曲《蓝色多瑙河》（The Blue Danube）就是一种忧郁中潜藏着力量的声乐作品，能给人们一种从黑暗、悲观、失望的情绪之中冲向光明的力量。在跨文化交际过程中，使用词语时既要弄清楚其基本含义，也要根据情境，对合适的人在合适的时间和场所使用合适的词语表达，否则会造成交际的失误。

例如，住在美国黑人密集地区的佐治亚州的某君带孩子去肯德基吃炸鸡。他听说美国人把鸡肉分为白肉和黑肉，点好套餐后，问黑人服务员："Can I have black meat for all？"不料服务员睁大眼瞪着他问："What did you say？"他发现气氛不对，便意识到自己说错话了，立刻改口说："Excuse me，I mean dark meat please．"他付了账，拿起炸鸡便仓皇而逃。

原来在美国，白肉是指鸡胸肉，叫作"white meat"，黑肉是指鸡腿肉，叫作"dark meat"。某顾客按照中国人的习惯将"黑肉"表达成了"black meat"，殊不知，在美国，"black meat"是指"黑人的肉"，而且交际场所又在黑人密集的佐治亚州，难怪黑人服务员对他怒目圆睁。

在任何一种语言里，词语都有各自使用的语域。以英语为例，基本是一词一义，有些词虽然属于同义词语，但是存在含义上的差别，因而使用的场合和适用的对象也不同。例如，英语单词"pretty"和"beautiful"是同义词语，都有"漂亮"的意思，但是"pretty"仅指一个人的外貌诱人，而"beautiful"则综合外貌、身材和气质于一体。英语表达"She is pretty"可以用于形容一个小女孩，也可以用来形容一个成年的女性，但是"She is beautiful"往往只能用来描述一个成年的女性，而不适用于小女孩。因此，在跨文化交际过程中应该谨慎应对。

（二）指称意义导致的失误

指称意义是指词语在一定情境中所提供的概念性指称。在任何语言中都有一词多义的现象存在，有些可以根据词性来具体确定词的指称意义，有些却需要根据具体情境来确定词的指称意义。这些现象，对于熟悉本民族语言特点的人来说，很容易理解，但是，在跨文化跨语言交际中，词语的指称意义往往会给交际双方带来理解上的错位。

例如，在英国，现在有两种表达"career woman"（职业女性）和"family man"（家庭妇女）来描述英国妇女，体现了时代精神。因为，传统的英国，男女有明确的社会分工，男人在外打拼事业，是家庭中的"bread-earner"（挣钱养家的人），妇女则承担在家里抚养和教育孩子、打理家务的职责。再如，在英语中，"picture show"的指称意义对于美国人和英国人来说是不同的。在英国，"picture show"是指"画展"；而在美国，"picture show"是指"电影"。曾有位美国作家去英国度假，约好与英国朋友在"the gate of picture show"见面，结果，一个人去了展览馆，另一个人去了电影院。

例如，一道给外国留学生的汉语试题背景：小王正在和小张谈论小陈，这时，小陈正好进来，小王说："真是说曹操，曹操到。"请问：谁到了？留学生答道："曹操到了。"该例子说明由于外国留学生没有根据具体情境来理解"曹操"的指称意义，所以，他的回答没有切题。

再如，某君宴请一位外国客人，刚刚开始，某君突然内急，于是出于礼貌，对这位外国客人抱歉地说道："对不起，我得去'方便'一下。"这位外国客人的中文不太好，就问他旁边的人"'方便'是什么意思？"他得到的回答是"'方便'就是上厕所"。于是，他便记在心里。酒足饭饱后，某君又客气地对这位外国客人说："不好意思，粗茶淡饭，招待不周，改天你'方便'的时候，我再好好请你。"这位外国客人一听便急了，连忙说："对不起，我们在'方便'的时候，从来都不吃饭。"

其中，两次使用了"方便"，在汉语里，"方便"一词有几种意思：一种是"上厕所"的委婉说法，另一种是"合适、适宜"的意思（如"你方便接电话吗？"），还有一种意思是"提供帮助"（如"望予以方便"）。前后两次使用的"方便"所指不同，因为外国客人不了解汉语词语"方便"的这些指称含义，所以产生了误解。

（三）联想意义导致的失误

联想意义是指人们在使用语言时，语言符号所唤起的人们对某种事物或者现象引发的文化暗示或者关联想象所产生的含义。在交际中，人们往往利用自己已有的认知联想来对交际信息进行评估和推理。没有相应的认知就没有相应的联想，同样，有什么样的认知就有什么样的联想。不同的认知，其联想与推理会存在差异。

例如，一位女儿陪母亲逛街，迎面走来一个小伙子向她妈妈问路："大妈，请问去312车站怎么走？……"小伙子话没说完，做女儿的便火冒三丈地质问道："谁是你大妈？我妈可是教授！"

老人的女儿将"大妈"理解为对没有知识和文化的、年龄较大的已婚妇女的蔑称。而小伙子将"大妈"理解为对年龄较大的已婚妇女的礼貌尊称，因此，他看见老人有个女儿在身边，认为这样称呼是合适的。在跨文化交际中，由于语言具有浓郁的民族性、历史性特点，因此每种语言的联想意义也会因民族、历史差异而具有自身的特点。联想意义可以由言语的语音（包括同音、谐音）、词（字）形、概念，乃至文化习惯等引起。

（四）搭配意义导致的失误

搭配意义是指由于词语搭配不同而产生的不同含义。语言使用中的搭配不当，往往会造成语义偏离，从而影响交际。一个中国人接待他的外国朋友来参观他收藏的古董家具。下面是他们之间的对话。

中国人："这个是唐朝的桃木心桌子。"

外国人："Oh，good！"

中国人："这是清朝的红木椅子。"

外国人："Oh，very good！"

中国人："这是我家珍藏的象牙筷子，真材实料噢！"

外国朋友觉得很好奇，也不禁纳闷起来，心想，"怎么中国的东西都带有一个'子'字呢？"这时，女主人刚好端上茶走过来，外国朋友看见女主人一头乌黑飘逸的头发，他想学着把"子"用起来，于是夸赞女主人道："Wow，好漂亮的'发子'啊！"大家一时不知道他说什么，等明白过来后在场的人都不禁大笑起来。

该案例中的外国人因为不懂中国文化中言语的搭配习惯而产生误用。"（头）发"是不能与"子"搭配的。

（五）文化寓意导致的失误

文化寓意是指与社会文化相联系而产生的含义，包括引申、民族情感、联想等引发的含义。在跨文化交际中，文化的隔阂往往是交际的主要障碍，而语言又是文化的载体，很容易因为文化差异而造成费解、误解、曲解等交际现象。

例如：某公司人事部经理托尼（Tony）带新同事来会计部做介绍。托尼（Tony）指着会计部的职员说："All these are bean counters！"有位中国职员听后心里感觉不快，敷衍地与新同事握了握手说："Welcome！"待托尼（Tony）一行离开后，他便向旁边的外籍同事朱妮（June）抱怨说："我们不是很勤快地工作吗？为什么托尼（Tony）说我们是在数豆过日子（bean counters）呢？"朱妮（June）听后哈哈大笑起来，告诉他："托尼（Tony）的意思是说我们很会计算，精于会计这一行。"

原来英语中的"bean counter"是指"精打细算的人"，而并非"数豆过日子的人"的意思。托尼（Tony）实际上是在夸赞会计部的员工，而非贬低。

二、非语言交际失误

非语言信息在交际的过程中起到多方面的作用，因为非语言信息蕴含着强烈的身份和关系的认同作用。在非语言交际活动中，这些行为会影响参与者的感受和信息解读。跨文化非语言交际语用失误包括体态语（body language）、副语言（paralanguage）、客体语（objcet language）、环境语（environmental language）等交际行为和交际方式方面的失误。

（一）体态语语用失误

体态语包括基本姿态、基本礼仪动作以及人身体各个部分的动作所提供的交际信息。体态语语用失误是指由于交际过程中交际双方中任何一方的动作或者姿态不合时宜而导致交际失误甚至失败。

例如，曾有一位意大利姑娘与一位德国小伙子邂逅，这个德国小伙子对意大利姑娘表达爱慕之情，但意大利姑娘不愿意接受小伙子的求爱，由于语言不同，她便做了一个掌心向外推的手势，表示"你走开吧"，意思是"我不能接受你"，可是这个手势在德国则是表示"你过来"，所以德国小伙理解为"我接受你"。结果，双方都陷入了尴尬之中。

（二）副语言语用失误

副语言，又称类语言或伴随语言，包括沉默、话轮转接和停顿、音高、语调、重音等非语义声音。副语言语用失误是指对沉默、话轮转换把握不当，以及对一些非语义声音的使用不当所造成的失误。比如，停顿不同，语义也有差异。英语中同样的句子，停顿不同造成的语义也有差异：

（1）Men and women born before 1989 should be registered here.

（2）Men, and women born before 1989 should be registered here.

在上面两个句子中，（1）指的是所有 1989 年以前出生的男人和女人，而有停顿的（2）指的是所有的男人和 1989 年以前出生的女人。

汉语中也有类似现象：

（1）无鸡鸭亦可，无鱼肉亦可，青菜一碟足矣。

（2）无鸡，鸭亦可；无鱼，肉亦可。青菜一碟足矣。

（三）客体语语用失误

客体语包括发型、服饰、个人用品、家具的款式、颜色等所提供的交际信息。客体语语用失误在跨文化交际中主要体现在服饰方面。作为非语言交际的重要形式，服饰的穿着与搭配往往因地域文化差异而存在差异。例如，在西方社会里，休闲时穿着休闲装，出席正式的聚会时穿着礼服等，而在现代的中国一般没有这些要求，只是外出时注意着装的整洁、颜色搭配即可。

（四）环境语语用失误

环境语包括空间信息、时间信息等。环境语语用失误就是指对空间信息、时间信息的处理不当。空间信息包括对待空间距离的态度、座位的排列等；时间信息包括对时间的计算和时间观念等。时间和空间是相互作用的。时空观念的差异往往会带来交际失误，甚至引发文化冲突。比如，为了防止唾沫飞到对方脸上，中国人在与对方交谈时通常会用手遮住嘴，这种姿势会让英国人不理解，甚至产生反感。同样，喜欢近距离谈话的美国人发现与之交谈的英国人会不停地后退，因为英国人习惯交谈时拉开一定的距离。

第二章　跨文化商务交际的科学认识

第一节　跨文化商务交际

■ 一、跨文化商务交际概述

在国际商务活动领域中的跨文化交际，若是相关人员缺乏在跨文化交流和管理方面的知识素养和技巧能力，那么文化差异的存在会导致很多误会和摩擦的发生，使国际合作受到影响，进而使公司工作效率和利益受到影响。对于从事国际商务活动的人员来说，最重要的一项能力就是对跨文化的理解和适应能力，这对国际商务活动中的各方来说都是挑战，因为在进行跨文化交际的过程中，无论是交际的哪一方，其目的都是交际成功，而想要达成交际首先就要学习和了解不同文化背景下的人的不同交际规则。

跨文化传播专家理查德·D. 刘易斯将世界文化分为三类。

（一）单线活动型

单线活动型主要是指在一段时间之内只一心一意完成一件事情的人，他们通过直线的方式来制订计划、安排日程、组织工作、进行活动。这类人的代表有德国人和瑞士人。

（二）多线活动型

多线活动型主要是指可以在同一时间做许多事情的人，这些人非常活泼、爱说话，他们对于工作的安排非常灵活，以事项重要性作为安排事情先后顺序的原则。这类人的代表有意大利人、拉丁美洲人以及阿拉伯人。

（三）反应型

反应型主要是指在交际中优先考虑礼貌和礼节的人，具有这种文化特质的人，一般情况下，首先会静静地倾听对方的发言，再针对不同的建议审慎地做出相应的反应。这类人的代表有中国人、日本人以及芬兰人。

不同文化背景下的人在获取信息时，会使用不同的方式，单线活动型的人主要依靠数据来获取信息；多线活动型的人在获取信息时主要依靠面对面的交流和对话；反应型的人获取信息会结合以上两种方法，即数据与面对面获取信息相结合。

文化背景的范围不仅十分宽广，也十分复杂，因此由文化背景不同而产生的文化误解或是文化冲突是不可避免的。上到人们的世界观、思维方式，下到人们的言谈举止、风俗习惯等，这些因素都会影响跨文化交际。在国际商务活动中决定跨文化交际成功与否的关键性因素就是，是否正确对待文化差异，是否在跨文化交际中平等、尊重地对待文化差异。只有这样，在国际商务活动中，交往双方才能获得成功的跨文化交际。

▌二、跨文化商务合同

签订合同是在国际商务活动中最常见的事项之一，但是处于不同文化背景下的人对于合同一词的含义，有着不同的理解。下面来介绍不同国家对合同一词的不同理解。

在日本人看来，合同是可以由环境变化的发生而被修正的，合同也只是一种开始性文件。

在南美人看来，合同是一种理想状态，是不容易被实现的，他们在合同上签字，只有一个目的，那便是避免争论。

在意大利人看来，合同是非常灵活的，对于合同上的规定，有时会不执行，并且通常会采取一些走捷径的办法。

美国人和德国人，对合同有着同样的理解，他们认为合同一旦签订，就必须要遵守，而签名就代表着定稿不能再变。

首先，对德国人来说，他们主张全心全意完成一件工作，并且当天的工作一定要当天就完成。德国人在签订合同时，要求合同上的具体内容要详细和清晰。当合同签订过后，德国人会严格执行合同中的规定，包括各个环节工作的完成质量和完成时间等。可见，德国人刻板、守时，并且追求井井有条地做事情。

其次，对美国人来说，他们积极进取、随机应变，在商务活动中注重速度与金钱，并且会为获得更多的利益而采取单边行动。美国人一向敢想敢干，在商业竞争中，交易胜过个人感情，并且在签订合同时，美国人注重法律赔偿问题，通常会详细考虑所有可能发生的意外事件，并会详细展现在合同条款之中。因此，在与美国人进行商务交际的过程中，签订合同时一定要注意看清合同上的所有条款，因为一旦违反，他们就会起诉你。由于美国的法律体系有别于其他国家，在美国的众多官司中，商业起诉是数量最多的官司类型。这与中国人主张以和为贵的行事风格，形成了鲜明的对比。因此，当与美国人进行跨商务交际时一定要有非常了解美国的专业人士，只有这样才能避免矛盾冲突的发生，实现共赢。

三、跨文化商务谈判

处于不同文化背景下的人，对谈判一词，有着不同的理解，不仅体现在谈判的方式、方法、技巧、风格等方面，人们在谈判时切入正题的方式上也大相径庭。影响谈判方式的因素，如不同人所具有的不同时间观、地点和合同本身等，在进行跨文化商务谈判时，为实现谈判的成功，相关人员要积极了解和掌握人们对谈判的不同认识及其谈判技巧方面的知识，深入谈判对方内在的文化世界，只有这样才能把不可能变成可能。

例如，德国人在进行跨文化商务交际时，有着自己独特的风格，这一点离不开德国商业文化的特点。德国人习惯单一延续地利用时间，专注于一件事完成后，再开始进行下一事项。德国人深信他们在谈判中是诚实和坦率的，他们会直截了当地表明自己的反对意见。德国人对待谈判是严肃、正式的，他们会着装整齐，对于座位和发言顺序的安排都是以等级高低为标准。

对德国人来说，休息与商务谈判有着严格的区分，他们注重交际中的效率、准时、缜密、方法，以及毅力和组织。当德国人开始谈判，首先会提问许多难题，这时务必要展现出你的效率、产品的质量和准时，让他们相信你可以让他们以最低的价格获得相同的效率、质量和服务。一旦信任产生，双方之间的生意往来便会频繁起来，在谈判时要注重寻找双方的共同点，以使谈判有所突破。

综上所述，了解与掌握不同文化背景下的跨文化商务交际规则，对交际的达成来说，显得至关重要。只有在对对方文化特征有一个了解的基础之上，才能在谈判中以备不时之需，有效避免矛盾或冲突的发生，有利于跨文化商务交际成功。

四、跨文化商务礼仪

世界上任何一个国家和民族都经历过长期的文化积淀和社会交往，形成了一套具有本民族文化特质的完整的礼仪规范系统。中国有着光辉灿烂的历史，自古以来就十分注重礼仪，是一个世界闻名的礼仪之邦。我国的现代礼仪在汲取古代礼仪精华的同时，也重视汲取国外礼仪，以当前通行的国际礼仪的长处，来丰富我国的礼仪文化。

当代国际礼仪主要表现为以下三个方面。

（一）强调个人至上

强调个人至上这一特点是强调以人为本、个性自由，反对损害个人尊严，要求尊重个人隐私、维护人格自尊。

（二）强调女士优先

强调女士优先这一特点是强调无论是在怎样的交际场合都要讲究男女平等，对性别歧视持反对态度。所谓的妇女优先就是要讲究尊重、关心、体谅妇女，以及帮助和保护妇女。

（三）强调交际务实

强调交际实务这一特点是主张在交际活动中，不仅要讲究礼仪，还要重视实事求是，在反对虚假、造作的同时，也不认同过分的客套，以及过分的自谦、自贬。

国际礼仪相较于我国的现代礼仪，其中最大的不同之处就在于国际礼仪是起源于西方的，并且在形成过程中，受西方文化影响较深。

许多中国人在对国际礼仪的认知上，由于国情及习俗等差异的影响，还处于缺乏深入了解的状态。因此，中国人在与外国人交际的过程中要想做到举止有方、表现得体，就需要人们积极学习和遵守国际交往惯例。此处的国际惯例就是指人们在参与国际交往时，所需要了解或掌握的、需遵守的、常规的、通行的做法。在参与国际商务交际活动的过程中，人们的所作所为要严格而认真地遵守礼仪规范，只有这样才能更加客观、准确地反映出个人所具有的品德与修养。

第二节　跨文化商务交际研究内容

一、跨文化语言交际

跨文化因素在很多国际商务活动中都会涉及。由于国际商务英语是专门用途英语的分支，它应用于国际商务活动中跨文化交际活动时，便在词汇、语篇、语用规则等方面显现出一定的文化特征。在商务活动中，语言交际的文化因素主要体现在以下四个方面。

（一）词汇

语言由词汇聚集而成，语言的基本构成要素和语言系统的支撑根基就是词汇，在商务跨文化交际中出现的各种差异中，词汇方面的差异表现得最为明显和突出。

跨文化语言交际不仅体现了很大的文化差异性，涉及的范围和方面也非常广泛。

1. 特有概念意义词

特有概念意义词是指由于不同民族之间存在很大文化差异，在一个文化群体的语言中存在一种词汇，这种词汇是该文化独有的、具有特殊意义，这种词汇在另一个文化群体的语言中是不存在的，是没有相对应的概念的。我国汉语中有一些特有概念意义词，如"易经""阴阳五行"等，在英语里没有对应的词。

2. 特殊文化意义词

特殊文化意义词是指在不同的文化群体语言中，虽然在一个文化群体语言里存在与另一个文化群体语言具有相同或者相似意义的词汇，但是这个相同的词汇，在不同的群体中，具有附加的、延伸的含义或者情感因素。这些延展之外的内涵，在不同文化群体语言中呈现出意义上的不同或者差异。

（二）句法

除了在词汇方面呈现出的差异，在中英文句法方面，因不同文化因素的影响，同样呈现出某些差异，即意合（parataxis）和形合（hypotrdxis）导致的句法差异。

1. 意合语言

汉语是意合语言，所谓意合是指句中的语法意义和逻辑关系通过词语或分句的含义表达，而不是用语言形式连接。由于汉语意合语言的特征，在汉语中也就没有英语常用的关系代词、关系副词、连接代词和连接副词等，汉语的介词数量也远远少于英语，而且大多是从动词"借"来的。汉语中不论是语义因素还是语用因素，都包含非常大的信息量，这使得汉语具有非常强大的表现力，词语间的关系常在不言之中。

2. 形合语言

英语是形合语言，形合是指为了表达语法意义和逻辑关系，用语言的形式和手段将句中的词语或分句之间连接起来，它主要包括语法和词汇两种连接手段。英语选词、组句、组织篇章通常是通过连接词（连词、关系代词、关系副词、介词等）、分句（从句）、词的形态变化等来衔接。英语、汉语句法中，形合与意合之差别是民族文化差异的典型表现。

（三）语篇

文化因素的差异在国际商务语篇中的体现也十分显著，我们可以从四个方面说明。

1. 商务广告

广告是一个民族文化的具体体现，广告事实上就是一种代表主流文化的艺术，其语篇的形式和内容由不同语言的社会文化背景决定。在商务广告中，如果正确处理这种文化差异，就能将广告本身与不同文化巧妙地融合在一起，取得理想的效果。

2．信函文体

在国际商务活动中，人与人之间往来的函件就是商务信函。商务礼仪是商务信函中文化的重要体现。在商务英语信函的写作中，通常会反映出英语民族对对方的尊重，从对方的观点来看问题，把对方利益放在前面的友好、谦虚的文化心理。这样既可以避免尴尬，也有利于营造友好气氛，促进双方的进一步合作。

3．契约文体

契约文体又称法律文本，是指具有法律和规章意义的文本，如合同、协议书、法律条文、技术保证书、信用证、提单、规章与规则等。契约文体具有庄重性和严谨性，其语言特点是准确客观、条理清楚。但在这类严肃的文本中，也能体现出文化内涵的不同。在英语商务合同、协议、信用证以及法律条文中，常常出现一些外来词。这些词大部分来自拉丁语、法语等语言。

4．学术文体

这里的学术文体指的是商务学术文体，包括那些具有学术价值，并涉及国际商务的论文、著作、评论以及学术报告等，还包括正式著作或具有学术特征的著作。国际商务英语学术性文体的篇章结构也反映出不同文化各自的思维方式和价值观念。

中文的思维模式以整体、综合、直觉为特征，是一种螺旋形的思维方式。这种思维模式使得中国人在谋篇布局时，习惯于采取将思想发散出去，再收拢回来的方法。这样，篇章便呈现聚集式的结构。具体来说，行文时按从大到小，从总体到一般，从远到近的迂回的方法，逐步发展出结论。这是一种逐步达到高潮、归纳式的篇章结构。

英语则是一种直线型的思维模式，注重对事物进行分析和演绎推理，即注重逻辑分析。这种思维方式使得他们在写文章时，倾向于开门见山，直奔主题，直截了当地点明中心思想，先引起读者的重视，然后在后面的内容中发展并论述这一中心思想。这种方式与中文相反，是一种"逆潮式"的、演绎式的篇章结构。

（四）语用

不同文化背景的人们由于各自的民族文化、价值取向、社会规范、社会习俗等不同，他们在言语的使用规则和说话方式上也会有很大区别。在跨文化商务交际中，人们常会无意识地用本民族的文化准则、社会规范等来判断或解释别人的言语行为。他们往往直接把自己语言中的话语翻译成目的语，没有考虑这些话语应该遵循的交际规范，从而产生语用迁移。跨文化商务交际中，要熟悉和了解汉英语用规则和话语行为差异，并适时调整社交话语，保证语言交际的顺利进行。

二、跨文化非语言交际

在商务活动跨文化交际中，除了语言交际行为，跨文化中的非语言交际行为同样具有举足轻重的作用。

（一）非语言交际的含义

在真实的互动中，与语言交际相比，非语言交际更为真实地传递着信息，更为准确地表达着情感，在具体语境中起着决定含义的作用与功能。非语言交际的含义有广义和狭义之分，本书所说的非语言交际主要指的是广义上的概念，包括除言语交际以外的所有交际行为。

非语言交际行为是在交流环境中的一种非文字语言交际手段的因素，这些非语言因素对于交际双方都具有潜在的重要信息价值。在跨文化交际尤其是商务跨文化交际中，只有对这些因素正确解读并做出适当反应，才能保证商务活动的顺利进行。

（二）非语言交际的特征

1. 普遍性

非语言交际的普遍性体现在人们在任何时间、任何地点都在自觉或不自觉地进行着非语言交际。而且非语言交际被限制的因素很少，它几乎是世界上大部分民族都能够理解和使用的。所以，从这方面看它也是普遍的交流方式。

2. 非结构性

非语言交际没有被规定好的模式，也没有非常正式的结构，人们甚至意识不到它的发生，所以它更没有什么规律和章法。也就是说，非语言交际具有非结构性的特征。此外，同样的非语言行为在不同的场合、不同的时间会有不同的含义。所以，对非语言交际行为的理解和掌握，需要视具体情况而定。

3. 辅助性

非语言信息总是成套出现的。这里的成套有两方面的含义：一是非语言交际行为不是单一地仅通过眼神或仅通过声音来传达感受和情绪的，它的情绪的传达是通过身体的每一个部分实现的；二是为了传达同一个含义的信息，非语言交际行为会成套地伴随语言交际行为出现。

4. 连续性

非语言交际具有连续性的特征。非语言交际是连续的，而语言交际是以非语言交际为基础的，它有始有终，持续的时间有限。举个例子，两人发生了激烈的争吵，由于谁也无法说服对方，二者都转为沉默。这个时候，二者停止了语言交际。

然而，两人的面部表情，如怒目相看、冷眼凝视等还在传达并延续着两人的情绪。此外，从广义上讲，一个人，无论他是否自觉，实际上，他时刻都在进行着非语言交际，因为他的举止、表情甚至衣着打扮都在不断地传递着某种信息。可以说，非语言交际无时无刻不在进行。

5. 差异性

虽然非语言交际是固有的，是人类的本能，有些非语言交际手段也是共通的，但是仍有些非语言交际手段是通过后天习得的，如一些姿势、手势、服饰以及对时空的利用等。由于各个民族的不同历史、文化或习俗等方面的差异，不同民族之间的非语言手段也就存在一定的差异性。

（三）非语言交际的功能

非语言交际行为在一般情况下对语言交际行为起强调和补充作用。具体地，非语言交际行为可以从以下六个方面发挥其辅助作用：①重复。在交谈时做出与语言表达的意思相同的手势或动作；②否定。非语言行为所表达的意思可以完全与语言行为相反；③代替。有时不用讲话，只用非语言行为就可以传递信息；④补充。非语言行为可以对语言行为起到修饰和描述的作用；⑤强调。头和手的动作常常可以对所讲的话起强调的作用；⑥调节。交谈时，人们常常以手势、眼神、头部动作或停顿来暗示自己要讲话、已讲完，或不让人打断。

（四）跨文化非语言交际在商务活动中的应用

1. 目光

人的眼睛能传神、会说话，最能表达出细腻的感情。即使是一瞬间的眼神也能传达出丰富的情感和意向，泄露心底深处的秘密。一般来说，与陌生人初次交谈时，视线落在对方的鼻子部位是最令人舒服的，因为长时间凝视对方会令人感觉不自在。

在国际商务活动中，目光的表达非常重要，会传达出许多微妙的信息，因此要善于察言观色。例如，在美国人看来，如果不正视他们的眼光，是躲闪、不诚实的表现，内心一定隐藏或掩饰了什么东西；而在亚洲和拉丁美洲的很多地方，低垂目光恰恰是对客人的尊重和自我谦恭之意；日本人则认为不直视对方的眼睛，将目光投向胸部以避免与对方的视线交锋，是一种有涵养、忍耐和尊重对方的表现。

可见，我们在和不同文化的人进行商务交际时，要考虑目光接触的"度"的问题，不能因为文化差异而影响商务活动的成功进行。

2. 面部表情

面部表情也是体态语的重要方面。同样都是笑，却传达了不同的信息，表现了不同的情绪。另外，虽然都是笑，其表达的含义却会因文化的不同而不同。例如，我们有时用伸舌头表示不好意思，美国儿童伸舌头则通常表示轻蔑、嘲笑或反抗。

在商务活动中，不仅要善于捕捉面部表情所流露的情感信息，还要注意在合适的时间与场合表现合适的面部表情，因为同样的面部表情在不同的文化交际中代表不同的意思。例如，在商务谈判中，美国人认为微笑是一种热情的象征，所以他们常常对陌生人报以微笑，这在俄罗斯人看来很是费解，甚至是可疑的。日本人在商务谈判中则基本不笑，在他们看来，在谈判桌上随意地微笑是不严肃的表现，甚至是恶意的嘲笑。

3. 手势语

手势语是国际商务活动中非语言交际过程中的重要内容，也是各语言中运用得最为频繁的一种非语言交际形式。不同文化背景的商务人士都经常使用手势语来表达自己的态度、意见和情感等。但大多数手势语都是在一定的文化环境中形成的，因此在不同的文化中，手势语有较大的区别。在国际商务活动中，要特别注意手势语的使用，不能因为错误的手势语引起对方的误解，或导致不必要的商务纠纷。

4. 姿势

姿势是商务活动中非语言交际手段的重要内容，人们通常可以通过某人的姿势来判断他当时的想法。当然，不同的姿势也会因文化的不同而有所不同。例如，美国人经常为了舒服，把脚跷起来，可是在中东、泰国等地，这个动作却被看作对别人的蔑视。

5. 着装

着装是商务活动中遇到的首要问题。什么样的季节，什么样的场合，着什么样的装束，关系到商务洽谈的成败。

在商务活动中，英美等国家的人对着装尤为重视，他们很注重通过服饰来显示自己的社会地位和身份。此外，商务人士还要根据具体的商务场合，如宴会、谈判或会谈等，来选择不同的服饰。英美等国家的女士还有在重要交际场合着盛装的习惯。除了衣着，脸部化妆和美观的耳饰也是必要条件。应该说，客体语言作为一种非语言交际手段，在商务活动中的作用是显而易见的。因此，在商务活动中，应当了解和掌握着装、首饰、发型、化妆、个人用品等客体语因素，这对于促进商务活动的顺利进行，取得令人满意的商务成果是十分重要的。

第三节　跨文化商务交际的主要理论

一、交际认同理论

交际认同理论建立在这样一个根本性的认识之上，即自我理解和个人认同是普遍的现象。然而，世界各种文化对自我与认同都有各自独特的理解。大体上看，非洲文化执着于和睦，从整体论的角度看待自我，强调个人与集体之间的和睦。亚洲文化深受儒家思想的影响，儒家哲学重视集体，淡化个人，要求人们遵从普遍的法则和社会秩序，其核心价值是基于互惠基础上的"仁"，认同相应地被解释为个人与集体的关系。西方人普遍受到受希腊文化对认同和自我的理解。希腊人从两极对立的观点来解读认同，界定自我。他们把自我解读为一系列与他者对立的角色——希腊人是自由的，他者是不自由的；希腊人是文明的，他者是野蛮的，等等。与集体主义文化成员形成鲜明对比的是，希腊人把自我看作独立的实体。这种基于个体主义之上的自我观念被西方人不断发扬光大，现已成为他们的主流意识。这些文化皆从不同的角度确立了所属成员的认同。

交际认同理论不仅全面汲取了世界各种文化对自我与认同的阐释，还吸收了后现代主义思潮有关身份与认同的思想。后现代主义断言，人们可以在多重自我之中自由地选择认同，人类身份呈现出流动化、碎片化以及相对化等特征。交际认同理论立足于经典文化对自我与认同的阐释。

社会认同理论视认同为社会分类的产物，诸如族群性别和职业等社会分类被看作社会结构化的一部分。个人归属于不同的社会范畴，在获得成员资格的基础上形成身份。社会赋予每个个体以社会身份，使他们心甘情愿地接受其所属的社会分类。相应地，社会认同通过团体身份把个人与社会联结到一起，影响着他们的信仰、态度以及与其他社会群体的关系。如果说社会认同理论侧重社会层面，身份理论则把更多的注意力放到个人层面。

交际认同理论赞同社会认同理论以及身份理论把个人与社会有机地联系在一起的论断，它从前者那里吸收了集体认同和社会分类的概念，从后者那里吸收了社会角色和社会归属的概念。但交际认同理论并没有止步于此，它进一步提出交际不仅影响身份而且是身份的实现；身份与交际相互交织，它在交际中形成、维系、调整和转换。交际认同理论探讨的核心问题是个人如何在社会交际中通过协商来实现自我认同。认同与交际的关系是跨文化交际中不容回避的问题之一。交际认同理论正是在以往研究的基础上通过强调认同的交际性并重构既有认同概念而形成的。该理论的基本假设是交际不仅影响认同，而且是认同得以实现的关键环节。该理论的逻辑关系主要体现在自我、交际、相互关系、群体特征等方面。

个人对自我的界定形成认同的初形态，它由交际来表达与实现，然后在与他人建立的关系以及社会范畴中得到塑造，最后影响到交际者的行为。交际认同没有把个人与社会的关系简单地理解为辩证统一，而是以"商谈"这个隐喻来演示各种力量之间的复杂互动。认同既有预定的内容，也有社会建构；既有主观的判断、个人的选择，也有社会规约和集体意愿；它不仅通过交际行为来表达，也由社会符号来沟通；成功交际的关键在于个人如何与他人以及社会达成共同接受的协议。

由于每个社会个体一般都有多重身份，认同的建构与确立必然要经历各种选择、博弈和调和，而个人与社会两个层面各自的运作和互动模式无疑最具根本性。鉴于社会交际本身的复杂性，认同的建构自然还要涉及许多具体的因素。例如，个人在做自我选择时，其文化背景、教育程度、社会地位、地理环境和人身安全等因素都会影响最终的结果；而社会在对个体实行规约时，也会受到时代背景、文化定位、社会思潮权力的大小以及经济的发达程度等因素的影响。当我们把交际认同问题放在跨文化视野中考察时就会发现，文化差异同样对认同的建构发生影响。在这方面，文化认同理论为我们理解认同建构的过程提供了有益的见解。

二、文化适应理论

当移民者定居他乡后，他们要适应当地的风土人情，融入地方社会。这样才能得到更多的发展机遇。文化适应理论超越了早期同化论中单向调整的片面性，从双向互动的视角来理解文化适应。

文化适应环境是指人们进行跨文化调整的社会环境。首先，任何文化适应都与一定的语境联系在一起，要全面理解文化适应现象，需要看它奉行的是宽容的多元文化主义还是狭隘的同化主义。其次，我们需要分析当地社会对移民的态度，看它是愿意接纳、友善对待移民，还是排斥、敌对或歧视他们。

在移民与主流社会相互包容的条件下，整合的策略可以实现。加入主流社会的权力因素之后，文化适应策略变得较为复杂。如果主流社会推行文化同化，少数群体只有选择熔炉模式；如果主流社会实行分离，少数群体将面临文化隔离；如果主流社会承认多元化的现实，多元文化主义将成为社会整合的模式。

文化适应的多重选择表明，传统单向度的同化论是片面的。移民者在适应新文化的同时，不一定要抛弃原有的文化。实证研究揭示，移民一般不愿意把同化当作文化适应的目标，分离或边缘化也很少成为他们的选择，大多数人更愿意采取整合的策略。

文化适应环境和文化适应策略用于解释文化适应的过程，文化适应压力和调整用于解释结果。文化适应过程充满了差异、纷争与冲突。文化适应压力是指文化适应过程中各种生活问题所造成的压力。在讨论文化适应问题时，之所以不用文化休克，而用文化适应压力的概念主要出于两方面的原因。其一，文化休克只有负面的意义，而文化适应产生正面和负面双重效应；不仅如此，心理学虽然仍没有解释文化休克的相关理论，但已经有相当成熟的理论可以解释压力。其二，文化适应涉及两个文化的互动，而文化休克意味着这个过程只涉及一种文化。面对压力，移民们如果选择同化策略，其行为将做最大限度的改变；选择分离，改变最小。总体上看，采取整合策略时移民面临的压力最小，选择边缘化所承受的压力最大。文化适应的另一个结果是通过长期积累而形成的调整。调整是指个体回应外部压力后产生的相对稳定的变化。

调整既可能是积极的，也可能是消极的；人们有时调整得比较到位，有时显得无所适从。调整是多层面的，涉及心理和社会文化等方面。我们可以从文化适应者的人格、生活变化、他们的文化知识、社会交往面以及对所属群体的态度等方面来预测调整的效果。把文化适应策略与调整放在一起考察时，我们就会发现一个大体前后一致的模式：选择整合策略的人调整得最好；选择边缘化的人调整得最差；选择分离的人心理调节得较好，但社会文化调节得较差；选择同化的人心理与社会文化都调节得不好。文化适应理论的命题主要围绕文化适应策略展开。

移民进入新社会时，如果他们希望融入主流社会，一般会选择同化或整合；如果他们希望保持原有文化身份，一般会选择分离或边缘化。倘若主流社会要把自己的文化强加于少数群体，整合的策略就无法落实，转而变成同化；倘若主流社会不愿与少数群体分享文化，推行文化歧视，少数群体将面临文化隔离。文化整合是少数群体最愿意选择的策略；文化调整的压力最小，文化适应的效果最佳。与此形成鲜明对比的是边缘化，做此选择面临的压力最大，适应的效果也最差。

▌三、期待理论

期待理论的核心思想是对互动行为的期待影响人们"根据信息接收者可能做出的回应，在不同的交际策略中进行选择"。三种信息，即文化信息、社会信息（角色和群身份）及个人信息被用来进行这种猜测和预料。人们对信息接收者可能做出的回应的期待对他们的交际行为有很大的影响。期待本身是以下这些变量作用的结果：知识、信念、态度、旧观念、自我构想、角色、先前的交际和地位特征。虽然关于这些变量的理论对读者来说并不新鲜，但有些仍需要进一步讨论。在这个模式里知识是指交际者对其第一次遇到的交际对方所应归属的群体的了解。当一个个体遇到"生人"，同时又对"生人"所属的群体丝毫不了解时，他就会通过看其所行、听其所言，来对"生人"接下去的行为进行猜测。当然，这些观察是有选择性的，所得到的印象也会被交际者自身的文化构架所影响。这些通过观察和解释得到的行为被看作一种"典型的交际行为模型"，跨文化交际者对交流对象的交际行为期待就是从这种模型推理得出的。当与不熟悉的人交流时，进行这种推理的必要性更大，这种推理能导致极度预测和期待。事先对另一交际群体了解得越多，就越不会倾向于过度解释一些通常在第一次交流时注意到的较细微的行为样本。就是这样，先前的了解影响期待，从而影响行为。假如了解的情况是精确的，效果似乎就会是有利的。尽管如此，假如他们有着错误的信念和想法，或者这种了解到的"知识"是由简单化了的或不精确的旧观念组成的，所得到的期待就会歪曲行为，给交际带来相反的效果。

通常人们会在三种策略中利用一个或多个策略来获取对另一交际群体的信息。第一种是被动策略，如看电视，或直接观察而没有互动；第二种是积极、主动的策略，即通过向来自另一群体的交际对象询问其文化或次文化；第三种是互动策略，即与来自另一文化或次文化的个体交流，问问题，自我表达，并努力发现一些假象。最后一种从表面上听起来像是一种信息收集策略，事实上，它也的确如此。

自我构想由三个组成部分：个人的、社会的和人类的。在特殊情境中，一个个体很可能会选择把自己定义为一个独特的个体或是群体中的一员。当交际行为大多基于个人身份时，人际交往就产生了；当交际行为基于社会或角色身份时，群际交往就产生了。当人们与另一个体进行个体与个体间联系的时，他们对对方行为的期待将较少地受到他们对对方所属文化的信念和态度的影响；当交流情境被看作群际交流时，情况却恰好相反。

地位这个概念在所有的文化中被广泛运用。它被人们作为一种对其交流对方所形成的期待输入。总的来说，相比于地位较低的人，地位较高的人更易被人们期待或接受更多的行为。地位是由一些外部因素（如性别、外表、受教育程度、职业）和一些有关表达的因素（如方言、眼神交流、说话方式），或者一些陈述的信息（如某人说他们是在墨西哥长大的）构成的。虽然在所有的文化中，这些都被看作构成地位的因素，但它们在实际应用方面却不是完全平等的。在日本，专业地位非常重要，人们只有了解它才能用正确的方式与对方交流，因而在介绍时交换名片就很重要。在美国，则正好相反，直接询问对方专业地位的做法被认为是很不礼貌的。在那里，不论是在性别方面或工作方面，着装和谈吐通常被看作重要的地位因素。

在与他人的交际中，群际态度、旧观念、偏见及在交际过程中引起的情感回应都对期待造成影响。假如期待被违反，就很容易唤起情感回应，因此产生一种反馈循环作用。期待是基于对另一群体的了解，但是当这种了解缺失或不足时，期待者自身（次）文化的期待就会得到应用。当然，在这种情况下，这种期待极易遭到违反。当另一个人的行为与感知者的期待一致时，对这种情况的意识通常并不明显，并且感知者总是根据他们"通常的"方式来判断"信息"或交流对方。尽管如此，当另一个体的行为违反了原有的期待，期待者就会被这种违反所困扰。这种结果通常会以加强的形式来改变原有的评价，即正确评价的信息及信息来源者会受到更多的肯定，而错误评价的信息则正好相反。对违反和违反发出者的评价同样也受到违反者给期待者提供的"积极的信息"，如增强期待者自尊程度的影响。在与来自不同背景的人进行交际的过程中，期待很可能遭到违反，但期待违反所带来的代价似乎是非常不受欢迎的。因此，与文化内交际相比，在跨文化交际中，期待违反理论暗指对交际对方的高度负面评价。

四、身份协商理论

身份协商理论是家庭教育、性别认同和族群归属等社会化进程的产物。每个人都处在家庭环境中，家庭对他们的交际行为带来深远的影响。性别认同是指人们对"女性"或"男性"自我形象的理解、诠释以及对他人形象的期待。家庭教育为性别识别与认同提供初步的常识，学校、工作单位和其他社交场所中的文化实践为性别的定位以及相关的交际行为提供准则。文化认同和族群认同同样塑造着社会交际。所有的个人都在更大的文化群体中经历社会化过程，文化的潜移默化使他们逐步认识到自己是谁，认同于哪一个群体。文化认同是指人们对大的文化群体的归属感或与它的隶属关系。

身份管理中的文化泛指国家文化。现代国家一般都是多族群的国家，许多国家的公民都拥有双重文化身份，如华裔美国人、法裔加拿大人和澳大利亚的土著人等，族群认同在跨文化身份协商中占据着显要的位置。族群身份主要由血缘、出生、宗教和语言等因素决定。

身份安全是指在特定的文化背景中人们在情感上对群体和个人身份感到放心的

程度；身份的脆弱性是指人们对群体和个人身份感到焦虑或捉摸不定的程度。这两种关切构成了身份协商理论的第一组辩证关系。当交际者试图维系内外之别和群体边界时，他们必然要涉及身份协商理论的第二组关系，即身份的包容和差异化。

在跨文化交际中，人们常常通过行为的可预测性来判断交际双方的相似性。我们期望与他人建立联系，但同时也想保持自己的私隐和独立性。这种情形涉及身份协商理论讨论的第四组关系，即身份的联系和自治。

特定的文化语境所要求的规范也为他们界定身份边界或确定自我角色提供导向和规约。比较而言，多元、宽松的文化语境对违规行为更宽容，交际者身份转变的空间较大；单一、封闭的文化对越轨行为的惩罚比较严厉，交际者身份变化的余地较为狭小。此外，交际者个人的灵活性、开放性、自我观念以及对暧昧的容忍度都会对身份的预期诠释和表达产生影响。

身份协商理论提出，跨文化身份协商能力主要有三个构件：知识、留意和协商技巧。身份协商理论把知识定义为通过有意识的学习、体验和观察而获得的对某些跨文化现象的深度理解。

在跨文化交际过程中，留心是提高知识水平的重要保障。粗心的交际者主要依赖原有的思维框架、惯例或范畴以及习以为常的行事方式。这意味着他们未有意识地思考和反思，只是依据本能与直觉进行交际。若想成为一个用心的交际者，人们必须认识到文化价值系统的差异对他人自我观念的影响，以及它所造成的对身份建构不同的开放程度，尽量站到对方的立场上去理解交际行为和分析交际障碍，敏锐地把握跨文化冲突中视角的多重性。

跨文化身份协商的成功，不仅取决于知识和心态，还取决于商谈的技巧。协商者应处于全身心投入的状态，尽力对不同语境中各个层次的身份意义做出准确的解读，并依据反馈不断进行检验。从根本上讲，留心倾听涉及视角的转变。不仅从自身的角度认识事物，而且要从对方的角度来理解。当协商者感到身份被拒绝承认时，就会消极地看待自我形象并且冷淡地进行交际。身份确认技巧既可以是语言的，也可以是非语言的，有时一句话、一个眼神或一个姿势就能较好地传达信息。

■ 五、跨文化认同理论

人类生活的世界是联系与独立并存、同质与异质杂糅的世界。介于自我与他者之间的跨文化空间构成最为广阔、最富活力和创造性的对话场所。全球化进程中，跨文化联系不断加强。各种文化在相互的渗透中逐渐融合，原本的文化边界也不再清晰分明。跨文化认同也随之加强。在社会生活中，人们为了保证自己的生存，为了取得各个方面的成功，努力地创造和赢取自己作为社会一员的社会身份。为了确保自己的社会角色和社会地位，人们需要找到属于自己的社会群体和文化群体，并努力融入其中。

人们在自己所属的社会群体中，追求同等的待遇和权利，追求没有歧视的高度认同。如果这种认同超过两个或者更多的文化群体，人们就会在意识和观念之中超越文化边界，如世界主义者。但是，现实并不完美，即使在意念上完成这种超越，现实主义者却不能真正归属于任何一类，他们虽然在多种文化中都留下身影，却不能找到自己的精神家园。他们的这种认同方式有一个严重的疏忽，那就是他们没有认识到文化的历史传承性，更没有认识到社会也存在依附性。文化从来不能凭空产生，文化也从来不能脱离现实、脱离历史、脱离社会而凭空存在和发展。文化不是单纯的意念，文化只有根植于社会的土壤，才能传承和生长。

跨文化认同是传统认同观的超越和发展，这种新的认同观融合了开放的新元素。交际者敞开宽广的胸怀，承认和接纳文化群体之间的差异，积极地进行文化元素的整合，在自身文化思想上进行积极的更新和创新，将文化融合于自身品质，呈现出崭新的跨文化认同理念。多元文化主义、双语主义以及世界主义等思想都表达了跨文化认同的精神。

文化认同不是一蹴而就的，它是每一个具有不同文化特色的社会群体，经过长期的历史发展和长期文化传承，在社会实践中，在互相的沟通和交流中，逐渐摸索出来的，它不是某个人的思想，而是人类在发展过程中集体智慧的结晶和共有认知。

我们需要明确的是，跨文化认同的建构并不能够消除差异与冲突，但它是缓和矛盾的有效方式，它能调节、掌握和控制不同文化造成的争论和冲突。它能使交际者获得一种能够转化矛盾和冲突的潜在的能力。

我们都希望通过和谐的途径来实现跨文化的沟通和创新，但是某种程度上的文化张力必不可少，前提是这种文化张力是在可以管理的范围之内。文化张力之所以非常必要，是因为它能够非常有效地攻破自我封闭以及中心主义的文化封锁，并在这个过程中起到非常重要的作用。

自我平衡是文化系统的天然趋向。如果没有外来文化的冲击作用，它反而会陷入停滞的自我休眠状态，没有成长和发展的动力，也没有激情和色彩。在可控程度上的跨文化张力的作用下，多种文化不断激荡、不断探索和创新，交际双方就必须不断地更新自己的认知，不断地激活自己的思维，远离单一的思考模式，促使思维的活化和思维的多方向融合与发展。交际双方在彼此之间的思维碰撞中，能够反思自身的缺陷，也能够认识到自己的优势和力量，并取长补短，不断激发新的思维和认知，不断完善自身的文化身份。

在生物性范畴上，人类是具有相似天赋和素质的共同体。人类生存的自然环境是相似的，人类的基本生存诉求也是相似的。但是，这并不能让不同文化群体中的人们建立起天然和谐的联系。因为文化是从各自的文化群体的长期实践中得来的，这个实践过程因为各种因素的影响，已经产生很大的差异。对于不同文化群体的人们来说，首次见到外来文化群体的成员是一个陌生人，并且会明显地体会到一种陌生感。虽然他们在空间上已经足够近，但是在意念和思维上相去甚远。陌生感会使初次见面的不同文化群体成员在心理甚至身体上感到某种不适。比如紧张、不安、焦虑甚至恐惧的心理状态，这种不良的心理感应会直接影响现实的交际活动，使双方在文化上产生隔阂，在心理上造成疏离，并使实际交际活动的顺利进行受到阻碍甚至导致失败。

意义框架的扩展与转变是深化跨文化关系的必要环节。不同的社会背景和不同的成长经历，会使交际者之间产生误解。意义框架的拓展就是要对其他的文化进行主动的吸纳，并融入自己的思维模式之中，使自己的文化不断丰富和发展。它扩大了交际者的视野，找到了不同文化成员的共同目标，构建了崭新的生活意义。

六、全球交际能力理论

全球化在当今世界中的重要性早已成为一种共识，它对跨文化交际的影响也是有目共睹的。由全球化催生的覆盖世界每个角落的全球语境正从根本上改变人们传统的拘泥于民族、社群或地方的思维方式，赋予人们一个全新的文化参照系。

若想厘清全球化在跨文化交际中的影响力，我们首先要把握它运作的基本动力和法则。吉登斯的理论从西方现代性拓展、延伸的历程揭示了人类超越自我、放眼世界的社会驱动力，巧妙地把全球化外在与内在的运作机制结合到一起。罗伯逊的理论从人类普遍性和特殊性的相互渗透与相互砥砺，勾勒出世界趋向整体化的复杂进程，极富洞察力地捕捉到全球化辩证法的最高表现形式。

全球化是世界日益整合、相互联系不断密切的过程，其影响波及人类社会的各个方面。它不仅意味着人们交往范围的扩大以及互动的加强，还意味着交际观念与方式的改变。

具备全球心态的交际者有着健全的自我，能够敏锐地意识到全球化语境中文化的多样性与复杂性。他们对世界的变化与发展持开放的态度，有不断学习的欲望，乐于迎接文化差异的挑战。具备全球心态的人能够开阔视野，洞悉文化间的异同，逐步提高认识问题的能力，积累应对全球化带来的新问题的知识。他们具有批判性、整体性思维，能够在全球化纷纭复杂的局面中理出头绪，全面而非孤立地看待世界。此外，他们在思维与行为上具有灵活性，能够准确地解读信息，及时进行自我调整，把全球化造成的各种不确定性与变化转变为发展的机遇，游刃有余地进行交际。

拓展自我体现了交际者的情感能力。它是指交际者逐步自我改变、渐次提升人格的过程。发展全球交际能力要求人们扩展自我，提高灵活性、敏感性、开放性与交往的动机。拓展自我意味着交际者不断地进行自我熏陶和净化。他们努力寻找共享的交际符号，通过换位思维来认识他人，以积极的倾听和回应来表达理解，建构互惠关系。概括地讲，拓展自我包括自我净化、明确学习的动机、培养跨文化敏感性与创造性和移情的能力四个基本方面。绘制文化地图反映了交际者的认知能力，即获得文化知识的能力。全球化过程中，各种生活方式、思维范式和表达模式交织在一起，迫使人们了解其他文化的特点、学习新的文化知识。绘制文化地图的能力反映了交际者对自己与他人文化的理解能力，展现的乃是其文化意识。

全球化扩展了人类交往的范围，改变了他们的交往模式，人们需要发展新的观念与能力才能成为合格的世界公民。全球心态是发展全球交际能力的基础，拓展自我、绘制文化地图和加入互动构成其情感、认知和行为三个层面。

全球心态体现在交际者开阔的视野、对差异的尊重、对社会变化的适时调节以及对全球化进程开放的价值取向上。拓展自我是指交际者不断完善自我，乐于学习，培养跨文化敏感性、创造力与移情的能力。绘制文化地图反映了交际者认知能力的发展过程。交际者从对文化差异感到困惑、步履艰难，到逐步形成正确分析问题的能力，最终如鱼得水地交际。加入互动是指交际者的行为能力。成熟的交际者能够通过言语与非语言形式传递信息，其行为比较灵活，可以轻松地驾驭互动过程，使双方都能维护各自的身份、不失脸面，巧妙地处理全球交际中的各种变化与复杂的情形。

全球心态、拓展自我、绘制文化地图和加入互动四个变量之间的关系不甚明朗。实际上，该理论主要探讨了全球交际能力的含义，并没有深入揭示各个变量的逻辑联系。此外，该理论对全球化造成交际复杂性的论述比较单薄，没有说明其根本后果。全球化形成的复杂性不仅体现在文化边界的模糊化以及文化之间错综复杂的关系上，还表现在不同文化的交织上，你中有我、我中有你，彼此相互依存，共生共荣。

文化的杂糅和挪用等都是文化交织的具体例证。其最显著的后果便是跨文化空间的急剧膨胀，它要求交际者提高整合能力，努力建构跨文化参照框架与跨文化认同。全球交际能力模型尽管有薄弱之处，但为我们如何在全球化背景下重新解释交际能力提供了一个蓝本，同时也为相关的实证研究和理论本身的发展奠定了基础。

第三章　跨文化商务交际技巧

第一节　商务谈判的认知和原则

▊ 一、商务谈判的认知

"谈"是"讲、论，彼此对话"的意思；"判"是"评断"。结合起来就是对话双方明确阐述自己的意愿观点，努力寻求双方关于各项权利义务的一致意见。谈判具有多层次的认知，并具有明确目的性。人对谈判最初的认识是对利益的追求。然后是将合作作为谈判的目标，这样依赖存在的社会关系既为合作提供互补的可能，又是一种必要的谈判方式。终极目的就是使意见达成一致，对抗无益于谈判，谋求合作。

（一）谈判的认知

1. 谈判的内涵

从一般意义上讲，谈判就是为了达成一致意见而进行的磋商行为。人们对各自的需求都可以构成谈判的因素，同时也是为了满足彼此的需要而交换观点。谈判的内涵有广义和狭义之分，从广义的角度看，在非正式的谈判中，只要涉及协商、交涉及商量等因素，都能称为谈判。从狭义的角度看，谈判的情景仅适于正式场合，是谈判双方进行当面相商的形式，目的是通过双方磋商达成互利合作的结果。

2. 谈判的特点

（1）谈判是由各方当事人共同参与的。

谈判是两方以上的交际活动，只有一方则无法进行谈判活动。而且只有参与谈判的各方需要有可能通过对方的行为而得到满足时，才会产生谈判。

（2）谈判的目的是平衡各方的需求和利益。

当人们想交换意见、改变关系或寻求同意时，人们开始谈判。这里交换意见、改变关系、寻求同意都是人们的需要。这些需要来自人们想满足自己的某种利益，这些利益包含的内容非常广泛，有物质的、精神的，有组织的，也有个人的。当需要无法仅仅通过自身，要与他人合作才能满足时，就要借助于谈判的方式来实现，而且需要越强烈，谈判的要求越迫切。

（3）谈判各方具有依赖关系。

人们的一切活动都建立在一定的社会关系基础上。参与谈判的各方可能是买卖关系、技术支持与被支持关系等，彼此具有依赖性。

（4）谈判是一种信息交流过程。

谈判需要解决问题、协调矛盾，不可能一蹴而就，需要不断地进行协商交流，它是一个信息交换的过程。

（5）谈判成功与否的标志是最终能否达成协议。

由于参与谈判各方的利益、思维及行为方式不尽相同，存在一定程度的冲突和差异，因而谈判的过程实际上就是寻找共同点的过程，是一种协调行为的过程，而谈判成功就是找到共同点并达成协议。

（二）商务谈判的认知

1．商务谈判的内涵

商务谈判是指不同的经济实体各方为了自身的经济利益和满足对方的需要，通过沟通、协商、妥协、合作、策略等方式，最后达成各方都能接受的协议的活动过程。

2．商务谈判的特点

由于商务活动的特殊性和复杂性，商务谈判活动表现出以下特征。

（1）谈判对象的广泛性和不确定性。

商务活动是跨地区跨国界的。就双方而言，无论是买者还是卖者，其谈判的对象可能遍及全国各地甚至全世界。同时，每一笔交易都是同具体的交易对象成交的，因此在竞争存在的情况下就会充满不确定性。

（2）谈判条件的原则性与可伸缩性。

商务谈判的目的在于各方面都要实现自己的目标和利益，但若达成这一结果，双方博弈的同时必然要达成某种妥协，这种妥协就具体体现在交易条件有一定的伸缩性，但不能以丧失自身的基本利益为代价，这便是谈判人员必须坚守的原则性。

（3）内外各方关系的平衡性。

谈判结果最终达成的满意程度其实取决于两方面的认可程度。一方面，自己阵营的评价；另一方面，谈判对手的接受。因此，这种满意还可以理解为来自谈判双方在构建彼此关系和内部关系时达成的平衡性程度。

（4）谈判环境的多样性和复杂性。

从某种意义上讲，只要具备谈判双方及某个物理空间，即可进行谈判。因此，谈判环境本身会具有多样性和复杂性的特征，并非只有所谓的标准配置。但谈判环境的确会对双方的心理和发挥产生某种影响，可能是正面的，也可能是负面的。

（5）合同条款的严密性与准确性。

商务谈判的结果是由双方协商一致的协议或合同来体现的。合同条款实质上反映各方的权利和义务，合同条款的严密性与准确性是保障谈判获得各种利益的重要前提。切忌在拟订合同条款时，掉以轻心，不注意合同条款的完整、严密、准确、合理、合法，这样可能不仅会把到手的利益丧失殆尽，还要为此付出惨重的代价。

3．商务谈判的类别

商务活动的特殊性和复杂性导致商务谈判的对象、环境、时间、地点等都具有不确定性和复杂性。所以，商务谈判的类别也呈现出多种方式。

1）按时间分类

按谈判时间长短的可划分为：①短期商务谈判，指时间在 3 个月以内的谈判；②中期商务谈判，指时间在 3 个月至 1 年的谈判；③长期商务谈判，指时间在 1 年以上的谈判。

2）按谈判地点分类。

按谈判地点的分类可分为以下三种。

（1）主场商务谈判。

主场商务谈判是在己方所在地进行的商务谈判，会给己方带来很多便利和优势，主要表现在：

①谈判信心足。由于谈判是在己方所在地进行，在谈判时间表、各种谈判资料的准备、突发情况的请示汇报等均比较方便，从心理上会给予谈判者一种安全感，在谈判的态度上也能表现出充满自信、从容不迫。

②礼貌待人，以德服人。作为东道主，必须懂得礼貌待客，在迎来送往、饮食住行方面都要安排妥当，使对方感受到如家的环境气氛，从而赢得对方的信赖。

③内外线谈判。如果谈判在己方所在地或附近进行，那么客方就有条件了解己方的内部情况，如从工厂、企业等方面获取己方信息，为谈判增加筹码。

（2）客场谈判是在谈判对手所在地组织的商务谈判。

客场谈判的好处是谈判可能更为主动，在企业和领导授权的范围内更好地发挥能动性。然而，到对方的地盘进行谈判，可能会遇到很多陌生的东西，在谈判开始时就会形成一些无形的障碍，在谈判地位上显得比较被动，表现出"客随主便"。客场谈判在逗留时间、授权范围、远距离通信、经费限额等方面都会受到诸多限制，如果遇到不肯让步的对手，客场谈判将面临让步到底、坚持到底和一走了之三种选择。如果选择坚持谈判而对手又不肯妥协，往往会因对手"需要请示公司，请等待消息"等借口进入焦虑难耐状态。

（3）中立地谈判。

中立地谈判是指谈判地点设在第三地的商务谈判，通常为关系不融洽、信任度不高的谈判双方所选用。这种选择比较适合双方进行非实质性接触谈判，而且在谈判中较少受到干扰，谈判的物质准备交于第三方，可以减少事务性工作。

3）按参与人数分类

（1）个体商务谈判。

个体商务谈判是指双方只出一个主谈，只有一个人就一个问题进行磨合磋商，争取达到一致的商务往来。因此个体商务谈判没有外力可借助，必须调动谈判人员自身的主观能动性，调动自己所掌握的谈判策略，全力以赴。虽然可以全力以赴，也有论题转换灵活性的优点，但一个人知识面再广也会遇到难以解决的问题，所以个体商务谈判应主要针对老客户、老产品，小范围、低金额较为适用。

（2）集体商务谈判。

集体商务谈判是指一个人以上、若干人在一起，以主要谈判人员为主，对某个话题、某个商务往来进行磋商磨合，争取达到一致。集体谈判有知识互补、经验交叉，同时可形成集思广益的优点，并可借助同伴形成思想碰撞以产生火花。除此之外，还有人多势众的优势。但集体谈判也有其弱点，即易发散，不易集中。如在团队中有强势人物，讨论时可以引导大家的思路。一般集体商务谈判分为三种类型：①小型谈判，一般 4 人以下；②中型谈判，一般 4～12 人；③大型谈判，一般 12 人以上。

4）按所在国度分类

按谈判的所在国度分类可分为两种：一种是国内商务谈判，指商务谈判参与方均来自一个国家内部。另一种是国际商务谈判，指谈判参与方分属两个或两个以上的国家或地区。

国内谈判与国际谈判的背景存在较大差异。对于国际商务谈判，谈判人员首先必须认真研究对方国家或地区相关的政治、经济、法律、文化、气候、环境等背景。同时也要认真研究对方国家或地区谈判人员的个人阅历、谈判风格等。此外，对谈判人员在外语水平、外贸知识等方面也有相应的要求。

5）按谈判主体分类

个人间的商务谈判指以个体形式出现的商务谈判，既可以是代表私人间商业利益的谈判，也可以是代表组织进行的谈判；组织间的商务谈判是商务谈判中出现最多的一种类型，即组织以个体或团队的方式为谋求各自利益而进行的谈判；国家间的商务谈判，一是规格高，二是涉及国家层面的利益，三是通常牵扯多个领域或行业，如中国加入世界贸易组织的谈判就是如此；几者之间的交叉谈判出现的情况比较少，涉及前三类利益主体之间的利益博弈，因此内容复杂，谈判难度大。

6）按谈判的利益主体数量分类

通常来讲，按照双方的主体数量，可以将谈判类型分为两种，即双边和多边谈判。其中双边谈判顾名思义谈判主体为两方，而且两方为正式的谈判利益主体。这种谈判关系明确，谈判客体简单，因此，双边谈判更易达成一致意见。多边谈判是指参与谈判的代表至少是三方利益代表，即谈判主体涉及三方或三方以上的谈判，又称"多角谈判"。多边谈判涉及的范围广，人员复杂，谈判之前的准备工作难度大。在实际谈判中，多边谈判往往演化为就某个问题意见相互对立的双方。由于参与方多、谈判条件错综复杂，需要顾及的方面也多，因此很难在多方利益关系中加以协调，从而增加谈判的难度。

7）按谈判者接触方式分类

（1）面对面谈判指谈判双方（或多方）直接地、面对面地就谈判内容进行沟通、磋商和洽谈。日常生活中，大到每日媒体提及的国际国内各类谈判，小到推销员上门推销，售货员向顾客介绍商品，顾客与小商贩的商讨价格等，都属于面对面谈判。

（2）电话谈判即借助电话这一通信工具进行沟通信息、协商，寻求达成交易的一种谈判方式。它是一种间接的、口头的谈判方式。其主要优势是快速、方便、联系广泛。特别是在经济迅速发展的社会，在经济洽谈、商务营销中，方便、快速更有决定意义。

（3）函电谈判指通过进行磋商，寻求达成交易的书面谈判方式。该方式与电话谈判有相似之处，两者都是远距离、不见面磋商，但前者用文字后者用语音。函电谈判方式在国际贸易的商务谈判中使用最普遍、最频繁，但在国内贸易的商务谈判中则较少使用。

（4）网络谈判指借助于互联网进行协商、对话的一种特殊的书面谈判。基于电子商务的出现和迅猛发展，网络谈判方式也被企业提上重要的议事日程。

8）按谈判议题方式分类

（1）横向商务谈判。

横向商务谈判是指通常在谈判中会遇到很多问题，按照顺序对预先设定的问题一一解决，当遇到不可调和的问题出现时，可以先搁置在一边，并对其他问题展开谈论，使问题逐渐得到解决。

（2）纵向商务谈判。

纵向商务谈判是指要确定一个主要的问题，然后遇到一个问题，解决一个问题，直到全部问题都得以顺利解决。

9）按谈判内容分类

由于企业经济活动的内容多种多样，因此商务谈判的内容也是复杂广泛。在经济活动中经常碰到的商务谈判主要有以下六种。

（1）货物买卖谈判。

货物买卖谈判是指以达到商品交易成功为目的的谈判活动。这是交易中最具代表性的谈判，货物买卖谈判的内容十分广泛，这种谈判难度较低，条款比较全面，一般包括标的、质量、价格、日期、验收、装运、责任和支付条款等。

（2）劳务贸易谈判。

劳务贸易谈判是指针对劳务中存在的劳务方式、时间及劳务的价格、支付形式等内容进行谈判的活动，当买卖双方之间涉及权利义务等内容时也可以选择这种谈判形式。

（3）租赁业务谈判。

租赁业务谈判主要是针对法律层面租用标的物出现的状况而展开的，标的物问题具体包括选择何种标的物、双方标的物的交付情况、租期到期后如何进行处理、租赁期间权益责任人之间的责任及权利义务之间的关系处理等问题。

（4）技术贸易谈判。

技术贸易谈判是围绕技术之间的买卖交易活动展开的。交易双方为技术的接收方和转让方，谈判的内容多是转让的技术形式、内容、质量规范等转让中触及的权利、义务等问题。

（5）投资项目谈判。

投资项目谈判可以分为两种：

①创办独资企业的谈判。创办独资企业的谈判，通常双方是企业与投资所在地的政府部门，因而谈判的内容主要集中在宏观方面，主要内容有投资项目、投资额、当地市场销售比例、税收政策、环境保护、劳动力雇佣、利润汇出、投资期

限、财务审计等问题。

②创办合资经营企业谈判。创办合资经营企业谈判主要发生在企业间，因而谈判的内容主要集中在微观方面，主要包括投资总额和各方的投资比例、出资方式、销售市场、组织机构、合营期限、投资缴纳的方式与时限、利润的分配等。

（6）损害及违约赔偿谈判。

损害及违约赔偿谈判形式不同于上述所有谈判类型，它较为特殊。其中损害是指谈判中的一方让另一方名誉受损，或者造成伤亡及财产损失等；违约则是指谈判中的一方单方违反合同，造成对方一定的经济损失。

10）按双方采取的态度分类

（1）软式谈判。

软式谈判也称让步式谈判。这种谈判把对方视为朋友，强调的不是占上风，而是建立和维持良好的关系。

（2）硬式谈判。

硬式谈判也称立场型谈判。这种谈判视对方为劲敌，强调谈判立场的坚定性，强调针锋相对。

（3）原则式谈判。

原则式商务谈判是指把谈判作为解决问题的手段，重点放在利益上，根据价值达成协议。这种类型的谈判既吸取软式谈判和硬式谈判的优势，又避免二者存在的不足。这种谈判方式强调公正原则和公平价值，其主要特点是人、事分开，重点放在利益而不是立场上。谈判中对人温和，对事强硬。在做决定之前，先构思各种可能的选择，坚持根据公平的客观标准来做决定，并以此为前提，争取最后结果。

二、商务谈判的原则与程序

（一）商务谈判的原则探究

如果要保证商务谈判的顺利进行，应掌握以下 11 种原则。

1．依法办事原则

依法办事原则是指在商务谈判及签订合同的过程中，要遵守国家的法律、法规，符合国家政策的要求，涉外谈判则要求既符合国际法则，又尊重双方国家的有关法律法规。商务谈判的合法原则具体体现在以下三方面：①谈判主体合法，即参与谈判的企业、公司、机构或谈判人员具有合法资格。②谈判议题或标的合法，即谈判的内容、交易项目具有合法性。与法律、政策有抵触的，即使出于参与谈判各方自愿并且意见一致，也是不允许的。③谈判手段合法，即应通过合法的手段达到谈判目的，而不能采取不正当的方式方法。

2. 诚实守信原则

商务谈判中，谈判双方保持诚信非常重要。诚信在经济范畴内是一种稀缺资源。诚信中的"诚"就是真诚、诚实，不虚假；"信"就是恪守承诺、讲信用。信用最基本的意思是人能够履行与别人约定的事情而取得信任。诚信，简单地讲就是守信誉、践承诺、无欺诈。

在商务谈判中坚持诚信原则，应体现在三个方面。

（1）以诚信为本。

诚信是职业道德，也是谈判双方交往的感情基础。讲诚信能给人以安全感，使人愿意与其洽谈生意。诚信还有利于消除疑虑，促进成交，进而建立较长期的商务关系。

（2）信守承诺。

如果谈判人员在谈判中不讲信用，出尔反尔，言而无信，甚至有欺诈行为，那么很难与对方保持长期合作。

（3）掌握技巧。

谈判是一种竞争，要竞争就离不开竞争的手段，为此，需要运用各种谈判策略、技巧。讲诚信，不会阻碍谈判人员运用业务知识技巧进行谈判，以谋求良好的谈判效果。

总之，谈判就是既不提倡通过不诚实或欺骗的行为来达到自己的目的，也不反对运用有效的策略和方法。

3. 平等自愿原则

商务谈判是双方为了满足各自的需要而进行的洽谈和协商，目的在于达成协议，满足各自所需。参与商务谈判的各方无论其经济实力如何，他们对合作交易项目都具有一票"否决权"。从这一角度来看，交易双方所拥有的权利是同等性质的。只要存在一方不自愿的情况，那么这种谈判就会面临失败。谈判双方必须共同履行约定，充分尊重对方的需求，尤其应该互相平等，互相尊重。同时，应尊重对方的意愿，在平等自愿的环境中进行商务谈判，才会使得谈判最终达到预期效果。

4. 客观公正原则

所谓客观公正是指独立于谈判各方主观意志之外的合乎情理和切实可用的标准，这种客观标准既可以是市场惯例、市场价格，也可能是行业标准、科学鉴定、同等待遇或过去的案例等。由于谈判时提出的标准、条件比较客观、公正，所以调和双方的利益也变得具有可行性，具体表现为：①双方都可提出客观标准进行衡量；

②经过讨论客观标准后，就要用客观标准说服对方，公正不移地按照客观标准进行衡量。总之，由于协议的达成依据是通用惯例或公正的标准，双方都会感到自己的利益没有受到损害，因而会积极、有效地履行合同。

5．友好协商原则

在商务谈判中，尽管会存在双方产生争议的情况，但是应根据友好协商的原则来处理问题，杜绝采用要挟蒙骗甚至强硬的手段使对方妥协。即使出现不可协商的分歧，也一定要友好协商。谈判双方应将眼光放远，寻求彼此谅解。做出中止谈判时，需要从多角度解析对方的实际情况，不能轻易放弃谈判，应多沟通，积极协商将谈判进行到底。

6．互利共赢原则

所谓互利共赢原则，是指在商务谈判中，要使参与谈判的各方都能获得一定的经济利益，并且要使其获得的经济利益大于其支出成本。谈判的任何一方在考虑自身利益获得的同时也要考虑对方利益的满足，而不能独自占有过多的经济利益。要懂得商务谈判需要学会妥协，通过妥协和让步来换取己方的利益。互利共赢的谈判是技巧问题、策略问题，其实更是观念问题。在谈判过程中，可以通过扩大选择范围，寻求多种方案，提出创造性建议，拉开谈判目标差异的方法进行互利共赢的商务谈判。

7．求同存异原则

寻求共同利益是谈判成功的基础点。但在实践中，双方虽然都意识到谈判的成功将会实现共同利益，谈判破裂会带来共同损失，但在行动上会为各自的利益讨价还价，互不相让。最优化方式应该是提出建设性意见，这种方式可以有效地帮助谈判双方将分歧从决策中分离出来，寻求共同利益，搁置分歧，尽量让对方的决定变得容易。在谈判中，为了寻求共同利益，还可以采用拉开谈判目标差异的方法，即把目标与其他利益挂钩，从对方考虑的难题出发，寻求达到自己的目的途径，以缓和双方的利益矛盾，即"合作的利己主义"。

8．时效性原则

时效性原则就是要保证商务谈判的效率与效益的统一。商务谈判要取得高效益，就不能搞马拉松式的谈判。在谈判中要有时间观念，任何谈判都不可能无休止地进行，时间成为影响谈判成功的重要条件。时间会有利于任何一方，关键是看人们如何利用时间。在谈判中，人们最容易做出让步的时间是接近截止时间时，当谈判接近截止期时，会使谈判者从心理上产生压力，因而不得不做出让步，谈判者应在此时注意把握时间，谨慎考虑。另外，谈判是一种投资，因为在谈判中需要花费时间、精力和费用。这样，谈判的投资与取得谈判经济效益就存在一定的比例关系。以最短时间、最少精力和资金投入达到预期的谈判目标，就是高效的谈判。

9．利益集中原则

谈判就是为了解决利益矛盾，寻求各方都能接受的利益分配方案。因此在谈判中要紧紧着眼于利益，而不是立场。谈判的根本不在于双方立场上的冲突，而在于双方需求、愿望、想法等方面的冲突。立场上讨价还价具有一定的消极性：一是违背谈判协商的准则，无法达成协议。二是会破坏协商谈判的气氛。因此要集中于利益而非原则的可行性，调和双方的利益而不是立场，这种方法之所以奏效，有两个原因：一是每一项利益可以通过多种方式得到满足，人们如果只采取最显而易见的立场态度，就容易陷入僵局。二是对立的立场、态度背后不仅有冲突的利益，还有更多其他利益。所以，协调利益而不是立场、态度，更容易解决问题。

10．人与问题分开原则

人与问题分开是指在谈判中区分人与问题，把对谈判对手的态度与讨论的问题区分开来，就事论事，不要因人误事。把关系与实质问题分开，以一种向前看的眼光，将双方的关系建立在正确的认识、明朗的态度、适当的情绪上。

1）区分人与问题的必要性

（1）自我往往容易卷入现实当中。

由于双方的对峙地位，总是对对方抱有一种戒备心理，总是从本位的立场看问题，这样容易把自己的立场和现实混为一团，造成一些误解。

（2）判断过于简单，结论缺乏根据。

人们常常从没有根据的推论中得出结论，并把这些结论作为对人的看法和态度，而不去想其他解释也可能是正确的。上述原因的存在，会给谈判带来严重危害。

2）区分人与问题的方法

（1）当对方的看法不正确时，应寻找机会让他纠正，使他正确理解己方观点。

（2）当发生误解时，应设法加强沟通，让双方都参与到提议与协商中来。

（3）当对方情绪过于激动的时候，应给予一定的理解，让对方感受到被充分的尊重。

（4）当遇到问题时，尽量多阐述客观情况，避免指责对方。

总之，在思想上把对方当作自己同舟共济的伙伴，把谈判过程视为一个携手共进的过程；在方法上把对方当作朋友，了解他的想法、感受、需求，给予应有的尊重，把问题按照其价值大小的顺序来处理。

11．礼敬对手原则

礼敬对手是谈判中需要保持的基本风度，在谈判过程中难免会遇到各种争论，但是谈判双方都应保持礼貌相迎，态度真诚，不去恶意嘲讽别人，甚至进行人身攻击，让整个谈判氛围处于和谐的环境中。冲动不仅不能够让对方接纳自己的观点，而且很有可能会使谈判破裂，在以后的谈判中影响自己的思维。要说服对方，或者改变对方的意见或行为，最有效的方法就是冷静、客观地把事实摆在对方面前，让对方能够心悦诚服地接受意见。

（二）商务谈判的程序分析

商务谈判在流程上的要求比较严格，只有事先对相关模式和涉及的阶段有较为熟练的把握，才有可能在谈判中掌握主动，获得预期的结果。

1．PRAM 模式

所谓 PRAM 模式，是指谈判由四部分构成，分别是制定谈判计划、建立关系、达成协议及协议的履行和关系的维持。

1）实施的前提

PRAM 谈判模式的设计与实施有一个重要的前提：必须树立正确的谈判意识。这种谈判意识是整个模式的灵魂。

PRAM 谈判模式要树立的谈判意识包括以下几点。

（1）谈判是协商，而非"竞技比赛"。竞赛是以输赢为结果的，冠军只有一个。谈判则不同，谈判是通过信息沟通，使双方在充分认识目前和未来可判断环境的基础之上，不断调整自身的需要而形成的满足双方需要的方式选择。

（2）在谈判中，双方除了利益关系外还有人际关系。后者是实现前者的基础和保障，任何交易都是有风险的，必须付出成本。因此，为了控制交易风险，谈判双方必须首先对交易伙伴做出评估和选择，良好的人际关系是彼此建立好感与信任的基础。

（3）谈判双方的利益关系应该是互助合作关系。谈判双方之间的关系既有合作关系又有竞争关系，是合作基础上的竞争。如果把市场比作一块蛋糕，那么，谈判双方必须首先通力合作把"蛋糕"做出来，其次才是蛋糕如何分割得更合理、更有效率，更能满足双方的需要。

（4）谈判者不仅要着眼于本次交易谈判，还要今后的交易往来。商务谈判不同于其他事务的谈判，其主要目的是满足双方的经济利益。对经济利益的追求是所有企业永不停息的追求，只要企业存续，就不可能停止商务谈判。而每一次谈判之间并不是截然孤立的，企业实力的表现、企业诚信形象的树立是通过每一次的活动逐步形成的。寻找一个交易伙伴是有代价的，谈判方案的执行依然需要双方的共同努力与合作，因此，谈判过程中必须有长远考虑。这种谈判意识会直接影响和决定谈判者在谈判中所采取的方针和策略，也决定谈判者在谈判中的行为。

2）实施的过程

（1）制定谈判计划。

首先双方应对谈判目标具有清晰的认知，当双方谈判目标得到确定后，再将各自的目标进行融合，最终做到目标一致。这时候双方在谈判中便可围绕共同的利益点展开谈论。这种方法不仅激发双方的谈判兴趣，还能弥补过程中出现的意见相左的问题。如果双方的意见不一致，则需要双方拿出更具开放性的创新型思维，努力探求出双方都满意的方法解决矛盾。

（2）建立关系。

建立良好的谈判关系需要双方共同努力才能实现，需要双方付出真诚并创造出融洽的谈判关系。

（3）达成协议。

达成协议是信任的基础，信任达成后，即可迈进实质性谈判阶段，这一阶段一般需要先将对方的目标进行确定，再得出双方共同意见，如果出现意见相左的情况，可以互相交换意见，从而得出双方利益都能得到满足的解决方案。

（4）履行协议。

履行协议是谈判的最后阶段，即对谈判结果的验证阶段，也是最容易形成误区的阶段，当一方满意协商的结果而认为对方可以立即履行其责任及义务时，殊不知，协议书终究是协议书，内容再为严格也不及人的不作为，对方没有如期履约，协议书当然就只是协议书，无法得到真正落实。

2. 商务谈判的基本阶段

（1）准备阶段。

商务谈判必然要经过准备阶段，准备也是比较重要的一个步骤。这一阶段需要谈判者对相关的情报、谈判对象的选择、谈判方案等因素进行关注，这些前期的准备工作，都将有效促进谈判的顺利进行。

（2）初始阶段。

谈判的初始阶段其实是谈判的前奏和对其的铺垫。初始阶段的顺利实施对以后的谈判影响较大。如果开局有利，必然能形成较好的谈判氛围，给谈判者创造有利的谈判地位。

（3）试探阶段。

试探阶段发生在报价前、实质性谈判后，这个阶段谈判双方都可以交谈各自的意图及想法，对对方的需求加以试探并协商谈判的具体形式，从而达成双方一致的意见，另外对各自报价进行评估，同时做出相应的准备工作。在此过程中，双方通过互相试探，也在不断调整自己的谈判期望与策略。

（4）商议阶段。

商议阶段出现在谈判成交之前、一方报价后，这一阶段起到决定性作用，属于核心阶段，它是谈判策略及技巧的焦点所在，因此也是谈判最为困难的阶段。这个阶段直接决定谈判的结果，包括报价、讨价、异议处理、压力与反压力、僵局处理、让步等诸多活动和任务。这一阶段跟试探阶段没有明显的鸿沟，两个阶段相互成就，换句话说，如果谈判双方就价格问题不能达成一致意见，那么双方的谈判内容也将继续选择其他问题进行洽谈，通过再次试探击破一个个价格壁垒。

（5）成交阶段。

成交阶段发生在协议签订完毕前、双方达成主要交易条件后。其重点是双方已经创造出可以实现交易的条件，不过并不是说双方没有任何争议的问题。事实上，双方完全可以完成价格及主要交易条件的谈判，双方的利益已经得到合理实现。这一阶段的重点是对前期谈判做出总结，最后得出报价完成交易，同时拟定合同条款及对合同进行审核与签订等。

（6）协议后阶段。

协议后阶段属于谈判的最后阶段。谈判进行到这一阶段，签订合同便不是最为主要的内容了，而是要使对方履行合同。所以，谈判的最后阶段也就是对谈判进行总结和资料整理的过程，目的是保证谈判双方都能够履行与维护合同中涉及内容。

第二节　跨文化商务谈判的变量因素

一、汉顿的两组变量

（一）背景因素

汉顿认为背景因素包括谈判双方的目标、谈判中的第三方、市场定位、谈判人员的技巧和经验。其中，谈判目标可以是双方共同的目标，也可以是被认为的目标；双方的目标可能是相互冲突的，也可能是互补的。谈判中的第三方指的是跨文化谈判时参与进来的顾问、代理人或者各方的政府机构等。市场定位包括谈判双方各自的定位。

（二）氛围因素

氛围因素包括谈判双方可感知的合作或冲突、权力和服从、可感知距离和双方的期望。具体内容为：①大多数情况下双方可根据谈判双方的协议内容以及协议的目标来感知是否可以进行合作或是会引起冲突；②权力和服从因素指的是，在谈判的过程中，某一方的权利较另外一方相比要大许多，这样会对该次谈判造成一定程度上的影响；③可感知距离是指双方相互了解的程度；④双方的期望包括对实际交易的长期预期和当前交易的短期期望。

二、威斯的十二变量

（一）礼节

不同的文化都有一套属于自己的独特礼节。这里所提到的礼节主要包括各种礼仪（着装礼仪、举止礼仪等）、送礼、就座安排、间歇时间安排、谈判人数、谈判过程、持续时间等。在进行跨文化的谈判过程中，是否需要采取一系列正式的礼节需要认真考虑。

（二）交流

不同文化背景的谈判人员的交流方式也会有所不同，有的谈判人员依靠语言交流，有的谈判人员则会有很多辅助性的非语言交流。交流方式是否多元化意味着交流环境是否简单或是复杂，且在交流的过程中，人们对所处环境也是十分关注的。

（三）基本概念

文化因素会影响谈判人员对谈判作用和谈判过程的看法。有的文化把谈判看成是输赢的竞争，有的看成是强弱的竞争，也有的将谈判看成是完成某项任务同心协力的过程。

（四）侧重点

在谈判中，有的文化强调协商与协议直接相关的主要问题，有的文化则强调人与人之间的关系。

（五）个人角色

不同文化的谈判人员将自己在谈判中的角色定位各不相同。一些人在谈判的过程中比较看重团体，认为个人属于团体，因此在谈判中会控制住个人的雄心，使整个谈判团队被突显出来；有些人则认为谈判的成败与某个人有关，因此会把谈判中的个人看得比较重要；还有一部分人把谈判中的每一个人都看成谈判的整体，谈判双方都十分关注整体的成功。

（六）时间概念

有的文化时间观念强，制定详细的日程表和严格按照日程表执行对他们来说非常重要。有的文化则一般进程缓慢，认为时间可灵活掌握。

（七）风险倾向

由于谈判结果的未知性，可以说谈判有一定的风险性。有的谈判人员乐于接受新思想或始料不及的建议，有的谈判人员则倾向于墨守成规。

（八）协议形式

有的文化强调书面协议，协议内容也十分详尽，针对可能发生的事件会制定尽可能多的条款；有的文化则十分强调个人承诺。

（九）决策制度

不同文化背景惯用的决策制度也有所不同。在谈判中，有的谈判团队会参照地位最高或资历最深的成员的意见，有的则通过谈判团队中大多数人的意见来决策，还有的则必须力求所有成员的一致同意才能形成最终的决策。

（十）说服争论的性质

由于文化背景的不同，以至于在谈判过程中，谈判人员会很自然地根据自己的文化习惯进行争论，部分谈判人员依靠逻辑进行争论，部分人员依靠事实进行争论，有的依据直觉或感情，还有一些则依据谈判人员的宗教信仰和哲学思想。

（十一）信任的基本条件

谈判需要双方建立起信任关系，但不同文化的人建立信任的基本条件有所不同，有的文化仰仗过去的经验或成绩，有的依据直觉和情感。

（十二）谈判人员选用标准

不同的文化背景，选用谈判人员依据的因素可能不同，常用的依据有过往的经验、权力关系、对某一领域的了解，或者其是否值得信任等。

第三节　文化冲突在商务谈判中的体现

一、文化冲突概述

（一）相关概念

1. 文化冲突观

（1）离散性文化、弱语境的交际者对冲突的看法。

离散性文化、弱语境的交际者对冲突的根本看法是："解决问题"的模式是处理冲突所遵循的准则：①冲突是一场论战，一场关于公开发表各自意见、问题、分歧的论战；②功能性与非功能性是冲突所兼备的；③当冲突因各种因素的控制没有直接产生时，那么，冲突就是非功能性的；④当冲突为需要解决的问题提供解决的机会时，冲突就是功能性的；⑤出现在冲突之中的实际问题，需要与之相关联的问题分别进行处理；⑥冲突不应回避，应积极、大方、公开、直接地进行处理；⑦若将冲突有效解决，便意味着谈判的成功。

（2）聚合型文化、强语境的交际者对冲突的看法。

聚合型文化、强语境的交际者对冲突的根本看法是："保全面子"的模式是处理冲突所遵循的准则：①冲突被视为破坏交际者面子以及和谐关系的因素，需要避免该情况的发生；②非功能性是冲突的一个较为显著的特征；③冲突是一种极为不成熟的表现；④体面问题总是与实际的冲突问题交织在一起；⑤应当慎重且巧妙地将冲突进行解决；⑥冲突的有效处理可以成功保全面子。

2．冲突谈判者

（1）离散型文化的冲突谈判者。

离散型文化的冲突谈判者更多地注意那些客观的、真实的问题，而不是那些人际关系的、社会情感的问题。当离散型文化的交际者能够合理地把人与冲突的问题区分开来，把真实的问题与情感的问题区分开来时，冲突则会获得实际性的解决。离散型、弱语境文化的谈判者主要是以解决问题为核心的谈判者，他们首先考虑的是问题的定性和问题的解决方式的选择。

（2）聚合型文化的冲突谈判者。

与之相反，聚合型文化的冲突谈判者则把关系的、情感的事项作为解决工作冲突与程序冲突的关键问题来处理。当聚合型文化的交际者在这方面相互同步且他们的非语言行为相互和谐时，冲突的和平解决则可能随之悄然而来。聚合型、强语境文化的谈判者主要是以关系为核心的谈判者。对他们来说，谈判解决问题是次要的（显然这一方面不可排除），谈判主要是照应关系。对于互相依赖的文化，不是冲突的解除，而是关系的改善。

（二）冲突谈判的策略与技巧

冲突的有效处理要求我们在冲突谈判中进行有效的、创造性的交际，要求我们了解和尊重不同的世界观和不同的处理冲突的方式，要求我们对弱语境交际模式与强语境交际模式之间的差异和相似点增强敏感性，要求我们对谈判中潜在的以单向计时制为基础的节奏和以多向计时制为基础的节奏进行协调。

冲突的有效处理也要求我们对冲突谈判的程序取向和目的取向的重要性提高认

识，要求我们对文化与冲突交际方式之间的密切关系加以注意。无论是对于离散型文化的人还是对于聚合型文化的人，"留意"的观点可以作为提高对跨文化冲突谈判过程的相同点和差异认识的有效的第一步。

聚合型文化的人们需要克服自身的种族中心论的偏见，就像离散型文化的人需要克服以自我为中心的高人一等的意识一样。聚合型文化的人们要摆脱那种历史的文化优越感的束缚——尤其要排除那种认为自己处理冲突的方式是唯一"文明"的方式的想法。

无论是离散型文化的人还是聚合型文化的人，都需要特别注意不要把他们认知的、情感的、品行的盲点带入冲突情境。为了建立包括所有人种、所有文化群体在内的和平共享，他们需要不断地学习用全新的观念来对待过去、现在和未来。在留意离散型、弱语境文化的交际方式与聚合型、强语境文化的交际方式之间潜在的差异时，必须肯定和承认这种差异是人类在解决冲突中最基本的人类交际现象的多样性选择。冲突的双方没有必要完全改变自己最基本的处理冲突的方式来适应对方的行为，但相互的协调以及表示愿意熟悉和了解相互的文化习惯和规约的回应信号则可能成为和平解决冲突的第一步。

二、常见的文化冲突

（一）文化冲突的常见类型

1. 关于隐私的冲突

（1）中国人的隐私观念。

由于中国人讲究团结友爱、互帮互助，认为个人应归属于集体，集体利益大于个人利益，因此在遇到问题时，很愿意向他人求助或是倾诉。只有这样才能显示出有多么在意对方，把对方真正当朋友来看待。所以，中国人的隐私观念并不是很强。

（2）西方人的隐私观念。

西方人崇尚个人主义，他们很重视个人空间，大多情况下不愿向他人提起太多关于自己的事，因此可以说他们是极其重视个人隐私的。而且，受该文化的影响，他们不愿意去干涉别人的事，就算是两个关系再好的朋友，也会在交谈时拿捏好分寸。

综上所述，中西方之间的文化发生了比较巨大的冲突。例如，在中国人眼里，第一次见面或是久别重逢的见面大多会提及一些关于年龄、职业、儿女、收入等问题，中国人会认为这种提问是一种关心，同时也代表关系不错。但是这在西方人眼中便是一种侵犯隐私的行为。

2．关于客套语的冲突

（1）中国人眼中的客套语。

中国人的谦逊，在世界是有目共睹的。中国人在与人交际时喜欢用"孤陋寡闻""才疏学浅"等词来表示自谦，这是中国人讲求的"卑己尊人"。人们把这种行为视为美德的一种展现，同时也是一种中国式礼貌的展现方式。也就是说，中国人在受到他人赞美时，给出的第一反应是自贬，以此来表示谦虚。

（2）西方人眼中的客套语。

西方国家与中国正相反，他们在受到赞扬时，给出的第一反应是高兴，随之会道一声"Thank you"，对这个赞扬表示接受。

客套语的冲突体现在，西方人认为中国人的谦虚是不自信的一种表现，而且，对于这种谦虚是不能理解的；在中国人眼里，西方人的这种自信有些过了头，一点都不谦虚。

（二）交际原则、模式上的差异

1．西方人的交际原则、模式

西方人有很强的个人意识，他们认为每个人都是独特的个体，是不同的。他们的个人能力和个人竞争意识相对较强，因为他们专注于通过个人的不断努力使得最终目标得以实现。他们极力维护私有财产的神圣性。

在西方人眼中，人人平等，每个人都应该是一个在竞争中的独立的个体，在不依赖他人的同时，也不能相互妨碍。在西方国家，父母和子女可以直呼其名，他们之间甚至可以相互竞争。在利己主义价值观的影响下，他们认为有需求时，能帮上自己的人才是朋友，也就是说，他们更重视交际的临时实用性。

在日常交际与生活之中，他们比较喜欢 AA 制，蔑视裙带关系，很少会因顾及别人的面子而去做一些掺杂着情感的事，通常都是公私分明、公事公办，不讲亲戚关系。

在家庭环境中，父母不可随意拆看子女的信件、日记等一切涉及个人隐私的事物。西方文化中这种理智、逻辑超过感情的人际交往形式是典型的工具型人际关系模式。

2．中国人的交际原则、模式

中国人在交际过程中，会比较看重集体的价值取向。他们在做一些决定前会先替别人考虑，而且会尽量维护他人的面子，追求一种表面和谐的人际关系。

"不分彼此"可谓是中国衡量人际关系亲密程度的一个重要标准，我们可以理解为，两个人的关系越好，他们之间个人隐私的共享程度会越大；反之则关系越不好，可共享的个人隐私会越少。这是一种感性人际关系模式，同时也是情感高于一切的一种人际交往模式。

三、造成文化冲突现象的原因探究

（一）行为规范的差异

行为规范的具体含义就是指被社会所共同接受的道德标准和行为准则，简单地讲，就是告诉人们该做什么和不该做什么。不同文化背景的人们在交际时，经常出现的一个现象就是以自身所在社会的行为规范来判定对方行为的合理性。由于双方的行为规范存在差异，常常会产生误解、不快甚至更坏的结果。

比如，中国人轻拍小孩子的头部表示友好，而在西方国家，这是一种极不尊重孩子的做法，父母对此会非常愤怒。因为外国人非常注重自己这方面的自由，即使是别人并非故意碰触，也会觉得侵犯了他的自由。所以说，在跨文化交际中能够正确地识别和运用行为规范是保证跨文化交际顺利进行的重要因素。要保障跨文化交际的顺利进行，就必须了解对方的行为规范，最好的办法就是遵循入乡随俗的原则。

（二）价值取向的差异

人们的社交会与价值观念有所联系，是因为社会进程创造了人类交际能力。所有文化都有自己特有的价值体系，这个系统可以帮助人们区别美丑、善恶，这就是人们的处世哲学、道德标准和行为规范。由于任何一种文化都有一套属于自己的判断标准，因此，人们很可能认为这种文化是好的，别的文化就是不好的，这是片面的。因为任何一种文化对于该文化持有者来讲都是好的，都是合理的。因此，不可以有一种文化价值的标准是正确的，其他文化价值的标准是错误的这种想法。

"随遇而安""谦虚知礼"是中国文化中人们所追求和推崇的。在中国文化中，集体利益是高于个人利益的，会以大局为重，个人发展与集体利益是相辅相成的。

"随遇而安"在西方文化中，被视为一种缺乏进取的表现，是一种消极的、堕落的表现。因为西方文化对个人主义是十分推崇的，他们喜欢依靠自己的能力去实现自身的利益，也就是说，他们心中个人本位的思想已根深蒂固，并认为个人利益是至高无上的。

（三）思维模式的差异

文化会影响人们对外界事物的看法和认识。不同的国家，其思维方式是有很大差异的。比如在多数情况下，西方人的思维方式更直接、更简单。而东方人，思维方式复杂得多，往往把事情想得曲折迂回。

■ 四、文化差异对商务英语谈判思维的影响

可以说，思维是决定谈判是否成功的一个决定性的因素，思维也会受到文化的影响，那么我们可以说，不同文化下的人的思维有很大可能是不相同的。因此，在进行商务英语谈判的过程中，每一位谈判人员的思维也存在差异。

从宏观来看，西方国家的人，他们的思维是比较具象的，他们喜欢从实用的角度去做一些事情或是看待、评价一些事情，喜欢具体问题具体分析，再进行总结、概括，最后得出相应的结论。东方文化习惯于将综合性与形象性相结合的思维，习惯于看待事物的整体，然后进行相应的评价。

■ 五、我国的商务谈判风格

（一）建立谈判关系

中国比较推崇关系网，言外之意是对人际关系的建立比较重视。因为中国人认为，建立稳定的关系是获取安全感以及信任的首要表现。因此，在商务社交的各个环节以及领域之中都被渗透了"关系"。不难看出，"关系"是社会沟通的一座坚实桥梁。在关系建立稳定之后，中国人便开始与这些有"关系"的人进行一些社交活动，以此来实现某种沟通需求。宴请、观光、购物等都是社交活动包括的内容。

（二）明确决策程序

决策结构与关系相同，人的因素是决定性的。中国企业的决策制定系统在某种程度上是十分复杂的。企业类型的多元化，造成了巨大差异的产生。在大多数企业当中，只有身处高层的领导才具有谈判的决策权。

（三）沟通方式

在沟通上，中国人比较看重的是和平、和谐。因为受到中国传统儒家文化的影响，中国人会比较顾及自己和他人的面子，这在无形之中也会影响到商务活动。比如，在商务活动中，中国人往往不能接受太过直接或是强硬的态度，而且中国人也会因顾及对方的面子而对一些自己感觉不适合的地方用一些模糊语言进行表述。简单来讲，就是会用一些委婉的方式进行自我思想的表达，认为这样会使双方不至于陷入尴尬境地。

在交谈过程中，关于年龄、体重、收入、职位等问题都是可以拿到桌面上讲的，中国人不会太在意。因为在中国人看来，这些问题有利于帮助自己对对方加强了解。但无论是什么话题，礼貌和谦虚都是中国人始终倡导的。

（四）对合同的态度

中国传统的观念认为，关系胜于法律。直到改革开放以后，中国的法律建设和执法制度都得到了加强，人们的法律观念和合同意识才得到提高。

六、文化差异对商务英语谈判的影响

（一）时间文化差异

1．英国

相对来说，英国人的时间观念可以说是最强的，他们在参加所有活动前，都会进行预约，而且一般情况下会提前几分钟到达相关地点，有时甚至会更早。

2．法国

法国人的时间观念也比较强，尤其是在进行一些商务活动时，是一定要遵守活动时间的。但有什么重要事件的话，并不需要提前预约或是以各种方式通知对方，因为他们大多数人的日常安排的时间都比较短，通常情况下，法国人不会提前安排下一个月的日常计划。

3．美国

虽然美国的时间观念没有英国那么强，但是，相对来讲也是比较强的。他们在访问之前都需要预约，并且准时到达预约地点。与此同时，在到达目的地之前，最好先给对方打一通电话。若有特殊情况，需要在第一时间告知对方，并表示歉意。对于美国人，迟到半小时以上是一种极为失礼的表现。

4．韩国

在约会过程中，韩国人是允许对方迟到的，但是这种允许是仅限于对方的，对于韩国人自己而言，在约会的情况下是不能迟到的。而且，韩国人约会前也会做到提前预约。

5．德国

我们可以从德国人对待时间的问题上看出，德国实际上是一个十分谨慎的国家。约定好谈判时间后德国人是不会迟到的，而且他们认为，在谈判中，另一方迟到了，那么这个谈判对象是没有信誉的，是不可信任的。

6．俄罗斯

虽然俄罗斯人的时间观念相对没那么强，但也只是允许对方迟到，对于自己的要求比较高，是不允许迟到的，而且在参加活动之前都会提前打电话进行预约。

（二）问候文化差异

1．英国

英国人见面时，会称呼男士"Mr."，称呼已婚女士"Mrs."，称呼未婚女士

"Miss"，如果对方有头衔，最好加上头衔。当两个人是初次见面时，他们大多会在进行自我介绍时选择握手表示礼貌，除此之外，还会用眼睛给予最热情的接触。

将自己的姓名说出，是英国人在进行自我介绍时所传递的唯一信息。他们对于握手也是有所讲究的，握手时不用左手，要用右手，且伸手的动作一定要大方。若遇到较高身份的谈话者，则需要等对方先伸出手后，再与其握手。若之后还需要有业务上的交涉的，那么他们会送上自己的名片。

2. 法国

法国人见面时也会行握手礼，且在握手的同时说"××，幸会"。与英国人不同的是，法国人会以先生、夫人和小姐称呼，不需加上姓。他们对名片上的内容要求比较严格，大多数人通常会将自己的详细身份写在名片上。当有高于自己地位的人进入房间时，为了表示敬意，男士需要起身相迎。在进行商务会议过程中自我介绍这一环节时，需要将自己的姓名、职务说出来。

3. 美国

美国人常常将 Thanks、Please 挂在嘴边，因此，给人以很友善、很随意、较容易接近的感觉。与英国人和法国人不同，美国人在见面时基本都是微笑着点头，很少会用到握手这一礼貌动作。

但这并不代表他们就一定不会在见面时握手。需要注意的是，他们对握手的要求十分高，对男女握手的顺序、握手的力度、握手时间的长短等，都有一定的要求。比如，男士在与女士进行握手动作时，该男士握手的力度不可过大；女士不愿与男士握手，那么男士不应强求。在宾客与主人之间的握手，需要主人先向宾客伸手。

与法国人和英国人不同，美国人在称呼上都是直呼其名，不会加一些点缀。但出于礼貌，在商务交往中常常会使用诸如 Mr.、Miss、Mrs. 等称呼。当自己被他人介绍时，需要主动起身，这是对他人的一种礼貌和敬意。

4. 韩国

韩国人在见面时一般会同时出现两个动作：一是握手；二是鞠躬。他们对握手也是有要求的。比如，当晚辈要和长辈握手时，需要将左手放在右手上边，这样是对长辈的一种尊敬，而且在握手时两眼一定要直视对方。但是，在韩国的社交活动中，大多数情况下女士不握手。

在见面相互问候时，韩国人往往会将头微微低下，这也是他们表示礼貌的一种方式。在与长辈、上级、初次见面的客人会面时，应说敬语问候。商务人员进入场馆时，应按等级顺序行礼，接待人员停止后，方可停止敬礼。会议开始时，需要鞠躬。当会议结束时，也需要鞠躬，但结束时鞠躬的时间会比会议开始时的鞠躬时间稍长一些，且需要交换名片。

5．德国

握手可谓是世界通用的肢体礼貌语言，在德国也不例外，德国人双方见面时，也会行握手礼，并将自己的姓名告知对方。需要注意的是，若见面时戴了帽子，需要先脱掉帽子，再进行握手，这一动作是对对方尊重的表现。

握手时手的力度应适中，并给人以坚定感，且时间不宜过长，要注意看向对方的眼睛，有短暂的目光交流。在商务见面会上，将自己的名片大方发给其他人，并注意对方的职位，因为这样才能正确地称呼对方。

6．俄罗斯

和自己比较熟悉的人进行会面时，俄罗斯人大多会用拥抱后亲吻双颊的方式来表示对对方的好感和热情，但男士对女士一般都是以吻手的形式来代替。

对于不熟的朋友，或是在社交场合见面的人，俄罗斯人都会使用特定尊称，不管是晚辈对长辈，还是下级对上级都要使用特定尊称。他们在通常情况下会对自己不太熟悉的长辈或是上级用"您"来称呼对方。但是为了表示亲切，上级对下级也可使用"您"这一称呼。长辈对晚辈表示不客气或是十分气愤时，也可用"您"。因此需要把"您"与"你"分清。

（三）礼物文化差异

1．英国

切记不可将服饰、香皂等作为礼物送予英国人，因为他们会觉得这些物品对他们隐私构成了一定的威胁。除上述物品外的其他物品是可以赠送的，如巧克力、鲜花、名酒等，他们对礼物的贵重程度不会在意。但需要注意的是，若想送鲜花，那么千万不可送菊花和百合，这是他们所避讳的。送予的礼物尽量不要带有公司标记。除此之外，带有"13"的任何事物都应尽量避免，因为英国人认为 13 这个数字是不吉利的。

2．法国

法国人对礼物的要求比较特别，他们不喜欢的礼物比较多，比如铺张的礼物，笨重的礼物，菊花、纸花、康乃馨以及各种黄颜色的花，捆绑起来的花，餐具，剑，等等。他们还极其不喜欢带有数字"13"的礼物以及带有仙鹤图案的礼物。相对来说，他们更喜欢一些本土出产的奢侈品，如香槟、白兰地等。

3．美国

美国人对礼物的要求就没有那么高，礼物可以是文具、巧克力、花、书籍等。他们比较喜欢浅色、淡色，如粉红色、牙黄色、浅绿色、黄色。他们比较重视的是礼物的包装。美国人不太喜欢贵重的礼物或是一切带有双数的礼物。

4．韩国

韩国人比较重视礼物的实用性，因此在礼物选择上是比较随意的。他们认为单数是比较吉利的，且礼物的包装大多使用丝带。通讯录、文具、咖啡、茶叶、家居饰品等，都是受韩国人青睐的礼物。

5．德国

德国人十分热衷于高品质、高质量的礼物，对礼物的大小并没有什么要求，如一条领带、一瓶烈性的威士忌、一瓶香水等。但包装对他们而言是极为讲究的，他们不喜欢用一些丝带物品作为包装，更不喜欢用黑色、白色以及咖啡色的包装纸作为礼物的包装。

6．俄罗斯

数字"7"是俄罗斯人喜欢的，且他们大多喜欢单数的礼物，如单数的鲜花。他们对礼物的包装不是很在意。送予俄罗斯人礼物往往可以选择手表、香烟、照相机、化妆品等。但需要注意的是，他们不喜欢接受手帕或是钱这样的礼物。同时，俄罗斯人也视"13"为不吉利的数字，因此不喜欢"13"。

第四节　商务谈判中的技巧分析

■ 一、处理谈判僵局技巧

商务谈判过程中，经常会遭遇一些谈判僵局，也就是谈判双方各持己见，不肯让步，最终导致谈判进入进退两难的境地。僵局的突破，很大程度上取决于谈判人员的直觉、经验、应变能力等综合素质，也取决于领导者的意识和决策水平。

（一）僵局的分类

商务谈判中的僵局按人们对谈判本身的理解角度不同，有不同的分类。了解僵局的种类，有助于更好地理解僵局的实质和内容，为应对僵局做好准备。

1．按合作的不同过程划分

从广义上讲，商务谈判是一个系统性的协议过程，不仅局限于双方意见达成，签订合作协议，还需要时刻注意不同阶段出现的僵局。通常项目在合作方面包括两种合同类型，即合同协议期和合同执行期。因此，商务谈判僵局分为以下两大类。

（1）协议期僵局。

双方经过谈判，未达成一致意见形成僵持局面，也就是人们一般认为的狭义上的谈判过程中出现的各种僵局。

（2）执行期僵局。

这种情况的出现，通常来自很多方面，比如双方并未完全明白合同条款导致意见不统一；因为事出突然，一方故意把责任推给另一方；一方违约引起另一方反感；等等。这些都容易引起责任不分，导致最终争议不断。

2．按不同阶段划分

从狭义上讲，谈判是通过双方经过意见交换，进而意见得到统一，最终达成合作协议的过程。这种谈判存在初期、中期以及后期三种僵局。

（1）初期僵局。

商务谈判之初，彼此双方经过一定了解，从而建立一种融洽的气氛。这一阶段发生僵局的概率相对较小。因为此时双方对谈判都充满了期待，而且刚开始时一般也不会涉及核心利益问题。极易导致谈判不了了之的情况，包括双方间存在一定误解、没有充分表达各自的需求，以及一方的感情受到一定伤害等。

（2）中期僵局。

经过更深的商务谈判，基本上进入实质性阶段。这时候，双方谈判的内容多涉及更加具体的方面，如双方所关心的有关技术、价格、合同条款等交易内容。因为这时候已经明显出现双方的利益冲突，这种矛盾是难以更好地统一在合作的背后，客观地存在以各自利益为重的现象，导致谈判向着双方难以统一的方向发展，从而使谈判陷入僵局。例如，在建立中外合资企业的谈判中，中外双方对各自投资比例大小会产生分歧。有些国外大公司认为自己掌握先进的技术，因此在合资企业中一定要占51%以上股权，以达到控股目的；中方合伙人则可能认为，外方提供的技术并不是独家所有，而且今后的产品在国内有很大的潜在市场，因此不一定要让外方控股。于是，双方就会僵持不下。经常出现双方不想退让的情况，有时经过双方的努力，问题可以顺利化解，有时双方不能达成一致意见使得谈判没有合理的结果而延长谈判时间。所以，这种阶段是谈判过程中最容易失败的过程。

（3）后期僵局。

谈判一旦进入后期，在对技术、价格等关键性问题达成一致意见后，需双方进一步商议项目的验收程序、付款条件等执行细节，这些也是可以达成的，但是比较难以商议的是合同条款中的措辞、语气等，谈判不到位极易引起争议，引起谈判失败。不过，这一阶段已经优于中期，这时如果一方可以更加大度，谈判一样可以顺利完成。而如果一方忽视交际细节，一样容易引起重大问题，谈判面临失败的可能。总之，最后阶段，纵使双方已经达成一致意见，如果没有正式签订合同，合同涉及的权益问题没有更清晰地划分，也是极其危险的，这时候要求谈判双方拿出严谨的态度，顺利完成谈判过程。

3．按具体内容划分

在内容的谈判方面，僵局存在于国内外的商务谈判中，其中价格僵局是最常见的。此外，支付方式、运输方式、期限等也都十分重要，有可能在谈判中形成以其为争议的僵局。

（二）形成僵局的原因

形成僵局的原因由不同的因素构成，基本上可归纳为以下六点。

1．人员素质低

谈判总归是由人推动的，人的素质在谈判中起到十分重要的作用。也就是说，人的素质高低直接影响谈判的成功与否。在良好的谈判条件下，双方有着共同的利益时，便会起到关键性作用。假如谈判一方专业知识缺失、自我表现突出或者没有一定的责任感，容易导致谈判失败，致使谈判陷入僵局。如果谈判一方采用掩盖真相、拖延时间、最后通牒等手段进行人为阻挠，则更易引起谈判失败。所以，谈判人员的行为极易引发谈判僵局。

2．立场对立

一场谈判的僵局，原因各种各样。比如一场价格谈判，基本上一方持有反对意见，反驳另一方。具体表现在买方说卖方的价钱高，而卖方说自己物有所值；卖方坚持产品质量好，买方则不以为然；客观市场环境的变化引发双方不肯轻易让步，比如变化的市场价格违背了原定的让步计划，引发双方不同的意见，致使各自立场越坚定，分歧就越大，最终导致双方忽略了双方的真正利益，倾向于双方意志力的较量，所以这种低效率的谈判是不需要的，这并非明智的谈判过程。这种谈判僵局严重损害双方的感情，导致双方要为此付出巨大的代价；立场方面，谈判双方越发关注，双方利益越发不可调和，协议也就越难达成。加上双方都不肯做出让步，甚至单方面退出谈判，严重破坏正常谈判过程，或者故意拖延谈判，更大程度上加速双方谈判的破裂，这种在谈判中犯下立场观点性争执的错误，是谈判形成僵局的主要原因。

3．故意行为

所谓的谈判故意行为，属于单方面进行的高风险的谈判战略，这种行为具体表现在一方满足自己的目的，有意做出不利于实现对方利益要求的行为，从而强制对方放弃目标，迫使谈判的结果倾向于己方的行为，最终导致谈判陷入僵局。究其原因，存在故意行为的一方或许在曾经的谈判中利益受损，从而做出报复对方的行为，也可能是为了挽救自身所处的险境，采用不利于对方的行为来改变自己的谈判地位，这是尽量保全自己损失的故意行为。例如，买方对卖方的产品质量进行挑剔，一方抓住另一方在谈判中说的错话而加以引申，使对方处于被动地位等。在这种情况下，被反对的一方必然会进行反攻，这就容易引发谈判僵局。其实，这种僵局最好避免，因为一旦出现这种情况，对双方都不利。所以，除非谈判人员有较大把握和能力控制僵局，否则最好不要采用这种方法。

4．沟通障碍

谈判中的沟通障碍基本表现在谈判双方由于一些主客观原因，无法准确得出有关观点、合作目的及交易条件等一致意见。这种障碍的出现，耗时过长致使谈判陷入僵局，待双方都沉下心来时回头一看，争论的并非一码事，这种僵持的处境便是由沟通障碍引起的。而沟通障碍的出现有以下几方面原因。

（1）双方存在不同的文化背景，在一方阐述观点的过程中，由于无法用更为准确的语言进行表达，或肢体语言中某些含义被另一方误解而造成的。

（2）由于一方虽已接收，却未能理解另一方所提供的信息内容而造成的。这是因为在接收信息的一方看来，由于文化程度、职业领域等因素限制，似乎并不能充分理解所接收的信息，不过这种理解不够全面，甚至所认识到和实际发生的并不相符。这种情况是有关沟通障碍案例中较常见的。

5．态度或战术原因

（1）人员的偏见。

人员偏见经常出现在谈判中，造成这种偏见的原因一般来自谈判中的一方感情受挫或者逻辑出错，用一种错误的方式看待谈判的议题，由于偏见本身具有的片面性，这样在谈判过程中自然导致谈判偏离正题而走向极端，从而陷入僵局。举例来讲，谈判中的一方倾向于设备的颜色为浅绿色，而非深绿色，他便会竭尽所能对深绿色加以曲解，如这颜色色调易引起人的心理不适等，这样就会引发对方的不满情绪，这种片面的认识便是导致谈判陷入僵局的原因。

（2）拖延时间。

拖延时间尽管是商务谈判中常用的手法，但是如果谈判者为了达到某种不公开的目的，在谈判中就议题迟迟不拿出自己的方案，无休止地拖延，就会使对方厌倦，他们可能会采用强硬的方法予以对抗，致使谈判陷入僵局或破裂。

（3）滥施压力。

任意给对方施加压力，迫使对方在谈判中处于劣势，这是有些谈判者惯用的伎俩，基本行为表现如下：①为了显自己的优越感，极力表现自己，导致谈判主题发生偏离；②为了夺取胜利，故意说出让人惊诧的观点；③使出所谓的心理战术，用一些阴谋给对方造成迷惑，迫使谈判朝向不利于对方的方向发展……这些破坏谈判规则的人为因素，往往因为过分的行为导致谈判不能正常进行，甚至当一方认识到被戏耍后，便愤怒拒绝谈判，导致僵局的出现。所以，谈判技巧不能过于功利或者运用不当，都容易造成谈判无法顺利进行。

（4）反应迟钝。

这种"反应迟钝"在谈判中其实只是假象，是谈判一方经常使用的伎俩，一般是看似十分认真地聆听对方的阐述，其实已经在制造难以沟通的局面，这种想法很容易给对方造成猜疑的心里，甚至给对方造成一定的压力，致使谈判陷入僵局。但是，这在僵局的制造者看来，却显得再正常不过，殊不知，这一方已经违反了信息双向流动的规律。良好的谈判是一方给另一方传递信息，另一方进行相应地反馈，这是基本的沟通机制，这就达到了控制和调节谈判，是以信息反馈为基本前提的。

（5）利用强迫手段。

采用强迫手段进行谈判，影响极为恶劣。这种手段本身具有强势、有失公允的特点，与谈判追求的公平原则南辕北辙，尤其在商务谈判中，一方恃强凌弱，另一方委曲求全，容易导致僵局的发生。尤其在国与国之间的商务谈判中，利益之争已经上升至国家尊严及长久利益，如果一方存在强势压迫，势必造成另一方不甘示弱，这种僵局的影响力是巨大的。

6. 外部环境

谈判遭遇外部环境的变化产生僵局，对谈判者一方是始料不及的，这时候一方谈判者便会嘴上承诺按约定履约，实际上却未见行动，造成谈判结果一拖再拖，最后导致一方无法容忍，出现僵局。例如，市场环境的变化造成市场价格发生变动，原来约定的价格如今却出现不利于一方的情况，这时候按照约定，势必造成一方承受较大损失，而另一方又等着按协议签约的局面。这样因为没有一个合理的解决方案，导致谈判陷入僵局。如果双方能够在谈判中彼此坦诚，给对方一定让步，僵局也就可以避免。

（三）商务谈判中应对僵局的技巧

一般情况下，各种不同的谈判僵局既有共性，又有特性。因此，制定打破僵局的策略时，既要遵循应对谈判僵局的基本原则，也要具体考虑每个僵局的不同特征。

1．应对僵局的基本原则

1）正确认识僵局

如果对僵局认识不清，则可能将自己放置在制造僵局的位置。这也是多数谈判人员的软肋，在他们的意识中，出现僵局意味着谈判失败。为此，他们在谈判前，便有意避开僵局的发生。由于这种心理作用，他们一遇到有僵局发生的迹象，便表现出积极缓和、消极让自己让步，造成越怕麻烦、麻烦便越多的怪现象。未开始谈判便在心里默默许下心愿：一定要顺利完成谈判，不要有意外、麻烦。

因此，谈判中这一方便表现与人为善，尽可能满足对方的需求，自己可以受点儿委屈，这种心理趋势一旦出现谈判僵局，便会慌不择路、方寸大乱，不再执生自己原有的计划，这不利于谈判顺利进行，更为甚者已经将自己放在了十分不利的境地。

2）诚恳相待

在许多商务谈判中，双方在主要方面有着共同的利益，但是在具体问题上存在利益的冲突而又都不肯让步。这时，一个关键的原则是要坚持客观诚恳的态度，不能因为利益的分歧而造成无法转环的境况，当僵局出现时也要灵活变通地处理。优秀的商务谈判人员应该始终保持专业的谈判态度，这样才能使谈判顺利进行。同时，诚恳相待有助于赢得对方的信任，建立长期的合作关系。

3）立足于双方的共同利益

谈判僵局是个体利益与集体利益相矛盾的结果。但是，谈判双方的共同利益是实现各方利益的基础。因此，在谈判僵局发生时，双方都要考虑共同利益，为最终实现互利的结果，有时需要放弃一些局部的各自利益。

在实际谈判过程中，僵局出现的主要原因是谈判双方都将焦点放在了各自的立场之上，一旦双方意见相左，便不可避免地陷入僵局。究其本质，谈判是利益的博弈，尤其当出现谈判僵局时，双方便失去顾及双方潜在利益的耐心，这是人类正常的心理特征。假如双方能够从对方的立场出发，挖掘出对方立场背后潜藏的共同利益，进而找到一种合理平衡的解决方案，便为打破僵局找到了机会点。这种机会点使双方把眼前利益和长远利益进行调整，寻找双方能够满意的契合点，让谈判能够顺利进行，最终完成谈判。

2．打破谈判僵局的方法

寻找一些方法稳定对方情绪，应对僵局，让谈判向着良好的方向发展需要一些方法技巧。

1）语言鼓励

当谈判出现僵局时，可以用话语鼓励对方，对于牵涉多项讨论议题的谈判，更要注意打破存在的僵局。叙述旧情，将以往谈判中成功的案例再次回顾，进而温暖双方的对立情绪，从而打破现有僵局。对于多次合作的老客户，如果谈判中出现僵局，双方应先放下眼前的谈判事项，找机会畅叙以往的成功合作经历和给双方带来的利益。这样，有助于双方做出让步，使谈判出现转机。

2）横向式谈判

遇到僵局时，比较有效的方式是转移注意力，避开不利于对方的因素。其实，僵局之以为僵局，是因为双方将注意力放在某一点上，而不能从其他方面思考问题。这时，可以把谈判的面撒开，先撒开争议的问题，磋商其他条款，比如关于价格条款的争议，这时候为了避免僵局，可避开这个棘手问题，转而对交货日期、付款方式及保险等条款进行洽谈。假如这方面谈判顺利，那双方的谈判信心便会得到增强，再重新讨论价格问题，阻力就会小一些，商量的余地也就更大一些。

如果一方特别满意，很可能对价格条款做出适当让步，从而弥合分歧，使谈判出现新的转机。所以，一旦遇到谈判僵局的，就别再纠缠于同一个问题，应该采用横向式谈判策略，采用一个新的话题避开僵局，这样可以促使谈判继续朝着好的方向发展，当然新的话题必然与造成僵局的话题有一定关联性。所谓一旦新的话题成功，僵局的话题也便迎刃而解。

3）休会策略

休会是避免僵局的另一个有效方式，这种方式通常是在谈判双方情绪波动较大，无法继续谈判的情况下，采用的一种缓和技巧。这时候，东道主经过和客人商谈，尊重客人意见，宣布休会。休会过程中，双方可以借此平静下来，对有争议的问题再次冷静考虑，或者选出各自的谈判小组对问题进行商议，以寻找好的解决方案。

（1）休会的作用。

休会策略不仅是谈判人员为了恢复体力、精力的一种生理需求，而且是谈判人员为调节情绪、控制谈判进程、缓和谈判气氛、融洽双方关系以打破谈判僵局而经常采用的一种策略技巧。双方可以采用短期休会的方式，并商定再次谈判的时间、地点，各自给自己冷静反思的时间，仔细分析谈判的目的是什么，以及继续谈判下去是否有利等。这样，等双方的情绪平复以后，就会找到问题的关键，寻找继续谈判的可能性。

如果将休会作为一种积极缓和僵局的策略使用，这对谈判一方来说也可以实现一定的目标：①对争议的问题进行认真分析，从而对重要的问题重新构思；②研究新的市场形势，借此验证原来持有观点的正确性，从而引发对新的论点及方法的思考；③检查原定的策略及战术；④缓解体力不支或情绪紧张；⑤研究讨论可能的让步；⑥决定如何对付对手的要求；⑦分析价格、规格、时间与条件的变动；⑧应付谈判出现的新情况；⑨阻止对手提出尴尬的问题；⑩排斥讨厌的谈判对手；⑪对谈判一方的情绪加以缓和。休会谈判策略适用于谈判任何一方，谈判一方可将这种战术性拖延手段应用在僵局中。需要注意的是，选择该手段的一方需要提前告知对方，进而引起对方的同意，这样也可以给对方留出时间，重新思考僵局中的问题。经过休会，双方便可以在同一个时空中，再次修正原来的观点，从而有效打破僵局。

（2）适用情况。

以下情况适宜采用休会策略：

①谈判中遇到新情况。一些新情况或问题的出现，导致谈判不能被控制，需要经过休会，重新调整谈判策略。

②谈判中遇到低潮。谈判中遇到低潮主要表现在人的精神状态变差，长时间的谈判难免造成谈判双方精神疲惫、注意力分散等情况，这时候选择休会不失为一种有效缓解谈判疲劳的方法。

③谈判一方不良情绪的出现。当出现低效率、慢进展的谈判时，必然造成一方不满的情绪。这时候选择休会，有助于改善谈判环境，从而促进谈判顺利进行。

④谈判陷入僵局。谈判双方经过持续的交锋，各自从自我立场出发，容易因为利益不能满足己方而出现僵局。这时，选择休会是有力的解决方法，它能够让双方保持冷静，对形势进行新的分析，从而做出策略调整，有效促进谈判顺利进行。

⑤最后阶段的谈判。这时候可以总结上阶段研究成果，预测下一步谈判趋势，从而有效推进谈判顺利进行。

选择休会，一般由谈判中的一方率先提出，而且需经过双方同意，才能顺利实施，基本上存在以下技巧：掌握好的机会，在对方态度有所缓和的情况下提出休会，并将休会时间传达清晰，在征得对方同意后，便能顺利进行休会；对休会的需求，婉转地说明情况，通常都容易得到另一方同意，而且东道主如果把休会的需要告知乙方，也容易达成；休会针对一个问题解决，忌讳又提出新的问题。

（3）休会破解的方法。

假如一方不同意对方的休会要求，可通过以下方式破解。

①当对方无法应对己方提出的重要问题时，己方也不要因为对方的不知所措而停止，而是继续谈下去，忽略对方的休会暗示。

②遇到对方长时间坚持、精力不足要求休会时，己方可选择提出新的问题拖住对方，这时候对方意志力薄弱，容易因为时间太长而选择妥协。

③己方一旦占据上风，便极力煽动，使对方情绪上出现大的波动，这时候便可乘胜追击，直到对方做出让步，对己方的要求妥协。

4）寻找替代方法

谈判过程中，有很多方案符合双方的利益，但是很多时候谈判双方只是围绕一种方案进行磋商，然而这种方案并不能满足双方的利益要求，导致谈判停滞不前。这时，如果某一方能从多角度考虑问题，将自己坚持的立场先放下，可能会提出能够满足双方利益要求的方案。因此在谈判中，能够找到满足双方利益方案的一方，便可以在维护自身利益的同时，满足对方的利益要求。

在具体运用这种方法时，必须注意两点：①在寻找替代方案时，既要考虑自身利益，又要考虑对方利益，否则提出的方案不会被对方接受；②不能试图在新方案中把原来没有实现的企图重新兑现，否则不但不能摆脱困境，反而会使谈判陷入更为难堪的局面。

因此，要在谈判初期找到最合适的方案是不切实际的，这样不仅不利于谈判双方提出更多的方案，还会导致谈判陷入僵局。在谈判初期，谈判双方应做好长期谈判的思想准备，根据双方的利益要求提出多种方案，这有利于谈判的进行，即使谈判时出现争执，及时调整方案或者提出备选方案会使谈判回到融洽、友好的氛围中，促进谈判的成功。

除此之外，当一个方案大部分都符合双方利益，只是存在某些小问题时，我们可以通过直接或者间接的方法解决这些小问题。比如暂时结束谈判，择日再谈；谈判者可以针对问题进行市场调研或者通过其他方法搜集更多资料，再次讨论时可以解决问题；交易前景不明朗时，减少甚至不谈承担风险的问题，谈判双方都会规避风险，谈这类问题容易引起争执导，进而致谈判陷入僵局；谈判双方可以商议利益分配问题，这样可以为谈判双方的利益找到平衡点；改变交易形态能够让争执双方心平气和地继续谈判，最终促进合作、达成协议；加强双方领导、工程师、职工的沟通交流、相互协商，促进合同的履行；变更付款方式和调整付款时限，保证总金额不变的前提下，提高定金，缩短时限，还可采用其他方式；提高售后服务质量，简化售后手续和流程，提高满意度。

5）场外沟通

场外沟通也称为会下交易或者场外交易。与正式谈判相比，场外沟通属于非正式谈判，谈判双方可以交流沟通，最终消除戒心和障碍。场外沟通的另一个作用是解决正式谈判中出现的停滞不前或者僵局的情况，利用场外沟通加强沟通交流，找到利益平衡点。改变谈判地点和场所可以改变谈判气氛，使双方更冷静地分析僵局的症结，以解决问题。正式的谈判地点是谈判会场，谈判双方在谈判会场中精神紧张，容易形成剑拔弩张的气氛，谈判双方会故意找出对方的漏洞进行"攻击"，形成不友好、紧张、消极的谈判氛围，不利于谈判的进行。这时，谈判双方可以暂停谈判，或是采取运动、欣赏文娱节目、游玩等方式使双方紧张的心情缓和下来，同时，在一起活动时通过轻松、随意的交谈可以拉近彼此的距离、促进了解，减少戒备之心，甚至建立友谊；还可针对相持不下的问题进行开诚布公的交流，诉说彼此的需求、交换意见与建议，通过轻松、愉快的沟通会解决严肃的问题。

（1）时机的把握。

①谈判双方在正式谈判中代表各自公司或者单位，谈判陷入僵局时，谈判者不能以让步的方式促进谈判继续。不过，双方可以进行场外沟通；在非正式谈判时，双方用过于顾及身份的问题，在随意沟通时可以更加容易地打破僵局。

②谈判双方在谈判桌上针锋相对、剑拔弩张，谈判一度陷入僵局，虽然双方都愿意让气氛缓和，但是因为面子问题，谁都不愿意第一个让步或者妥协。

③正式谈判的气氛严肃、紧张，谈判双方受气氛影响变得严谨、认真甚至执拗，这种情况下让步的可能性很低。但是在场外沟通时，大家放下身份，身心放松，双方能够客气或者相互恭维，让步的可能性大大提高，有利于谈判有序地进行。

④谈判双方的领导或者谈判主要负责人可以利用场外沟通进行非正式商谈，打破僵局。

⑤谈判前，先了解对方谈判当事人的喜好，当正式谈判遇到问题或者停滞不前时，可以聊一聊对方谈判当事人的兴趣爱好，从而拉近彼此的距离，或者暂停谈判，进行谈判当事人喜欢的娱乐活动，这样有利于解决问题，推动谈判向前发展。

（2）注意事项。

①谈判当事人既要重视正式谈判，也要把握场外沟通，很多时间，其实是以场外沟通的形式度过。在场外沟通时，谈判者要好好表现，积极主动地与对方沟通，这样能够获得很多信息和出人意料的成果。

②利用社交场所创造与非谈判代表工作人员沟通交流的机会，非谈判代表工作人员有工程师、会计、后勤职员等。通过和他们交流，了解对方的谈判目的、需求、原则底线。

③当谈判发生争执、停滞不前时，己方可以暂停谈判，邀请对方参加宴会等活动，借助娱乐活动加强与对方的交流，增进情感，建立友谊，让对方看到己方的诚意。

④很多问题在正式谈判过程中是解决不了的，需要组织社交活动，在放松、娱

乐的过程中将问题解决。

⑤当己方问题涉及谈判的核心或者有的问题可能损害对方的利益时，可通过场外沟通，让非谈判代表工作人员与对方沟通。根据对方的反应和回答摸清对方观点，即使对方不愿意回答也无妨，因为己方是非谈判代表工作人员与其进行的沟通，所提问题的观点并不代表本次谈判代表。

6）更换谈判人员

导致谈判僵局的原因很多，有时是双方利益得不到满足，有时是因为谈判者出现失误或者综合素质差。比如在双方谈判团中，有人相互之间有偏见，尤其是谈判主要负责人之间有成见，在谈判时容易产生问题，甚至发生相互人身攻击的情况，可能会由两个人发展到两个团体之间，谈判就会停滞不前。这种情况下，调整谈判时间或者更换谈判地点很难解决问题。这一情况的根本原因在于谈判者将问题与谈判人员混淆，问题是问题，谈判者是谈判者，二者互不相干，但是谈判者将对方的谈判人员视为谈判的问题。这种问题产生与谈判人员的年龄、性格、知识水平的高低、生活习惯和背景、专业知识水平等因素有关。如果这种问题一直解决不了，可以及时更换谈判人员，将谈判气氛缓和下来，积极与对方沟通，建立良好的感情，促进谈判的进行。所以，在谈判前要选好谈判人员，避免这种情况发生，更换人员属于迫不得已的方法。

谈判停滞不前，选择更换谈判人员可能不是因为谈判人员存在问题，而是对之前谈判的否定；更换谈判人员后，之前谈判达成的协议可能部分或者全部都否定。谈判某一方采取更换谈判人员可能想向对方致歉，更换一批谈判人员表现出己方的诚意，缓和之前针锋相对的谈判气氛，希望对方再次回到谈判桌进行正式谈判。除此之外，更换谈判人员还表达自己愿意与对方合作，也是愿意改变谈判目标或者降低利益的表达。

谈判搁置后，谈判双方冷静下来，认为合作后获得的利益大于现存问题，可以通过更换谈判人员来邀请对方进行正式谈判。更换谈判人员后，谈判氛围焕然一新，双方会积极主动地推进谈判，寻找双方利益的平衡点，在关键环节适当做出妥协，达成谈判协议。但是，值得注意的是：①进行人员更换时，要向对方进行合理的解释，让对方充分理解；②更换谈判人员属于下策，一般情况下不能随意更换谈判人员，部门领导做好被更换谈判人员的安抚工作，采取鼓励、安慰、增强信心等措施。

7）中间人调解

谈判出现严重问题、停滞不前，而且谈判双方没有很好的解决方案，双方容易产生猜忌的心理，导致沟通不畅，陷入谈判僵局。比如索赔谈判，不能因为达不成协议而使谈判搁置或者中止。这种情况下，第三方的介入显得尤为重要，第三方可以让谈判双方觉得更加公平、公正，沟通也更加清晰、流畅。第三方作为局外人分别听取双方的诉求和观点，找到问题的根本原因，针对问题提出解决的思路或则方案。要凭借第三方的专业性和权威性来选择，第三方具有权威性能够使谈判双方充分考虑其建议，化解谈判僵局。谈判一方邀请第三方介入，希望将自己的观点通过第三方向对方传达，最终实现自己的谈判目标。具体方法如下。

（1）调解。

调解人提出新的解决方案，争取谈判双方的意见。调解人制定方案时，会以局外人的身份顾及双方的诉求和利益，所以谈判双方比较容易接受调解人提出的方案。不过，调解是解决谈判僵局的一种途径，对谈判双方并不具有强制性，其结果没有法律效力。当调解无效时，可请求仲裁。调解人员选择性很多，可以是单位内部职员或是外部人员。与谈判双方都毫无关系的第三者是最合适的调解人员。调解人员具有品格正直、社会经验丰富、社会地位高、知识丰富、专业强等特点。调解人员越具有权威性，越能使谈判双方信服，更容易缓解谈判僵局，利于谈判的进行和协议的达成。

（2）仲裁。

仲裁是以双方自愿为前提，仲裁结果是受法律保护的，具有对双方很强的约束力。如果调解或者仲裁过程中，谈判一方认为结果偏向另一方，则可以向法院提起诉讼，这样可以保护自己的合法权益。在现实谈判中，很少有谈判人员通过法院解决问题。首先，通过法院诉讼的途径需要花费大量的时间和精力，对谈判的任何一方都没有好处；其次，这种方法严重损害了双方的友谊，以后很难再次合作。所以，向法院提起诉讼是没有办法的办法，要慎重。

调解或者仲裁的作用如下：①制定并提出使谈判双方满意的方案；②为谈判双方继续谈判提供机会；③公平、公正地听取谈判双方的意见和建议；④引导谈判双方提出可行性意见；⑤以谈判双方利益为基础，制定相互让步的方案，促进谈判有序进行，最终达成协议。

8）有效让步

谈判当事人一般都希望谈判能顺利进行，最终达成预期的协议，谁都不愿意谈判破裂。谈判的方法很多，谈判者可以通过很多途径来实现自己的谈判目标，而且谈判目标也不是只有一个，如果谈判双方在细枝末节的地方过于纠结而导致谈判失败，对于谈判双方都很可惜。出现上述结果的原因是谈判当事人过于较真，不能很好地利用辩证的思维考虑问题。一位出色的谈判者会拿捏好谈判的分寸，知道何时坚持、何时妥协，为己方争取最大的利益。

以向国外厂家购买设备的谈判为例，谈判者常常过于纠结设备的价格，最终导致谈判的破裂，而忽略了设备的质量功能、售后服务、运输情况、付款方式等等。其实，当接受厂家给出价格时，可以提出对自身有利的附加条件，比如，缩短交货时间，在厂家提供的保修时间外要求提供时间更长的免费维修服务，更换付款方式（如减少定金、延长分期付款时间）等。在商务谈判停滞不前时，谈判者如果对市场有较为全面的了解，在自己接受并满足对方利益的基础上，在一定程度上可以采取让步对策，同时，提出有利于己方的要求，缓和谈判气氛，达成双方都满意的协议。假如己方退让能够达成协议，并且所取得的利益远远高于谈判失败而产生的利益，那么就不用坚持原有的观点，可以做出适当的让步。

9）以硬碰硬

要认真分析谈判僵局是如何引起的，己方是否采取相互体谅、和气商量的方式来解决谈判僵局问题。如果对方故意制造僵局，给己方制造压力，己方在能接受的范围内让步，而对方仍然不接受，而且咄咄逼人，那么己方就不应继续让步，而是要强力反击，揭露对方故意制造僵局的企图，迫使对方放弃无理要求或者己方不能满足的要求，其实对手也不愿意谈判破裂，所以，他们会降低需求，促成协议的达成。己方还可愤怒地离开谈判会场，告诉对方不让步、不妥协的决心。谈判中常用的以硬碰硬的方法有以下四种。

（1）据理力争。

当对方提出无理要求或者涉及原则的要求时，己方要坚定的拒绝对方，并且表明己方的决心。假如对方不占理，己方就不要接受对方提出的任何方案，应该据理力争，让对方自知观点站不住脚，做出相应的让步。

（2）抓住要害。

在商务谈判中，谈判者要能够分析出问题的根本原因。如果只是纠结问题表面现象，那么会使谈判争执不断，简单问题复杂化，破坏友好、和谐的谈判气氛，更严重者，对方会在交谈中找出己方的问题，使己方处于劣势。所以，解决谈判僵局的有效方法是找出问题的根本原因，治其根本。

（3）拔本塞源。

当谈判停滞不前时，己方坚持自己的立场，并告诉对方这是自己的底线，不能让步或者妥协，以示要求对方让步，如果对方不同意，谈判只能以失败告终，不过，这种方法存在一定的风险。双方的利益需求在合理的范围内是使用该方法的前提。只有不触碰对方的底线，才能让对方进行适当的让步，放弃一部分利益，促成协议。否则，如果双方的利益需求超出合理范围，对方无法接受让步的要求，那么这种方法绝对不能使用，一旦使用很可能导致谈判的失败。只有当己方没有任何办法缓和僵局时，才能用这一方法，不过，在使用前谈判者要做好心理准备，那就是谈判对方坚决不让步，己方就得接受谈判失败的事实。当己方能够找到其他方法或者没有做好心理准备时，绝对不能运用这一方法，后果很可能是谈判失败。除此之外，如果这一方法奏效，那么己方就得与对方签合同，并履行合同义务。

（4）欲擒故纵。

面对谈判僵局，有时还可以巧用欲擒故纵的方法，主动提出放弃进一步谈判或合作。这时，对方很有可能做出妥协和让步，放弃原来的过分要求。

谈判人员的综合素质，如社会经验、知识储备、直观感觉、辩证思维、应变能力等决定了商务谈判的僵局能否顺利化解。所以，谈判具有科学性和艺术性。谈判前的策略分析、研究和制定具有一定的科学性；当谈判时，如何运用制定好的策略，展现了谈判的艺术性。谈判当事人根据当时的情形和谈判走势，决定如何运用谈判策略。虽然在运用某种策略缓和了一种僵局，但是在类似僵局出现时，这种策略就不一定奏效。

策略因僵局情况不同和谈判人不同，而产生的效果不同。策略是否奏效，由谈判者综合素质的高低决定。如果谈判者社会经验丰富、知识渊博、应变能力强、心理素质过硬，对策略掌控和拿捏恰到好处，那么谈判者往往能够顺利地解决谈判僵局问题，促进谈判有序进行，双方最终达成协议。

（四）处理僵局的注意事项

1．避免僵局的形成

在谈判出现僵局时，要想妥善处理好僵局，不仅要分析原因，还要搞清分歧所在的环节及其具体内容，要认真研究突破僵局的具体策略和技巧，以便确定整体的行动方案，最终妥善地处理好谈判僵局。

1）避免僵局的原则

妥善处理僵局的最有效途径是将形成僵局的因素消灭在萌芽状态。为此，应遵循以下几项原则。

（1）坚持"闻过则喜"。

谈判出现意见分歧是平常的事，提出反对意见，一方面是谈判顺利进行的障碍，另一方面也是对议题感兴趣或想达成协议的表示。因此，听到对方的反对意见要"闻过则喜"，应诚恳地表示欢迎。问题的关键是，谈判双方在指导思想上都应坚持正确的谈判态度。提出反对意见者，说话要有充分依据，尊重对方；被提意见者，要谦虚，欢迎对方畅所欲言。

（2）绝不因观点分歧而发生争吵。

谈判既是智力的角逐，又是感情的交流。当谈判中的分歧较大时，双方都会不同程度地流露出各自的真实情感，即使是在理智的控制下，言谈都难免会出现一些冷嘲热讽的现象，甚至产生情绪上的对立。为此，谈判者必须有较强的自控能力，防止争论变为争吵，不要为观点分歧的争论而出言不逊，注意语言的委婉性、艺术性，以充分的理由强化说服力。同时，应注意对方的情绪变化，分析其心理状态，因势利导，寻求解决分歧问题的途径，使谈判得以顺利进行。

（3）了解各国商人的特点，做好谈判前的准备工作。

国际商务谈判中，要面对的谈判对象来自不同的国家或地区。世界各国的政治经济制度不同，各民族间有着迥然不同的历史、文化传统，各国客商的文化背景和价值观念也存在着明显的差异。因此，他们在商务谈判中的风格也各不相同。

2）建立互惠式谈判

所谓"互惠式谈判"，是指谈判双方都要认定自身的需要和对方的需要，然后共同探讨满足双方需要的一切有效的途径与办法，即谈判者应视对方为解决问题的合作者，而不是对手。

谈判者对于谈判对手所提供的资料应采取审慎的态度，谈判中，谈判者要态度温和，眼光紧盯在利益目标上，而不是在不同立场上的纠缠，双方要寻求共同利益，而不是单纯从自身利益考虑。为了使互惠式谈判能够有效地开展，可以采用"多头并进"的谈判方法。多头并进就是同时议论有待解决的各个项目，如价格、付款条件、交货条件以及售后服务等。这种做法尽管进展缓慢，但是可以减轻谈判者的压力，有利于避免僵局。采取单项深入式的谈判时，每次只集中讨论一个项目，待这个项目双方认定达成协议之后，再转到另一个项目。这种谈判方法虽然进度快，但是各个项目之间缺乏呼应，易使谈判双方承受较大的压力，导致谈判陷入僵局。互惠式谈判的核心是，谈判双方既要考虑自己的利益，也要兼顾对方的利益，是平等合作式的谈判。

2. 处理潜在僵局的策略

潜在僵局是指僵局还没有完全暴露，只是处在萌芽状态，这时若处理得当，僵局就不会发展到影响谈判继续进行的程度。

1）间接处理法

所谓"间接处理法"，就是谈判者借助有关事项和理由委婉地否定对方的意见，具体办法有以下几种。

（1）先肯定局部，后全盘否定。

谈判者对于对方的意见和观点持不同看法或是发生分歧时，在发言中首先应对对方的观点和意见中的一部分略加承认，然后引入有关信息和充分的理由，间接委婉地予以否定。

（2）先利用后转化，用对方的意见说服对方。

先利用后转化，用对方的意见说服对方是指谈判一方直接或间接利用对方的意见说服对方，促使其改变观点。

（3）先重复对方的意见，后削弱。

先重复对方的意见，后削弱的做法是谈判人员先用比较婉转的语气，把对方的反对意见复述一遍，再回答。复述的原意不能改变，文字或顺序可改变。运用这种方法时，要注意研究对方的心理活动、承受能力，要因时、因人、因事而异，不能机械地套用。

上述方法对解决潜在僵局是行之有效的。但是，由于它们本身都具有一定的局限性，在使用时，要结合实际谈判过程的具体情况，权衡利弊，视需要而定，切忌不分对象、场合、时间而千篇一律地使用。

2）直接处理法

直接处理法是直接答复对方反对意见的一种处理方法，一般可采用的技巧有以下五种。

（1）列举事实。

事实和有关的依据、资料、文献等具有客观标准性，因而如果在谈判过程中大量引进，能使对方改变初衷或削弱其反对意见。然而，采用列举事实法时，切忌引入复杂的数据和冗长的文件。

（2）以理服人。

以理服人是用理由充分的语言和严密的逻辑推理影响或说服对方。但是，在运用时，也要考虑对方的感情和面子问题。

（3）以情动人。

人人都有恻隐之心。当谈判中出现僵局时，一方可在不失国格、人格的前提下，稍施伎俩。

（4）归纳概括。

归纳概括的方法是谈判人员将对方提出的各种反对意见归纳整理、集中概括为一种，或者把几条反对意见放在同一时刻讨论，有针对性地加以解释和说明，从而起到削弱对方观点与意见的效果。这样，针对性强，说服力强，可以把对方的疑虑及早消除，有利于避免出现僵局。

（5）反问劝导。

谈判中，常常会出现莫名其妙的压抑气氛，这就是陷入僵局的苗头。这时，谈判人员适当运用反问法，以对方的意见反问对方，可以防止谈判陷入僵局，而且能够有效地劝说对方。

二、应对敌意性商务谈判的技巧

带有敌意性的谈判主要是谈判对手给予的威胁，实际上就是施加压力，这是在谈判中用得最多的战术。因为威胁很容易操作，它比说服要容易得多。威胁只要几句话即可，而且不需要兑现，因此许多谈判人员都会自觉或不自觉地使用威胁手段。

（一）威胁的分类

在实际谈判中，谈判人员采用的威胁方式、方法很多，大体有以下三个类别。

1．按威胁的表现分类

按威胁的表现可将其分为以下三类：①强烈、直接的威胁。这种威胁虽然能够引起对方的关注并且加剧其不安和恐惧，但同时也会使对方产生更加强烈的逆反心理，所以效果反而比较差。②中间型的威胁。这种威胁是介于强烈与轻微、直接与间接之间的一种类型。③轻微、间接的威胁。通过心理实验发现，在上述三种威胁方式中，第三种即"轻微、间接的威胁"的效果最明显。

2．按威胁的方式分类

按威胁的方式分类可分为以下三类：①语言威胁，也就是直接运用语言威胁对方。②行动威胁，一种直接向对方显示自己力量的威胁方式；③人身攻击。它的第一种表现是，愤怒的一方面红耳赤，大肆指责谩骂另一方，有的人还可能拍桌子、高声叫喊。这种做法的目的就是试图通过激烈的对抗方式向对方施加压力，迫使对方屈服。它的第二种表现是，一方寻找各种讽刺挖苦的语言嘲笑对方、羞辱对方，从而使对方陷入尴尬难堪的境地。这种手段有时可能达到目的，但更多的情况还是把对方推到自己的对立面，使谈判变得更加困难。它的第三种表现是，一方采用或明或暗的方式，使另一方产生身体上、心理上的不适感，另一方为了消除这种不适而向对手屈服。

3．按威胁的性质分类

按威胁的性质分类可分为以下三类：①经济的威胁。如果协议没有达成，就会增加单方或双方的成本，还会减少单方或双方的利润。②法律的威胁。如果协议没有达成，就要运用制裁或法律禁令来阻止对方采取行动或拖延谈判进程。③感情的威胁。如果对方不做出让步，就会使对方从情感上感到愧疚，或者会影响双方的感情和友谊。

（二）对付威胁的策略

在谈判中，对付威胁常用的策略主要有以下五种：①无视威胁，对其不予理睬；②将对方的威胁看成是开玩笑，表示对其不予关心；③告诉对方不能在威胁下进行谈判，己方只有在对方能够证明接受这样的条件能给己方带来好处时才可能做出让步。同时，还要看有无其他选择；④向对方表示威胁对己方毫无损害，同时指出对方施加威胁自身也是有风险的；⑤以威胁反击，同时警告对方，如果双方谈不妥，那么局面会更加难堪。

三、网络商务谈判技巧

网络商务谈判是借助于互联网进行协商与对话的一种特殊的书面谈判。这种谈判方式为买卖双方的沟通提供了丰富的信息和低廉的沟通成本，所以具有强大的吸引力，也是社会发展的必然。

（一）网络商务谈判的特点

网络商务谈判的特点主要有以下三点。

1. 加强信息交流

网络谈判既有电话谈判快速、联系广泛的特点，又有函电内容全面丰富、可以备查的特点，可以使企业、客户及时掌握他们需要的最新信息。此外，还有利于增加贸易机会、开拓新市场。它还有一个特点，就是它所提供的是全天候与客户交流沟通的沟通方式，因此可以在很大程度上改善与客户的关系。

2. 既降低成本，又有利于慎重决策

采用网络谈判方式，谈判人员无须四处奔跑，只需向国内外企业发送电子邮件（E-mail），可以分析比较不同客户的回函，从中选出对自己最有利的协议条件，从而使企业节省人员开销、差旅费、招待费、管理费等费用支出，甚至比一般通信费用还要省得多，大大降低谈判成本。

3. 提高谈判效率

进行网络谈判，由于具体的谈判人员互不见面，他们各自代表的是自己的企业，因此双方可以不考虑谈判人员的身份，不去揣摩对方的性格，只要把主要精力集中在己方条件的洽谈上，避免因谈判者的级别、身份不对等因素而影响谈判的开

展和交易的达成。

（二）网络商务谈判的注意事项

应注意以下四个问题来保证网络谈判的顺利进行。

1．加强与客户关系的维系

由于互联网是公开的大众媒体，使用网络谈判意味着与客户、合作伙伴关系的公开化。竞争对手随时可以通过互联网了解有关信息，甚至有可能抢走客户，所以借助互联网进行谈判还应注意与客户感情的培养，提高服务水准，以便更好地与客户、合作伙伴保持密切关系。

2．加强网络谈判人才的培养

实行网络谈判，既需要谈判人员具有商务知识与谈判技巧，又需要具有互联网知识。因此，加强网络谈判人才培养是非常重要的环节。

3．加强资料的存档保管工作

互联网易受到病毒侵扰，甚至遭到黑客攻击，一旦发生类似情况，谈判双方的关系往往会受到影响，甚至会丧失合作机会，无法落实谈判方案。因此，在网络谈判的过程中谈判信息要及时保存，形成文字，以备存查。

4．必须签订合同

网络谈判达成的成交协议一经确认或接受，即可认为是合约的成立，应按合同要求签字确认。

第五节　跨文化商务谈判中的语言交际技巧

一、使用模糊语言

（一）用于复杂的谈判过程

国际商务谈判是一个复杂的过程，其中涉及了诸多细小内容。因此，在谈判过程中遇到一些无法回答的问题是比较正常的，在遇到这种类型的问题时，可以使用一些模糊的语言进行应对。

（二）用于不宜直说的场合

由于受到不同文化习惯以及场合等因素的限制，大多数情况下的谈判人员，在谈判过程中会尽量避免直言，可以选择使用模糊语言，以减少对对方的伤害。

（三）用于避免冲突的场合

商务谈判的最终目的是在双方共赢的基础上，达成某种协议。保证和谐的氛围是双方达成协议的一个重要因素。因此避免尴尬、紧张等不和谐局面的出现，能够在一定程度上帮助会谈，此时需要使用模糊语言的方法。

二、正确使用礼貌用语

（一）请求式代替命令式

用带有 Will 或是 Would 开头的疑问句代替祈使句，会给人一种寻求帮助的感觉，能够使听者增添帮助你解决问题的欲望。

（二）用虚拟语气

想要使语言在表达上更加礼貌和委婉，那么不妨试试过去时中的"虚拟语气"，这样会给你带来意想不到的谈判效果。

（三）态度缓和的语言表达

缓和的态度不仅表现在行动上，还出现在语言上。缓和的语言可以减少对对方的刺激，有助于意见的统一。

第六节　跨文化商务谈判的风格分析

不同国家、不同地区有着不同的谈判风格，只有把握对方的价值观、思维方式、行为方式和心理特征，并巧妙地加以运用，才能掌握谈判的主动权，并取得预期成效。本节论述谈判风格的相关概念，分析世界各国的谈判风格，并对中西方的商务谈判风格进行比较研究。

一、谈判风格概述

所谓"谈判风格"，是指谈判人员在谈判过程中，通过言行举止表现出来的，建立在其文化积淀基础上的，与对方谈判人员明显不同的，关于谈判的思想、策略和行为方式等的主要气质和作风特点。

"谈判风格"是谈判人员在谈判中通过行为、语言等动作表现出来的特质，不同国家、不同地区的谈判风格都具有一定的差异，谈判人员只有经历多种谈判后，对其谈判风格进行总结和改善，才能形成被他人认同的谈判风格。

（一）谈判风格的特点

谈判风格的特点主要包括以下三个方面。

1．对内的共同性

所谓共同性，即谈判风格受文化影响，所以处于同一地区或者是同一民族的谈判人员的谈判风格差异较小。

2．对外的独特性

所谓独特性，即在谈判中的群体或者是个人所表现出的独具特色的风格。群体是在社会中，因种种因素集合的人或物种。每个不同的群体都具有不同的文化，从而表现在群体间不同的谈判风格。同时，由于受到生活方式、文化背景等诸多因素的影响，群体中的个体之间谈判风格也各具特色。所以，谈判风格具有多样的表现形式。

3．成因的一致性

人的性格和其所处的文化背景息息相关，在不同的文化背景中，可以形成不同的性格，从而产生截然不同的谈判风格。每一个人都会在一定程度上被本地区的思维方式、价值观念等因素影响，在后天环境中逐步形成自身的个性与作风，并依照个性行事。

（二）探究谈判风格的意义

在谈判前，对对手谈判风格的研究具有举足轻重的作用，甚至可以影响谈判的成败。其具体作用表现如下。

1．营造良好的谈判气氛

熟悉对方风格有助于使己方谈判人员自信地面对谈判，并表现在得体大方的言行上，从而提升对方对己方的好感度，营造温馨轻松的谈判氛围。当谈判处于这样的氛围中时，对问题的深入探讨也就易如反掌。

2．为制定谈判谋略提供依据

当对对方的风格进行充分研究，深入了解其风格的表现形式、原因以及作用之后，才可以在谈判谋略的拟定上大显身手。谈判风格囊括了多个知识领域，如社会、文化、地理、民俗、天文、经济、心理、政治等。谈判风格有助于谈判谋略的拟定，知识本身也对拟定谈判谋略具有十分显著的作用。

3．有助于提高谈判水平

通过对他人谈判风格的钻研、学习，对自身的谈判风格进行完善，充分汲取其他地区、民族、国家谈判风格中的精华，从中选择最适合自身的，学习并完善，使其逐步成为自身特有的谈判风格，提高自身的谈判水平。

■ 二、世界各国的谈判风格

（一）美洲商人的谈判风格探究

1. 美国商人

美国在国际贸易中占有重要地位，美国人独特的谈判风格也对世界具有较大影响。把握和美国人的谈判机会，研究、学习以及掌握其谈判风格，对推动我国谈判水平、提高商务谈判的成功率具有重要意义。

（1）性格随意。

美国人的性格比较外向，他们具有开朗、坦率、爽快、热情、不拘小节和幽默等特点。他们的行为、语言大多可以展现出他们的情绪。谈判中的美国人不论是在己方观点的陈述上，还是向对方立场表明己方观点时，都可以直抒胸臆，直率地说出自己的想法。即使对对方的观点己方难以接受，美国人也会坦言相告。民族性、有创造力、勤奋和有活力是美国人的四个特征。

在谈判中，东方人倾向于用暗示来告知对方，认为直接拒绝会是没有顾及对方的脸面，可能会损害彼此之间的关系。东西方在谈判中的作为，看起来可能是风格相异，但是实际上是文化相异的问题。在美国历史上，很多拓荒者从欧洲到达美洲，冒着风险，以寻找自由、幸福，他们的开拓精神在美国流传，所以，美国人在现在仍有浓烈的进取精神，同时，美国人口具有很大的流动性，他们具有强烈的现代观念以及较高的开放程度，所以，传统的观念以及权威并不能左右美国人，他们的创新、竞争意识极强。[1]

（2）自信且具有优越感。

美国经济繁荣，科学技术水平高，经济实力强盛。他们的母语——英语更是国际谈判中的普遍用语。这些因素都导致美国人对国家、对民族具有强烈的自豪感，也造就了美国商人自信的谈判风格。

他们的自信不仅体现在谈判风格上，还体现在他们对公平合理原则的坚持上。美国商人认为，当谈判双方进行交易时，谈判双方都对利益有所需求。所以他们也会提出一个相对合理的方案，使谈判双方共同获利。

美国商人一般会采取以下谈判方式：①在谈判双方进行接触之前，他们会提前表明自身立场，将自己的方案展示出来，从而争取在谈判中的主动权；②在双方进行谈判时，美国商人也会自信满满，语言肯定，计算精准。即使谈判双方出现分歧，美国人也会对对方的分析提出疑问，坚持己见。谈判场上的美国人信心十足，

---

① 张晓颖. 浅谈商务礼仪与商务活动［J］. 佳木斯职业学院学报，2016（8）：478-479.

他们会直率地提出自己的意见，在气势上显得盛气凌人，而且他们也比较喜欢开玩笑。这种心态常常会使他们在谈判桌上形成一种优势，无论其年龄或资历如何，似乎不把对方放在眼里。但是美国人热情、激烈的谈判风格很容易感染谈判对手。因此，当面对美国谈判人员时，应对这点加以利用，营造轻松的谈判氛围，以助力谈判的成功。[①]

（3）注重效率。

美国高度发达且具有较快的生活节奏，导致美国人拥有强烈的时间观念，他们对活动效率十分在意。和美国人约会，无论是早到还是迟到都是很不礼貌的。当不能准时抵达约会地点时，也要及时通知对方并且表达歉意，不然会被认为没有诚意。

在谈判中，美国的谈判人员不喜欢拖沓，并且希望可以节省礼节时间，对谈判问题进行直接讨论，从而在一定程度上减少谈判时间。在谈判中，美国人常常认为一些国家的谈判人员工作效率低，而他们也认为美国人在谈判中十分缺乏耐心。所以，在和美国人进行谈判时，应尽可能地缩短谈判时间，在报价符合己方谈判预期时，可以考虑达成交易。

（4）注重实际利益。

美国人往往以获取经济利益作为最终目标，更多考虑的是做生意所能带来的实际利益，而不是生意人之间的私人交情。美国人注重以智慧和谋略取胜，他们会讲得有理有据，从国内市场到国际市场的走势，甚至会讲到用户的心态等方面，以劝说对方接受其价格要求。但是，他们一般不会漫天要价，也不喜欢别人漫天要价。美国商人对商品既重视质量，又重视包装。

美国人认为，双方获利是达成此次买卖的基本考量因素，双方的方案都应该尽可能地公平合理。因此，美国人并不适应中国人或者日本人在谈判上重视友情，从而迁就谈判对手的做法。

（5）办事干脆利落。

谈判中的美国人神采奕奕、头脑灵活，善于将一般沟通引导到实质谈判中，对谈判问题进行连续不断地讨论，乐于以积极的态度谋求自己的利益。美国人会对谈判时间进行合理科学规划，依照谈判阶段进行谈判，并且逐项进行谈判，从而将整个谈判完成。

美国人这种按照合同条款逐项进行讨论，解决一项，推进一项，直到最后完成整个协定的逐项议价方式，被称为"美式谈判"。美国人经常以最后期限为由给对

---

① 赵艳. 浅议商务礼仪与商务谈判 [J]. 科教文汇（下旬刊），2009（12）：282.

手增加压力，使对手迫不得已进行让步。正因为美国人具有干脆的态度，与美国人谈判，表达意见要直接。当己方难以接受美国的协议条款时，也应明确告知，以免他们心存希望。

（6）希望对手态度诚恳。

即使谈判双方在谈判中经历了激烈的辩论，但是只要己方的态度足够真诚、足够诚恳，美国人就不会介怀。但是，在谈判时绝不能点名批评某人或公司。美国人会认为，这种行为会对其他人的人格造成损害。比如，不要直接对某人的纰漏或者公司的纰漏进行指责，这是一种蔑视的行为。

（7）法律意识根深蒂固。

美国人口的高度流动性，使他们彼此之间无法建立稳固的持久关系，因而只能将不以人际关系为转移的契约作为保障生存和利益的有效手段。他们这种法律观念在商业交易中也表现得十分明显。

生意场上的欺诈现象比较常见，美国人也会提前进行防范。在进行商务谈判时，他们会携带律师，同时也会多次提醒对方遵守承诺。当产生纠纷时，他们会依靠法律手段解决。合同一旦签订，美国人会认真履约，不会轻易变更或放弃。

（8）尊重个人的作用。

美国人对角色等级的要求较低，他们注重个人作用，看重个人责任。无论是在美国的企业中，还是在谈判队伍中，往往是由少数人进行。尤其是在谈判中，美国的谈判人员在一般情况下不会高于七人，人数较多的代表团极为少见。而在代表团中，可以进行决策的人也仅有一个人或是两个人，他们对问题具有决策权。

（9）不同地域的处事风格。

上述特点仅是一些普遍性特点，由于美国所处地域辽阔，具有较多种族，故美国人的行为习惯和谈判方式存在较大差异性，但是这有利于对其进行分别研究。

美国中西部地区以汽车、机电、钢铁工业和制造业为主，是美国工业的心脏。该地区的人比较保守，同时又比较和蔼和朴素，易于交往。如果在准备与他们做生意之前就常以朋友的身份款待他们，日后与他们进行商业谈判时，会收到很好的效果。中西部地区有个商业习惯，每年9月到11月是黄金采购时间，他们往往把一年所需的货物集中在这个时候一次采购。因此，和他们做生意要注意，不要错过这段时间。

美国的东部，特别是以纽约等大城市为中心的东北部，是美国现代文明的发祥地，200多年来一直处于美国政治、经济、金融、贸易活动的中心地位。这一地区现代文明发达，在全球经济中站稳脚跟。这一地区的谈判人员的谈判会依照国际规则进行，比较严谨，同时不会放过每一分利益。所以，在和他们进行谈判时，谈判合同千万要注意，以免给予他们可乘之机，使其在市场变化不利于他们的情况下，在合同中寻找到毁约的理由。

美国南部地区的人比较和蔼可亲，他们正直无欺，但是有时稍显急躁。和这些地区的商人谈判时要注意：如果在谈判桌上他们气势汹汹、言辞激烈，千万要沉得住气，向他们对这一问题进行解释。当倾听完你的解释之后，他们也会理解你并且再次进行商谈。美国南部地区的保守性格造成该地区商人缓慢的谈判节奏，如果想和他们形成合作关系，则需要较长时间。

2. 加拿大商人

加拿大经济比较发达，外贸总额约占国民生产总值的1/3，但是其对外贸易额的2/3左右是与美国进行的。加拿大的出口商品主要是汽车、原油、小麦、木材、纸浆、矿产品、面粉等。进口商品主要是机器、石油产品、电器设备和纺织品等。加拿大的绝大部分工业集中在安大略和魁北克两省，尤以蒙特利尔和多伦多两城市的工商业最为发达。此外，温哥华的运输和贸易也很发达，该城市是加拿大距离亚洲最近的港口，是加拿大每年定期举行国际贸易博览会的地点。[①]

（1）性格特点。

加拿大是个移民国家，民族众多，各民族相互影响，文化彼此渗透。加拿大人的性格温和、开朗、友善且讲礼貌，他们对自由以及个性极为看重。加拿大商人相对比较保守，他们不喜欢上下浮动的价格，也不认同以降价的方式来增加销量。他们崇尚冰雪运动，也时常会以冰雕、滑雪等话题展开讨论。加拿大人避讳"13"这个数字，活动时间的安排也应尽量将这个数字避开。他们通常喜爱蓝色，在进行谈判时，可以拿上一份蓝色的礼品或是花朵给予他们，使其对己方产生好感。

加拿大居民大多数是英国和法国移民的后裔，在加拿大从事对外贸易的商人也主要是英国后裔和法国后裔。英国裔商人大多集中在多伦多和加拿大的西部地区，法国裔商人主要集中在魁北克。温哥华是华侨的主要聚居地。在温哥华商人中，华侨有一定影响力，他们为我国与加拿大的商务合作起到桥梁作用。

（2）加拿大英裔商人与法裔商人的区别。

英国裔商人行事周密、谨慎，只有完全了解此次谈判的具体细节之后，才会答应对方的要求。而且，他们会建立一些障碍，阻碍谈判进程，对于对方的条件，他们也不会直接答应。所以在谈判过程中，对英国裔商人一定要具有充足的耐心，对

---

① 朱瑞琴. 浅谈对俄贸易交往中的商务礼仪 [J]. 北方经贸，2011（4）：18-19.

谈判也不要操之过急。但是，英国裔商人一旦签订了谈判合同，基本上不会出现违约行为。

法国裔商人在日常生活中蔼然可亲，但当他们处于谈判中，对问题进行探讨和争论时，就会变得捉摸不定，在这种状态下，很难和他们敲定具体的谈判结果。所以，耐性也是和法国裔商人进行谈判的基本前提。法国裔商人普遍认为，谈判合同是为了签订主要条款，对于一些次要条款他们往往选择忽视，或将其放在签约之后再细细商榷。但是，出现问题的也是那些次要条款。所以，在和法国裔商人谈判时，要将合同条款拟定得更加细致、精准，以免在合同签订之后产生麻烦。

（二）欧洲商人的谈判风格探究

1. 英国商人

英国是最早的工业化国家，它的贸易早在 17 世纪就遍及世界各地，当时被称为"日不落帝国"。自 19 世纪以来，美国、德国的经济水平相继赶超英国。近年来，英国的经济增长率不高，经济实力增长不快，在资本主义世界中徘徊在第 5～7 位。英国商人的谈判风格主要有以下八个方面。

（1）性格谨慎。

英国商人相对内敛、缜密，他们不会轻易与他人进行交往，即使是本国人也如此。而且他们的感情内敛，很少外露，对别人的事情也很少打听，如果没有经过介绍则不会和陌生人进行交流。因此，在其他国家的人眼中，英国人具有孤高的形象，难以接近。在谈判的初次接触中，英国人一般会与谈判对手保持一定距离，绝不轻易表露感情。

（2）注重礼仪，有绅士风度。

英国商人严格恪守社会公德，具备礼让精神，且举止风雅。无论身处何地，他们都很在意个人修养，在谈判中，他们尊重对手，也不会毫无风度地对对方施压。不仅是个人修养，对对方的修养他们也十分在意。如果能将己方良好的内在修养体现在谈判中，可以赢得英国商人的尊重，为谈判奠定基础。

英国商人的绅士风度表现在：在谈判时不易动怒，也不易放下架子，喜欢有很强的程序性的谈判；谈判条件既定后不愿变动，喜欢用逻辑推理表明自己的想法。他们听取意见时随和，采纳意见时却不痛快，处理复杂问题比较冷静。绅士风度常使英国谈判人员受到一种形象的约束，甚至成为他们的心理压力，对此应充分利用。若在谈判中以确凿的论据、有理有力的论证施加压力，英国谈判人员就不会因坚持其不合理的立场而丢面子，从而取得良好的谈判效果。

（3）等级观念深厚。

英国商人具有严格的等级观念。所以，在谈判中，身份应该尽可能地对等，比如年龄、社会地位、官职等，从而表现出对英国商人的重视以及尊重，从而推动谈判发展。

（4）拒绝冒风险。

英国商人看重生活的秩序性以及舒适度，在物质利益上，他们的追求并不强烈。他们拒绝一些通过高风险行为，以求大利润的交易，更趋向于利润少，但风险较小的交易。

（5）行动按部就班。

在一般的商务活动上，英国商人会耗费大量的时间来接待客人。作为被接待的客人，也要以写信的形式向其表达感谢，否则就是不懂礼貌的表现。在和英国人约会之前，如果以前未曾见过，则要先将约会的目的告知对方；在约会时间、目的确定之后，无论如何都不能爽约，并且一定要准时抵达，否则会留给英国人极差的印象，从而影响后续事情的开展。

（6）没有讨价还价的余地。

在谈判关键时刻，英国商人往往表现得既固执又不肯花大力气争取，使对手很头痛。如果出现分歧，他们往往不肯轻易让步，以显其大国风范。

（7）重视合同的签订。

当英国商人不了解或者不认可谈判的某一细节时，他们绝对不会签订谈判合同。这时，应耐心向英国商人进行解释，并提供相应数据。在合同签订之后，他们会严格遵照合同条款行事。目前，国际上对英国人仍具有一些固有印象，如不按时交货等，这也导致英国商人在谈判中处于被动地位，会被迫使接受不公平的条款。

（8）较少在夏季和圣诞节至元旦期间做生意。

英国商人生活比较优裕舒适，每年夏冬两季有 3～4 周的假期，他们多会利用这段时间出国旅游。因此，他们较少在夏季和圣诞节至元旦期间做生意。英格兰从 1 月 2 日开始恢复商业活动，在苏格兰则要等到 4 月以后。在这些节假日，应尽量避免与英国商人洽谈生意。

2．法国商人

（1）性格特点。

法国人的性格特点主要体现为开朗、眼界豁达、对事物比较敏感、为人友善、处事时而固执、时而随和。

（2）国家意识浓厚。

法国人对本民族的灿烂文化和悠久历史感到无比骄傲，他们时常把祖国的光荣历史挂在嘴边。诸如，他们拥有巴黎公社、波拿巴王朝、法兰西共和国的历史等。重视历史的习惯使法国谈判人员也很注意商业与外交的历史关系以及交易的历史状况，即过去的交易谈判情况。[①]

（3）思路灵活，手法多样。

为促成交易，法国商人常会借助行政、外交的手段，或让名人、有关的第三者介入谈判。例如，有些交易中常会遇到进出口许可证问题，往往需要政府出面才能解决问题。当交易项目涉及政府的某些外交政策时，其政治色彩就很浓厚，为达成交易，政府可以从税收、信贷等方面予以支持，从而改善交易条件，提高谈判的成功率。

（4）要求对方以法语交谈。

法国人为自己的语言而自豪，他们认为法语是世界上最高贵、最优美的语言。所以，即使一些法国人英语出色，也希望谈判对手以法语进行谈判。若要保持和法国人的长期合作，学习法语也是关键因素之一，可以博得法国人的好感，以推进谈判顺利发展。

（5）交谈新闻趣事。

与法国人谈判时，不应只顾谈生意上的细节，他们喜欢在谈判过程中谈些新闻趣事。法国人比较健谈，他们喜欢通过讨论趣事以缓和谈判中紧张的气氛。因此，和法国商人进行谈判时，可以准备一些社会话题和法国人讨论，共同营造轻松自在的谈判氛围。法国人虽然喜欢幽默，但是对一些家庭或者是个人问题基本不会涉及，谈判时也要注意。

（6）重视人际关系。

法国人很重视交易过程中的人际关系。一般来说，在成为朋友之前，他们是不会轻易与人做大宗生意的。一旦建立起友好关系，他们又会乐于遵循互惠互利、平等共事的原则。因此，与法国人做生意，必须善于和他们建立起友好关系。这不是件容易的事，需要长期努力。在社会交往中，家庭宴会常被视为最隆重的款待。无论是家庭宴会还是午餐招待，法国人都将其看作人际交往和发展友谊的时刻，而不认为是交易的延伸。所以，当法国人发现设宴是以推动商业交易为目的时，他们不会赴约。

---

① 袁小华. 浅谈跨文化交际中的商务礼仪行为［J］. 苏盐科技，2002（1）：39-40.

（7）注重个人决策权力。

法国人一般认为，一个人负责决策会提高办事效率。所以无论是企业事务，还是商务谈判中，基本上都推崇个人力量，以个人负责制为标准，个人具有较大的权力。在谈判中，也是由个人责任承担，提高决策效率。所以，法国商人大多具有很强的专业性，对产品极为熟悉，知识面涉猎较广。

（8）偏爱横向式谈判。

与美国人对议题逐个磋商的方式不同，法国商人在谈判方式上偏爱横向式谈判，即先为协议勾画出一个轮廓，然后达成原则协议，再确认谈判协议各方面的具体内容。法国人看重谈判结果，希望能以文字的形式将谈判的不同阶段进行记录。在谈判上，法国人并不重视细节，在敲定了合同的主要条款之后，他们便会迫切地想要直接将合同签订，但是在合同签订之后，他们往往又会纠结于一些细节并要求重新修改。所以，在与法国人签约时，要保证合同具有法律约束力，以防止他们不严格遵守。

（9）对商品的质量包装要求严格。

法国人对商品的质量要求十分严格，同时十分重视商品的美感，要求包装精美。法国人从来就认为法国是精品的世界潮流领导者，巴黎的时装和香水就是典型代表。因此，他们在穿戴上都极为讲究。在法国人看来，衣着穿戴是身份以及修养的代表。在和法国人谈判时，要保持着装的整洁得体。

（10）时间观念较弱。

法国人在商业往来或社会交际中经常迟到或单方面改变时间，而且总会找一大堆冠冕堂皇的理由。在法国，还有一种非正式的习俗，即在正式场合，主客身份越高，来得越迟。尽管法国人自身经常迟到，但他们不会原谅他人迟到。

（11）严格区分工作与休息的时间。

在严格区分工作与休息的时间这一点上，与日本人相比有极大的差异。法国人工作时认真投入，讲究效率，休闲时痛快地玩。他们十分珍惜假期，舍得在度假上花钱。法国在 8 月会统一放假，很多法国人此时都去度假了，任何劝诱都难以让他们放弃或推迟假期去做生意。甚至在 7 月底和 9 月初，他们的心思都还放在度假和休息上。所以，应尽量避免在这段时期与法国人谈生意。

3．德国人

（1）性格特点。

德国人具有自信、谨慎、保守、刻板、严谨的特点，办事富有计划性，注重工作效率，追求完美，他们做事雷厉风行，有军旅作风。

（2）谈判前准备周详。

在谈判前，德国人会对对手的公司、评价、商品质量、价格等方面进行充分的调查，以判断是否可以和其进行合作。不仅是这些资料，德国人也会对谈判的具体细节进行考量，预测可能存在的问题，并事先提出相应策略，只有做了这些周密细致的安排后，他们才会自信满满地走上谈判桌。同时，德国人看重对方的信用并会提前了解，以避免因对方信用问题而造成不必要的损失。所以，和德国人做生意之前要对本公司的资料进行汇总，以便解答他们的疑问。

（3）自信而固执。

在谈判中，德国人常会以本国的产品为衡量标准。他们对产品的质量要求很高，只有当对方公司的产品达到其标准时，他们才会与之合作。同时在谈判中，很难让德国商人让步，他们对自身提供的方案十分自信，一般情况都不会进行妥协。而且，他们会着重、反复阐述自身方案的优点，以争取让对方让步。因此，在与德国人进行谈判时，尽量向其阐明观点、原因，使其心悦诚服，以保障双方之间的合作能够持续。

（4）讲究效率。

德国人决策果断，雷厉风行。在谈判中，他们会表明所希望达成的交易，准确确定交易方式，详细列出谈判议题，提出内容详细的报价表，清楚、坚决地陈述问题。他们善于明确表达思想，准备的方案清晰易懂。如果双方讨论列出问题清单，德国人一定会要求在问题的排序上体现各问题的内在逻辑关系。因此，在与德国人谈判时，进行严密的组织、充分的准备、清晰的论述，并有鲜明的主题，可以提高谈判效率。

（5）有较强的权利和义务意识。

德国人的权利、义务意识极强，对于合同，他们也会认真细致地进行研究，在确认合同中未存在纰漏之后，才会签订合同。德国人本身十分重视合同，也会认真执行，基本上不会出现毁约的情况。同时，德国人对合作方也具有极高要求，在交货期限上，无论因为何种原因，只要对方未按时交货，他们便会执行惩罚条款。而且在合同签订之后，有关合同内容的更改，如付款时间、交货时间等，他们都不会理会。他们注重发展长久的贸易伙伴关系，求稳心理重。

（6）遵守时间观念。

不论工作还是干其他事情，德国人都是有板有眼，严守规矩。因此，与他们打交道，不仅谈判时不应迟到，一般的社交活动也不应迟到。对于迟到的谈判人员，德国人对之不信任的反感心理会无情地流露出来，破坏谈判气氛。

（7）谈判时间不宜定在晚上。

虽然德国人工作起来废寝忘食，但是他们都认为晚上是家人团聚、共享天伦之乐的时间，因此谈判时间不宜选择在晚上。

4．意大利人

在欧洲国家中，意大利人比德国人少一些刻板，比英国人多一份热情。

（1）与外商做生意的热情一般不是太高。

意大利的商贸较发达，意大利人更愿意与国内企业打交道。由于历史和传统的原因，意大利人不太注意外部世界，不主动向外国观念和国际惯例看齐。他们信赖国内企业，认为国内企业的技术生产的产品一般质量较高。所以，与意大利人做生意要有耐性。

（2）在处理商务时，意大利人通常不动感情，决策过程也较缓慢。

意大利人并不是像日本人那样要与同事商量，他们不愿仓促表态。所以，对他们使用最后期限策略，作用较好。

（3）善于社交，但情绪多变。

意大利人做手势时情绪激动，表情富于变化。他们生气时，简直近于疯狂。意大利人喜好争论，他们常常会为很小的事情而大声争吵，互不相让。

（4）重视商人个人的作用。

重视商人个人的作用这点与法国商人一样。意大利的商业交往大部分都是公司之间的交往，在商务谈判时，往往是出面谈判的人决定一切。意大利商人个人在交往活动中比其他任何国家的商人都更有自主权。所以，与谈判对手关系的好坏是能否达成协议的决定因素之一。

（5）有节约的习惯，关心商品的价格。

意大利人对于合同条款的注重明显不同于德国人，而接近于法国人。他们特别看重商品的价格，谈判时表现得寸步不让，在商品的质量、性能、交货日期等方面则比较灵活。他们力争节约，不愿多花钱追求高品质。德国人却宁可多付款以换取高质量的产品和准确的交货日期。

（6）时间观念较弱。

这也是与法国人相似的缺点。有时，他们甚至不打招呼就不去赴约，或单方面推迟会期。他们工作时有点松松垮垮，不讲效率。但是，他们在做生意时绝不马虎。

（7）崇尚时髦，注重着装。

意大利人的办公地点一般设施都比较讲究。他们对生活中的舒适，如食宿、饮食都十分注重。意大利人通常衣冠楚楚，潇洒自如。与他们谈判时，穿着得体会给他们留下好印象，这种性格特点也被发过商人继承。

5．俄罗斯人

（1）俄罗斯人的谈判能力很强。

在商务谈判中，俄罗斯商人重视合同中索赔条款以及技术内容。特别是技术内容，他们往往会向对手索要关于产品的零件清单、技术说明、装配图样等，对细节进行反复观察，使其可以通过低廉的价格获取优秀的技术。因此，在与俄罗斯人进行谈判时，要有充分的准备，可能要就产品的技术问题进行反复的磋商。

（2）俄罗斯人善于讨价还价，善于动用各种技巧。

当俄罗斯商人要对某一项目进行引进时，他们首先会采取对外招标的形式，使其他公司相互竞争，再在这些公司中选择。同时，他们还会不择手段地使前来竞标的公司互相争夺，从而坐收渔翁之利。当谈判合同正式签订之后，俄罗斯商人会参照合同执行具体事务，对于对方希望更改合同的需求，他们往往不予接受。在谈判中，他们对每个条款尤其是技术细节十分重视，并在合同中精确表示各条款。

（3）俄罗斯商人喜欢非公开的交往。

俄罗斯商人喜欢私人关系早于商业关系的沟通方式，当彼此之间关系熟稔时，他们在态度上会变得热情、爽快，他们喜欢和他人交谈本国的建筑、文化等。

（4）俄罗斯商人很重视仪表，喜欢打扮。

俄罗斯商人文明程度较高，不仅家中比较整洁、注意公共卫生，而且重视仪表和公共场合注意言行举止。例如，他们从不将手插在口袋里或袖子里，即使在热天也不轻易脱下外套。在商务谈判中，他们也注意对方的举止。如果对方仪表不俗，他们会比较欣赏。相反，如果对方不修边幅就坐在谈判桌前，他们会很反感。

6．北欧人

北欧主要是指挪威、瑞典、丹麦、芬兰等国家。它们有着相似的历史背景和文化传统，都信奉基督教，历史上为防御别国的侵略而互相结盟，或是宣布中立以求和平。现代的北欧，国家政局稳定，人民生活水平较高。

（1）性格很好。

北欧人具有心地善良、为人朴素、谦恭稳重、和蔼可亲的性格特点。这是由于北欧的宗教信仰、民族地位以及历史文化的影响。

（2）工作计划性强。

北欧商人凡事按部就班，规规矩矩。在谈判中，他们镇定从容。按照顺序对内容进行逐一讨论，是北欧商人喜欢的谈判方式，他们的谈判节奏慢，但是擅长观察，以确定交易达成时机，并迅速做出决定。

（3）配合融洽。

面对北欧人时，要保证自身态度足够诚恳，促进双方感情提升，并推动谈判进行。当北欧人在某一问题上态度顽固时，己方也要理性地对其进行解释。同时，可以将北欧人的求稳心理加以利用，创造僵局，激化双方矛盾，从而获取更大的利益。

（4）态度谦逊。

北欧商人的谈判态度真诚、坦率。他们不会对自己的看法进行隐瞒，而是针对不同事件提出具有建设性的策略。他们追求和谐、友好的谈判氛围，但是并不表示北欧商人会对对方一味忍让，顺应其要求。实际上，北欧商人在自以为正确时，具有顽固性和自主性，这也是一种自尊心强的表现。

（5）拒绝无休止的讨价还价。

北欧商人在进行商业交易时比较保守，他们会尽自己最大所能保护目前拥有的利益。在谈判中，他们往往不会设计其他合同方案，而是更多地把目光放在怎样保住现有合同上。

（6）北欧商人较为朴实，工作之余的交际较少。

北欧商人晚间的招待一定在家里进行，不到外面餐馆去用餐。如果白天有聚餐，他们一般是在大饭店里预订好座位，这种宴会也不铺张浪费。如果是私下聚会，则往往只有咖啡和三明治。北欧人力戒铺张，他们把简朴的招待视为对朋友的友好表示。

（7）喜欢高质量产品。

北欧商人会对现代技术进行广泛投资，以提高他们在国际市场的竞争力。无论是从北欧出口，还是进口的商品，都具有超高的质量和品质。同时，北欧商人的购买力很强，他们更倾向于购买一些质量高、款式独特的产品，对于其他比较普通的产品，则嗤之以鼻。

（8）在北欧，代理商的地位很高。

在瑞典和挪威，没有代理商的介入，许多谈判活动就难以顺利进行。因此，与北欧商人做生意，必须时刻牢记这些代理商和中间商。

（9）北欧商人喜欢饮酒。

为了公众利益，北欧国家制定了严厉的饮酒法。因此，这些国家的酒价十分昂贵。北欧商人特别喜欢别人送苏格兰威士忌酒之类的礼物，因此可以在商务谈判中以酒作为馈赠礼品。

（10）北欧商人将蒸汽浴视为日常生活中必不可少的一部分。

大多数北欧国家的宾馆里都设有蒸汽浴室。在北欧，谈判之后去洗蒸汽浴几乎成为不成文的规定。到北欧洽谈生意的外国客商也应不失时机地发出邀请或接受邀请，以增加双方接触的机会，增进友谊。

（11）北欧商人通常在夏天和冬天分别有 1 ～ 3 周的假期。

北欧国家所处纬度较高，冬季时间较长，所以北欧商人特别珍惜阳光。他们在夏天和冬天分别有 1 ～ 3 周的假期。这段时间，几乎所有公司的业务都处于停顿状态。因此，做交易应尽量避开这段时间。当然，也可以利用假期将至，催促对方赶快成交。

7．葡萄牙人

葡萄牙位于欧洲西南部伊比利亚半岛的南端，曾经是世界上数一数二的殖民国家。葡萄牙贫富分化严重。

（1）葡萄牙人善于社交，而且很随和。初次见面时，葡萄牙商人具有极高的热情。但是，当你想对他们进行深入了解时，他们则显得畏首畏尾。所以，在谈判中也很难开诚相见。

（2）葡萄牙人讲究打扮。即使在很热的天气，葡萄牙商人也穿得西装革履，在工作和社交等场合一般都打领带。

8．西班牙人

（1）西班牙人生性开朗，且略显傲慢。西班牙商人在谈判中具有较强的优越感。同时，他们在进行问题考量时，十分注重现实因素的影响，安排具体事务时也比较仔细严谨。

（2）西班牙人认为直截了当地拒绝别人是非常失礼的。这是西班牙人的社交礼仪和传统习惯。西班牙人很少直接说"不"。因此，在和西班牙商人谈判时，应该尽可能地避免使用引导式问句，引导他们直接说"是"或"否"。

（3）西班牙商人注重个人信誉。在谈判合同签订完成后，他们会认真依照合同执行。

（4）西班牙商人与外商洽谈时态度认真，谈判人员一般具有决定权。与西班牙商人谈判，必须选派身份、地位相当的人员前往，否则他们会不予理睬。另外，穿戴讲究的西班牙商人也希望谈判对方衣饰讲究。西班牙商人通常在晚餐上谈生意或庆祝生意成功，他们的晚餐大多从 21：00 以后开始，一直进行到午夜才结束。

（三）亚洲商人的谈判风格探究

1．日本人

日本是个岛国，资源匮乏，人口密集，市场有限，民众有深厚的危机感。目前，日本正积极开拓中国市场，中日经济交往日益密切。因此，了解和掌握日本文化和日本人的谈判风格是十分必要的。

（1）性格特点。

日本人的特点是慎重、规矩、礼貌、团体倾向强烈，有强烈的团体生存和发展的愿望。虽然与其他国家相比，日本的个体可能在能力、素质等方面存在一定差异。但是当他们集合成为团体时，则具有十分强大的力量。日本的家族式企业较多，他们将个人、企业以及家庭紧紧联合在一起，提高了个人对企业的归属感，从而导致企业内部的协调性以及统一性极高。所以在进行谈判时，日本商人经常采取团队共同参与的形式，同时也希望对方的谈判队伍可以达到与之相等的谈判规模。

（2）注重人际关系。

日本商人在与外商进行初次商务交往时，喜欢先进行个人的直接面谈，而不喜欢通过书信交往。在和日本商人进行初次交流时，可以找一些日商熟悉的人，为双方搭建联络的桥梁，因为日本商人比较喜欢与经过熟人介绍的商人进行合作。日本商人善于把生意关系人性化，他们通晓如何利用不同层次的人与谈判对方不同层次的人交际，以便于他们了解对方情况，进行提出相关对策。而且，他们的谈判人员十分擅长把握和创造多种机会，以拉近和谈判对手领导的关系。

（3）注重集体决策。

在日本企业中，决策往往不是由最高领导层武断地做出的，而是要在公司内部反复磋商，有关人员都有发言权。当需要对某一问题进行决策时，日本企业中的领导往往会询问各个部门的意见，并且进行相应地整理，再根据所了解的具体内容进行决策。而且参与谈判的人员基本上都是同事，他们之间比较熟悉并且相互了解和信任，有利于协作。所以在进行谈判时，我们可以学习日本这一特点，使企业中形成良好的协作氛围，以帮助谈判更好地开展。

（4）重视合同的履行。

在签订合同之前，日本商人通常格外谨慎，认真审查全部细节。合同订立之后，他们一般较重视合同的履行。但是，这并不排除在市场行情不利于他们时，他们会千方百计寻找合同漏洞以拒绝履约的情况。

（5）富有耐心。

日本人在谈判时表现得彬彬有礼，富有耐心，实际上他们固执而坚毅。在谈判中，他们不会先将己方的意图表现出来，而是耐心等待事态的发展。日本人勤奋用功，在谈判中夜以继日是常有的现象。当细节发生变化时，他们会主动将其整合汇总成文字。这也是日本人的谈判策略之一，通过整理过程中使用词语发生的细微变化，尽量使协议有利于自己。

（6）待人接物讲究礼仪。

在商业活动中，日本人时常会送一些小礼物，可能并不会多么贵重，但是这些礼物通常具有纪念意义。同时，他们也会将不同档次的礼物送给不同地位的人。而且，日本人对交换名片也十分看重，即使谈判人数较多，他们也会相互交换名片。交换时，首先根据对象不同行不同的鞠躬礼，同时双手递上自己的名片，然后以双手接对方的名片。

（7）谈判时不喜欢拒绝。

日本人认为，直接拒绝会使对方难堪甚至恼怒，是极大的无礼。所以，即使他们对对手的看法有不同意见，也不会直接进行辩驳，他们一般会间接地将己方观点进行陈述。当和日本人进行谈判时，要保持语气的温和。同时，不要把日本人礼节性的表示误认为是同意的表示。日本人在谈判中往往会不断点头，这常常是告诉对方他们在注意听，并不是表示同意。

（8）谈判时通常不带律师。

日本人认为携带律师的目的是制造法律纠纷，这一行为并不友好，且不值得信赖。当谈判双方因合同问题产生争吵时，日本人也不会选择用法律解决。他们会寻找机会提出模棱两可的合同条款，为日后的纠纷做准备。

2．韩国人

韩国是一个自然资源匮乏、人口密度很大的国家，数十年经济发展较快。韩国人在长期的贸易实践中积累丰富了的经验，常在不利于己的贸易谈判中占上风，被西方国家称为"谈判的强手"。

（1）韩国商人非常重视商务谈判的准备工作。

在进行谈判之前，韩国商人会通过各种方式了解、咨询对方的基本情况，如生产规模、经营作风、经营项目等。他们认为掌握对手的有关资料是他们进行谈判的基础。只有做好了这些基础性工作，他们才会进行谈判。

（2）韩国商人逻辑性强，做事条理清楚，注重技巧。

韩国商人在谈判中更喜欢先进行主要问题的谈论。在谈判手法上，他们通常采用以下两种：①是横向谈判，先勾勒出谈判协议的框架，在原则上的协议达成后，再对具体谈判内容进行细致交谈；②纵向谈判，依照双方条款的顺序进行协商，从而达成整个协议。在进行谈判时，韩国人会依照谈判对象采取不同策略，如调虎离山、出其不意等，以争取更多的个人利益。即使处于相对弱势的地位，他们也会以屈求伸，果断让步谋取其他利益。在合同的签订上，韩国人倾向于使用三种具备法律效力的语言，即朝鲜语、对方国家的语言以及英语。

（3）韩国商人重视在会谈初始阶段创造友好的谈判气氛。

在第一次与谈判对手进行见面时，韩国商人会将自己的职务以及姓名等介绍给对方。就座以后，韩国商人会通过选取对手喜爱饮料的办法来，表示对对手的了解以及尊重。

（4）韩国商人很注重谈判礼仪。

对谈判地点的拟定，可以充分体现韩国商人的这一特点。他们一般喜欢在有名气的酒店、饭店会晤洽谈。如果由韩国商人选择谈判地点，他们定会准时到达，以尽地主之谊。如果由对方选择谈判地点，他们则会推迟一点到达。进入谈判地点时，地位最高的会走在队伍的最前面，这个人一般具有决策权。

（四）其他地区的谈判风格探究

1．大洋洲地区的谈判风格

大洋洲包括澳大利亚、新西兰、斐济、巴布亚新几内亚等 20 多个国家和地区。澳大利亚和新西兰是两个较发达的国家，居民有 70％以上是欧洲各国移民后裔，其中以英国和法国最多。多数国家通用英语。经济上以农业、矿业为主，盛产小麦、椰子、甘蔗、菠萝、羊毛，以及铅、锌、锰等多种矿物。主要贸易对象是美、日和欧洲一些国家。出口商品以农、畜、矿产品为主，进口商品主要是机械、汽车、纺织品和化工品等。

澳大利亚商人的谈判风格具体如下。

（1）澳大利亚商人在谈判中重视办事效率。他们会使具有决策权的人员参与谈判中，以提升谈判效率，避免不必要的时间消耗。在进行货物采购时，他们通常会使用招标的形式，并且以最低报价达成交易，基本上不会给对方机会讨价还价。

（2）澳大利亚商人待人随和，乐于接受款待，重信誉。通常情况下，澳大利亚的商人都会接受他人的款待，但是，他们却并不认为生意与款待是一项活动并且有所关联。在签订合同时，他们表现得十分谨慎，但是当合同签订成功后，他们一般不会毁约。澳大利亚商人十分看重信用，且具有极重的成见，面对谈判对方的不当言辞，他们会产生激烈的心理反应。因此，第一印象十分重要。

（3）澳大利亚商人比较守时。澳大利亚的员工一般都很遵守工作时间，不迟到早退，也不愿多加班。参加商务谈判时也一样。经理阶层的责任感很强，对工作很热心。

（4）澳大利亚商人比较注重商品的完美性。澳大利亚商人以进口关税控制外来商品的竞争，所以，对于他们本国商品来说，很难在质量上有所提升，而质量相对较高的进口产品在澳大利亚也并不受人重视。

（5）新西兰商人在商务活动中重视信誉，责任心很强。新西兰是一个农业国，工业产品大部分需要进口。其国民福利待遇相当高，大部分人都过着富裕的生活。

新西兰商人重视信誉，责任心很强，加上经常进口货物，多与外商打交道，所以他们都精于谈判，很难应付。

2．非洲地区

非洲是面积仅次于亚洲的世界第二大洲，绝大多数国家属于发展中国家，经济贸易不发达。按地理习惯，非洲可分为北非、东非、西非、中非和南非五个部分。不同地区、不同国家的人民在种族、历史、文化等方面的差异极大，因而在国情、生活、风俗、思想等方面也各具特色。

（1）非洲人的工作效率较低，时间观念极差。非洲各部族内部的生活具有浓厚的大家庭色彩。他们在谈判中准时到达的可能性很低，即使准时抵达，他们也不会立刻就正事进行谈论。对此，其他国家的谈判人员只能忍耐。

（2）非洲人的权力意识很强。每个拥有权力的人，哪怕是极小的权力，都会利用它索取财物。因此，去非洲做生意，应当注意用长远的利益规划，做适当让步的方法取得各环节有关人员的信任和友谊，才可能使交易进展顺利。

（3）非洲人的业务素质较低。在非洲，有些从事商务谈判的人员对业务并不熟悉。因此，与他们洽谈时，应把所有问题乃至所有问题的所有细节都以书面确认，以免日后产生误解或发生纠纷。

（4）南非商人讲究信誉，付款守时。在非洲诸国中，南非的经济实力最强，黄金和钻石的生产流通是其经济的最大支柱。南非商人具有极强的商业意识，在谈判中重视信誉且极为守时。在一般情况下，他们会直接让对谈判具有决策权的人参与谈判，从而减少谈判时间的浪费。

■ 三、中西方商务谈判风格比较

（一）原则与细节的处理

中国人喜欢在处理细节问题之前先就双方关心的一般原则取得一致意见，把具体问题安排到以后的谈判中去解决，即"先谈原则，后谈细节"。西方人往往是"先谈细节，避免讨论原则"。西方人认为，细节是问题的本质，细节不清楚，问题实际上就没有得到解决，而原则只不过是一些仪式性声明而已。所以，他们比较愿意在细节上多动脑筋，对于原则性的讨论比较松懈。这种差异常常导致中西方交流中的困难。例如，美国一些外交官曾感受到中国人所具有的谈判作风对西方人的制约。[①]

---

① 刘铭. 中西方商务谈判中礼仪的差别表现和应对策略［J］. 长江丛刊，2018（8）：70.

中国人重视"先谈原则，再谈细节"的原因包括：①先谈原则可确立细节谈判的基调，使它成为控制谈判范围的框架；②可以利用先就一般原则交换意见的机会估计和试探对方，看看对方可能有哪些弱点，创造出一些有利于自己的机会；③先谈原则可以很快地把原则性协议转变为目标性协议；④先谈原则可以赢得逻辑上或道德上的优势；⑤通常，原则问题的讨论可以在与对方上层人物的谈判中确立下来，从而既避免了与实质性谈判中的下层人员可能的摩擦，又能在一定程度上控制他们的举动。

先谈原则的谈判作风虽然有对于具体细节谈判的某种制约作用，但是在协议的执行过程中，如果对方对于自己的违约持有坚定态度，对中国的批评不理，那么这种手法就不会特别有效。

（二）集体与个人的权力

西方人比较强调集体的权力、个体的责任，是一种"分权"。中国人比较强调集体的责任、个体的权力，是一种"集权"。这种差异导致谈判场合出现这样两种现象：西方人表面看来是一两个人出场，但是他们身后却往往有一个高效而灵活的智囊群体或决策机构，决策机构赋予谈判者个体以相应的权限，智囊群体辅助其应对谈判中的复杂问题；中方则是众人谈判，一人决定。因此，在谈判中，应当科学而恰当地处理好集体与个人、集权与分权之间的关系，以在与西方人的谈判中始终处于较为主动的地位。

（三）立场与利益

1．中国人注重立场

在立场上投入的注意力越多，越不会注意如何调和双方利益。任何达成的协议，都只是机械式地消除双方在最后立场上的分歧，而不是精心制定出符合双方合法利益的解决方案。立场争执往往会使谈判陷入僵局，导致彼此的对立。同时，谈判者在立场上争执时，会使自己更加陷入该立场中。越澄清立场，越抵抗别人对它做的攻击，就越会执着于它；越设法叫别人相信不会改变立场，就越难做到这一点。于是，自我与立场便混为一体。立场争执往往会使谈判陷入僵局，导致彼此的尖锐对立。

2．西方人注重利益

西方人对利益看得比立场更为重要。对于商务谈判人员，评价其工作绩效的标准是看其谈判成果。西方的谈判者重效果而轻动机，他们对立场问题往往表现出极大的灵活性，在谈判中努力追逐利益。他们对待事物的态度，取决于是否能为自己带来好处，是否会损害自己的利益。

第四章　跨文化交际中的商务礼仪

第一节　商务礼仪概述

■ 一、礼仪概述

礼仪在人们生活和工作中的作用同样重要。不管是人际交往、社会交往，还是旅游、服务业等行业的接待服务工作，都必须认真遵守礼仪规范。讲文明、懂礼貌、尊重他人、服务社会已成为人们的共识。和谐的人际关系是人际交往的桥梁，是一个人立足社会、成就事业、获得美好人生的基础。每一个现代人都应该注重培养自身的文明修养，讲究礼仪。

（一）礼仪的含义

人类在不同历史时期有不同的行为规范，礼仪的内涵也随着时代的发展而变化着。

1. 礼的含义

"礼"本义是举行仪礼、祭神求福。随着人类文明的发展，"礼"也指尊敬的态度和动作，逐渐被引申为表达对他人的尊重与敬爱之意。后来"礼"字的含义越来越多。

到了周朝，为了更好地调整人与人之间的关系，把"礼"与"德"相结合。等级制度出现之后，"礼"成了区分贵贱、尊卑、顺逆、贤愚的人际交往准则，位于其他社会观念之上。正如孔子所说，"人无礼则不生，事无礼则不成，国无礼则不宁"。这三个"礼"各有各的含义。用现代的语言来说，第一个"礼"字指的是生活交往中的行为规范；第二个"礼"字指的是规矩、规则；第三个"礼"字指的是政治法律制度。由此可见，礼是规定社会行为的法则、规范、仪式的总称。

2. 仪的含义

"仪"是"礼"的形式。"仪"也有三层意思：一是指容貌和外表；二是指仪式和礼节；三是指准则和法度。

3．礼仪的含义

"礼仪"一词最早见于《诗经》和《礼记》。礼仪表示礼节和仪式。中国古代的"礼仪"从本质上更偏重政治体制上的道德教化。现代社会"礼仪"一词有了更加广泛的含义，其内容包括行礼仪式、礼节仪式、风俗规定的仪式、行为规范、交往程序、礼宾次序、道德规范，等等。

英语"礼仪"一词是由法语"Etiquette"演变而来的，原意为法庭上用的一种通行证。这种通行证上面记载着人们进入法庭应遵守的注意事项，后来被引用到其他公共场合，成为大家都愿意共同遵守的礼仪。在西方，"礼仪"有三种含义：一是指谦恭有礼的言谈举止；二是指教养和规矩，也就是礼节；三是指仪式、典礼、习俗等。

综上所述，礼仪是人们在各种社会交往中，为了互相尊重而约定俗成、共同认可的行为规范和程序，它是礼节和仪式的总称。广义来讲，礼仪泛指人们在社会交往中的行为规范和交际艺术，是礼貌、礼节、仪表、仪式等的总称。狭义来讲，礼仪一般是指在较大的正式场合，为表示敬意、尊重、重视等所举行的符合社交规范和道德规范的仪式。

遵守礼仪在思想上体现为对交往对象有尊敬之意；在外表上体现为注重仪容、仪态、风度和服饰；在谈吐举止上体现为懂得礼仪规矩；在一些正式的礼仪场合体现为遵循一定典礼程序等。

（二）礼仪的内容

随着时代的变迁和社会的进步，人们也在不断提升自身的文明程度。跟随文明的步伐，礼仪不仅继承了我国古代礼仪的优良传统，还不断推陈出新，使得内容更加完善、合理。通常，礼仪包括以下内容。

1．仪表

所谓仪表，即包括仪容、服饰等在内的人的外表。人们的仪表在生活中至关重要，它能够更好地反映一个人的精神状态和礼仪素养，是人们交往中的"第一形象"。毕竟，只有少数人拥有美丽的外表，但人们可以通过化妆、发型、着装、配饰等手段，对自身在容貌、形体等方面的不足进行弥补和掩盖，依照规范与个人条件，对仪容施行必要的修饰，扬其长，避其短，设计、塑造出美好的个人形象。

2．礼貌

所谓礼貌，即人们在人际交往中的言谈举止。一般包括口头语言、书面语言、态度以及行为举止的礼貌。礼貌的具体要求是：热情友好，尊重他人；举止有礼，待人大方；办事稳重，诚实可靠。

礼貌不仅简单、直接地体现了人的道德品质修养，也是人类文明行为最基本的要求。当我们与他人交往时，应面带微笑，恰当地使用礼貌用语，对他人态度和蔼、举止适度、彬彬有礼、尊重他人，同时又要准确地把握好交往的分寸。

3．礼节

所谓礼节，即人们在日常生活中，尤其是在交际场合中，相互问候、慰问等惯用的形式。礼节体现了一个人的礼貌，具有形式化的特点，指的是日常生活中的礼貌行为，如人们在日常生活中经常使用的微笑、尊称、问候等。礼节是社会外在文明的组成部分，它不仅能反映一定的道德原则内容，还能反映对人对己的尊重，在一定程度上外化了人们的心灵美。

当今世界具有多元化的特征，由于生存环境的不同，不同国家、不同民族、不同地区的人们也都具有不同的价值观、世界观和风俗习惯，他们的礼节也都各不相同，人们只有了解各种不同的礼节，才能避免在工作和社交活动中出现错误。

4．仪式

所谓仪式，即一种正式的礼节形式，是为了表示礼貌和尊重，在较隆重的场合举行的活动。在社会交往或开展各项活动的过程中，人们往往要举办各种各样的仪式，从而能够表明对某人或某事的重视等。仪式是礼仪的具体表现形式，如成人仪式、结婚仪式、开业仪式、闭幕仪式、捐赠仪式等。

5．礼俗

所谓礼俗，也就是民俗礼仪，指的是各种风俗习惯，是礼仪的一种特殊形式。人们在生活、生产、社会交际等活动中所遵循的社会规则和道德规范，需要一定的礼节和形式来表现，这些礼节和形式通过不断的传播，逐渐被人们认可并遵循实行的社会风俗，就形成礼俗。

（三）礼仪的特性

现代礼仪是在漫长的社会实践中逐步演化、形成和发展而成的，具有以下 5 种特性。

1．文明性

文明是人类进步的标志，从古至今，人类一直在追求文明的进步，而礼仪正是人类文明的标志。人与人之间的相互尊重是文明的重要组成部分，不仅要尊重自己，更要尊重别人。它约束着人们的行为，也使人们能够更加地尊重行为准则。

2．规范性

礼仪的规范性是指长期以来逐渐形成的一种被大多数社会成员认可并必须遵守的行为规范，是人们评价善、恶、美、丑的习惯性标准，具有约定俗成的属性。任何人想要在交际场合表现得体，都必须自觉遵守固有的礼仪。因此，规范性是礼仪一个极为重要的特性。

3．差异性

礼仪的差异性指的是礼仪的民族性和地域性。各民族的文化传统的差异性导致礼仪规范的差异性。差异性主要表现在两个方面：①表现形式具有差异性，表示同样意义的礼仪在不同民族、不同地区，就可能有不同的表现形式；②同一礼仪形式表现在不同民族、不同地域有着不同的意义。因此，了解礼仪的差异性是学习礼仪时不可忽略的方面。

4．延续性

由于礼仪是人类在长期共同生活中形成和确认的，是维护正常社会秩序的经验结晶，必然会世代相传。任何国家的礼仪都具有明显的民族特色，古代的国家礼仪发展为今天的国家礼仪。对于传承的古代礼仪，人们要以辩证的眼光去看待，要继承好的、有用的内容，抛弃不好的、与当今价值观违背的内容。

5．发展性

礼仪的特点是随着社会的进步、发展而改变，当科学技术和文明程度不断提高，使人们的价值观念也随之发生变化，礼仪也应该随之改变。当人们的价值观念发生变化时，对同一事物的理解也在发生变化，而且会出现新的事物、观点。因此，发展性也是礼仪一个不可忽略的特性，礼仪必须与时俱进，这样才能与现代社会相适应。

（四）礼仪的意义

当前礼仪之所以被广泛提倡，受到社会各界的普遍重视，主要是它具有重要的意义，既有助于提高个人修养，也有助于社会文明进步，具体体现在以下4方面。

1．礼仪可以提高审美与文化艺术修养

礼仪与审美、礼仪与文化艺术素养之间有着内在而直接的联系。礼仪修养即以礼仪的各项具体规定作为标准，努力克服自身不良的行为习惯，不断完善自我。通过礼仪修养，可以塑造美的心灵，体现美的情操，培养美的仪表。因此，讲礼仪有助于提高审美和培养良好的文化艺术修养。

2．礼仪有利于道德修养的提高

良好的礼仪不仅能够体现交际能力和随机应变的能力，还能够体现出其所具有的社会经验、道德水平、精神面貌、气度涵养等内容。所以，礼仪在一定程度上等于一个人的教养，一个人受到良好的教养就会有良好的礼仪，由此才会有高尚的道德情操和良好的精神面貌。一个人如果能够根据不同的场合运用不同的礼仪，则能够反映出这个人具有较高的教养和道德水平。综上所述，人们要认真学习礼仪，合理运用礼仪，这样可以提高个人的道德水平，有利于社会的文明的进步。

3．礼仪有利于提高沟通交流能力

在社会活动中，与别人沟通交流是不可避免的，任何社交活动的开展都离不开礼仪。礼仪能够规范人们的社交语言和行为，运用礼仪能够表达自己的情感，比如对长辈的尊重、对朋友的关心、对晚辈的关爱等，礼仪也能够使人们在社交活动中建立自信。如果人人都学会并运用礼仪，在社会活动中就会相互尊重、以礼待人，营造出和谐、向善的社会氛围。

4．礼仪有利于人们树立良好的形象和建立和谐的社会关系

礼仪对人们的仪容、言谈举止、服装等方面都有明确的要求。在认真学习礼仪后，人们会严格要求个人形象，将自己的最好的一面展现出来。

二、中国文明礼仪的研究

礼仪其实是各民族文化中最具特征也最具价值的部分。作为礼仪之邦，文明之始，中国的文明礼仪不仅为中华民族的发展打下坚实的理念基础，也为世界文明的构建做出突出贡献。

（一）传统礼仪的发展

作为一种文化现象，礼仪最早产生于人与人的交往中。在原始社会时期，人们在共同采集、狩猎、饮食生活中所形成的习惯性语言、动作，是礼仪的最初萌芽。

在我国，礼的制定可上溯到周代，周代的礼有许多方面是后代礼的渊源。孔子选取了必须学习的礼制17篇，编辑成《礼》，也就是流传至今的礼仪。战国后期的荀子在《荀子·修身》一书中记载道："人无礼而不生，事无礼则不成，国无礼则不宁。"他认为，礼是一种实践可行的东西，是人类，理智的历史产物，是社会用来维护政治秩序和规范人伦的客观需要。对"礼"的认识和实行程度，是衡量贤惠与高低贵贱的尺度。由于社会生产力的发展，原始社会逐步解体，为维护统治者的统治，周代的礼学家将原始的礼仪发展成为符合社会政治需要的礼制，并专门制定一整套礼的形式和制度。周代出现的《周礼》《仪礼》《礼记》就反映了周代的礼仪制度，这也是被后世称道的"礼学三著作"。"三礼"的出现标志着周礼已达到系统、完备的程度，礼仪逐渐开始全面制约人们的行为。

在宋代，传统礼仪被推向一个新的高峰，"家礼"的兴盛是宋代礼仪的一大特点。道德和行为规范是这一时期礼教强调的中心，"三从四德"成为这一时期妇女的道德

礼仪标准。明、清时期延续了宋代以来的传统礼仪，并有所发展，家庭礼制更进一步严明，将人的行为限制到"非礼勿视，非礼勿听，非礼勿言，非礼勿动"的范畴，从而使传统礼仪更加严格。

（二）现代礼仪的发展与特征

1. 现代礼仪的发展

目前，我国对重大活动、重要事件的仪式、程序及出席人士的安排等都做出具体规定，日常的行政、经济、文化活动中的各种公务礼仪、礼节也在不断完善。随着社会活动的发展及文明程度的提高，新的礼仪形式不断出现，并逐渐被人们广泛接受。在改革的大潮中，对外经济文化交流不断加强，同时得以将世界各民族的礼仪礼节风俗融进来，使文明古国的传统礼仪文化不断发展。

2. 现代礼仪的特征

现代礼仪的特征主要有以下两点。

（1）传承性。

礼仪是人类在长期社会活动中，经过不断发展和演变形成的行为规范，这种行为规范是一代代人经过发展而传承下来的。在发展过程中，随着社会的进步、科学技术水平的发展，礼仪中不符合价值观念的内容被抛弃，而有利于社会发展、促进人类进步的内容被传承。

（2）地域性。

不同的国家、民族、地区的礼仪各不相同，也是礼仪所具有的重要特征。不同地区的不同群体具有不同的礼仪，同一地区的不同群体也会有不同的礼仪，造成这一现象的缘由是历史和地理文化的差异。

■ 三、西方文明礼仪的研究

西方的文明礼仪是世界文明的重要组成部分，特别是在近现代社会的发展中一度成为主导的标准和取向。如今，在国际化高速发展的进程中，无论是走出去，还是引进来，都需要对西方礼仪有一定的认知，不仅仅是了解外在的原则、要求，更重要的是要了解形成这一礼仪体系的内在逻辑性，从而加强和国际社会的交流与融合。

（一）西方礼仪的起源

在西方，礼仪一词最早见于法语的 Etiquette，原意为"法庭上的通行证"。但进入英文后，就有了礼仪的含义，意即"人际交往的通行证"。西方的文明史，同样在很大程度上表现为人类对礼仪的追求及其演进的历史。人类为了维持与发展血缘亲情以外的各种人际关系，避免争斗，逐步形成各种与争斗有关的动态礼仪。例如，为了让对方感觉到自己没有恶意而创造举手礼，后来演进为握手。为了表示自己的友好与尊重，愿在对方面前"丢盔卸甲"，于是创造脱帽礼等。

古希腊的相关书籍中记载着很多先哲对礼仪的论述。礼仪在中世纪的发展最为繁荣。文艺复兴之后，欧美等地区和国家的礼仪又有了新发展，起初，是因为上层社会对礼仪要求很高，具有复杂的礼仪程序，主要强调举止的优雅。如今，礼仪体现了人人平等、相互尊重的社会关系。

礼仪并未随着社会的发展和科技进步而衰落，而是进一步地发展起来。例如，在国际上，国家间缔造共同遵守的合约，会有符合国家价值观的礼制，社会上有约束人民的风俗习惯和道德规范，行业之间有行业规范。在有些国家中，人民必须遵守礼仪，如果违反礼仪制度会受到处罚，有的行业在入职前会对员工进行行业礼仪培训，通过之后才能上岗。

（二）西方礼仪的特征

西方礼仪的特征主要有以下四点。

1．尊重女性

女士优先是社交场合的基本原则。为尊重妇女，遵守女士优先的原则。在交际活动中，总是给妇女种种关爱，关爱妇女、帮助妇女、保护妇女。在西方社会，不尊重妇女是十分失礼的，甚至会被大家斥为缺乏教养而激起公愤。女士优先原则已经成为国际社交场合的礼俗。

2．平等、自由、开放

西方礼仪强调"自由、平等、博爱"，在交往中提倡人人平等，包括男女平等、尊重老人、爱护儿童。对儿童不溺爱、不放纵，讲平等、要尊重。在交往中，西方人士一般思想活跃、兴趣广泛、幽默风趣、开放自然，敢于发表自己的意见，富于竞争精神，具有外向型倾向。

3．简易务实

西方礼仪强调简易务实，认为在交往过程中，既要讲究礼貌，表示对对方的尊敬，又要简洁便利，不讲究繁文缛节和造作。交往中，不提倡过分的客套，不欢迎过度谦虚、自贬，尤其反对造假、自轻、自贱。另外，西方礼仪也在一定的程度上反映出西方人士的感情的流露、富于创新和在交往中注意效率的精神，具有很强的现实性。

4．强调个人为本，个人至上

个人在法律允许的范围内拥有高度的自由，因此在社会交往中，强调以个人为单位，个人为对象，将个人的尊严看作是神圣不可侵犯的，会时刻注意维护个人的自尊。

（三）现代礼仪的原则

1. 自律原则

自律原则即交流双方在要求对方尊重自己前，首先应当检查自己的行为是否符合礼仪规范要求。礼仪宛如一面镜子，对照着它，就可以发现自己的品质是真诚、高尚还是丑陋、粗俗。真正领悟礼仪、运用礼仪，关键还要看个人的自律能力。在社交场上，礼仪行为总是表现为双方的，在给对方施礼时，对方自然也会相应地还礼，这种礼仪施行必须讲究平等的原则。平等是人与人交往时建立情感的基础，是保持良好人际关系的诀窍。在交往中，不骄狂，不我行我素，不自以为是，不厚此薄彼，更不傲视一切、目空无人，不以貌取人或以职业、地位、权势压人，而是处处时时平等谦虚待人，唯有此，才能广结人缘。

2. 尊重原则

尊重原则就是人们在沟通交流过程中，将尊重视为其他活动的前提，在尊重对方的同时，也要自尊、自爱。人际交往的过程中，要保持真诚与尊重，二者相得益彰，对人真诚是尊重他人的表现，相互尊重才能营造良好的交流氛围，促进人们的沟通与交流，建立良好的人际关系。

然而，在社交场合中，真诚和尊重也会存在许多误区，一种是在社交场合一味呈现自己的所有真诚，甚至不管对象如何；另一种是不管对方是否能接受，凡是自己不赞同或不喜欢的一味排斥甚至攻击。因此在社交中，必须注意真诚和尊重的一些具体表现：在倾诉心事时，有必要了解一下对方是否是自己能道出肺腑之言的知音。另外，如果对对方的观点不赞同，也不必针锋相对地给予批评，更不能嘲笑或攻击，可以委婉地提出或适度有所表示或干脆避开此问题。给人留有余地也是一种尊重他人的表现。在谈判桌上，尽管对方是自己的竞争对手，但也应彬彬有礼，显示自己尊重他人的大将风度，这既是礼貌的表现，同时也可在心理上占据主动。因此，要表现真诚和尊重，要牢记三点：给他人充分表现的机会；对他人表现出最大的热情；永远给对方留有余地。

3. 适度原则

适度原则是人们在人际交往过程中要把握好分寸和尺度，不管是身处什么场合还是面对什么人，都要做到彬彬有礼、举止得体、有礼有节，人们要根据具体场合和情境运用与其相适应的礼仪。

▌四、商务礼仪概述

（一）商务礼仪的含义

商务礼仪是在商务活动中，商务人员为了维护企业形象或个人形象，表现出对交往对象尊重和友好的行为规范和惯例。

在商务活动中，为了体现相互尊重，商务人员需要调整自己的行为规范，这包含商务活动的方方面面，如仪表礼仪、言谈举止、书信来往和电话沟通。按商务活动的场合又可以将商务活动分为办公礼仪、宴会礼仪、迎宾礼仪等。它是一般礼仪在商务活动中的运用和体现。在现代社会中，商务礼仪已成为商务活动必不可少的交流工具，与商务组织的经济效益密切相关；商务礼仪也是商务人员交际的"金钥匙"，是商务活动的通行证，并进而影响商务活动的成功与否。

商务礼仪是人们在商务活动中应遵循的礼节，是礼仪在商务领域中的具体运用和体现，实际上就是在商务活动中对人的仪容仪表和言谈举止的一种普遍要求。

商务礼仪包括商务礼节和商务仪式两方面的内容。

商务礼节——人们在商务交往活动中，为表示对交往对象的尊重而采取的规范形式，如迎送礼、接待礼等。

商务仪式——按程序进行的商务活动形式，如商业庆典仪式、开幕仪式等。

（二）商务礼仪的特点

1．普遍性

当今，各种商务活动已渗透社会的每个角落，可以说，只要有人类生活的地方，就存在各种各样的商务活动。商务礼仪是人们在商务活动中必须遵守的行为规范，全体社会成员都离不开一定的礼仪规范的制约。人们在工作、学习和生活中，大部分的礼仪都不以人的意志为转移，它的普遍性很强，每时每刻都在对人们的行为规范进行约束，反映了人们对真善美的追求。

2．信誉性

商务活动涉及商务交往双方的利益，因此，诚实守信是非常重要的。首先以诚待人，是获取信任、取信于人的最好办法。其次"言必行，行必果"既是对自身的肯定，也是对他人的尊重。失信于人既是失礼的行为，也会导致失利的结果。孔子说："民无信不立。"商务人员应从遵守商务礼仪来展现诚信的态度，为商务合作的成功提供通行证。

3．效益性

商务礼仪是一种社会行为，在商务交往中，得体的礼仪有助于树立企业的良好形象，协调交往双方的关系，促进合作的顺利进行，从而产生经济效益。而悖礼、失礼会导致商务交往的失败、客户的流失乃至商务活动的中断，给企业带来经济损失。可见，商务礼仪具有一定的效益性。

4．发展性

时代在发展，商务礼仪文化也在随着社会的进步而不断发展。例如，以往人们一般采用纸质媒介、电报等传递各种商务信息，而今，人们常用电子邮件、网络、传真、电话等现代信息手段进行商务信息的传递。在全球经济一体化的发展势头下，我国的传统商务礼仪必然要引进世界各国较先进的商务元素，与国际社会的商务礼仪接轨，发展形成一套既富有中国传统特色，又符合国际惯例的商务礼仪规范。

（三）商务礼仪的作用

在商务活动中，遵循一定的礼仪，不仅有利于营造良好的交易氛围，促成相互的合作与交易的成功，而且能体现个人与组织的良好素质，有助于树立与巩固企业的良好形象。所以，了解和运用商务活动中的规范礼仪，已经成了企业竞争取胜的重要法宝。

1．商务礼仪能够塑造良好的企业形象

"不学礼，无以立。"礼仪帮助塑造良好形象、提升修养，是为人立世之本。现代市场竞争除了产品竞争外，还有形象竞争，塑造良好的个人形象和企业形象是现代商务礼仪的重要职能。

个人形象对商务人员十分重要，它体现着每个人的精神风貌与工作态度。商务人员必须懂得商务交往中应遵守的礼仪规范，注重个人的礼仪修养，才能树立良好的个人形象。

注重商务礼仪，有助于塑造和维护企业的形象。企业中的商务人员，在与他人接触时，其得体的言行举止，有利于塑造企业的形象。商务人员是企业的代表，其良好的个人形象，也代表着企业的形象，会给企业带来有形和无形的财富。一个企业具有良好的企业形象，有利于提高企业的知名度，赢得客户的信赖。

2．商务礼仪具有较强的沟通协调作用

礼仪是个人和企业进入社会的名片，是通向成功之路的通行证。礼仪既是形象，也是纽带，更是沟通与协调的手段。在商务交往中，由于人们的立场、观点的不同对同一问题会产生不同的理解和看法，如果不能沟通，不仅交往的目的不能达到，还可能产生误解与隔阂，进而影响商务活动的有效开展。

商务沟通是一种双向交往活动，交往的成功与否，首先要看是否能够沟通。沟通的原则要求人们在与人交往中，既要了解交往对象，又要被交往对象所了解，才能实现有效的沟通。而在商务交往中，交往对象的文化背景、思想、情感、观点和态度都不同，这就会使交往双方的沟通有时变得困难。若双方不能沟通，不仅交往的目的不能实现，有时还会产生误会，给企业带来负面影响。通过对商务礼仪的学习，可以消除差异，使双方互相了解、沟通情感，使商务活动能顺利进行。

3. 商务礼仪具有良好的传递信息的作用

一般而言，公民的公共文明水平在很大程度上象征着社会和国家的文明程度。一个员工的文明水平也就折射出一个企业的文化。每一个人的礼仪行为均可以传递一种甚至多种信息。根据礼仪表现的方式，可以把礼仪分成三种类型：仪容仪表礼仪；语言规范礼仪；行为举止礼仪。优雅、得体的礼仪展示的是内心世界的礼仪修养；合乎规范的语言表达可以通过口头或书面语言的方式来传达某种礼节，如一声问候传递友好与关心，一句责备传递厌恶与反对的信息；行为举止礼仪是指通过人的身体语言来传情达意的一种礼仪行为，一个手势、一个表情都是可以给商务伙伴传递信息的行为。

4. 商务礼仪可提高社会效益和经济效益

礼仪是生产力，它所能带来的社会效益和经济效益是不可估量的。在商务交往中，正确使用商务礼仪，可以促使商务活动的顺利进行，促进双方业务合作，给企业树立良好声誉，从而帮助企业建立广泛的合作关系，提高企业的经济效益和社会效益。

（四）商务礼仪的应用

1. 商务礼仪中的"3T"

（1）机智（Tact）。

机智主要体现在以下三个方面：一是"愉快"，即在待人接物时尽量欣赏、赞美别人的优点，处于如此愉快的环境中，生意自然会好做得多；二是"灵敏"，即在商务活动中对待不同的人应机敏，懂得察言观色；三是"迅速"，即在经济社会中追求效率，所以迅速也是礼貌的重要表现。现代商场上应该"说话抓重点，行动快而敏捷"。

（2）时间的选择（Timing）。

这里的时间的选择不只代表时间一个意思，具体有三种意思，分别为时间、场合和角色扮演。

（3）宽恕（Tolerance）。

这里的宽恕是指宽恕、包容别人。这是礼仪守则中最难做到的一点。在商务活动中要做到"将心比心"，多想别人的优点。

2．商务礼仪的原则

在商务场合中，要做到正确运用商务礼仪，发挥礼仪的沟通协调功能，建立良好的商务合作关系，应该遵循以下四项原则。

（1）真诚尊重原则。

真诚是对人对事的一种实事求是的态度，是待人真心实意的友好表现。在商务活动中，诚心诚意、以诚待人，这样才易于为他人所接受。逢场作戏、言行不一、口是心非，迟早会被揭穿和败露，不利于商务合作关系的发展。尊重他人是获得成功的重要保证，也是商务礼仪的核心。尊重他人，要求将对他人的尊敬与重视放在首位，切勿伤害对方的自尊心。

（2）平等适度原则。

平等不仅是人与人之间情感建立的基础，也是保持良好人际关系的关键。我们应该遵循平等的原则，不应该骄傲自大、自私自利、自以为是、专横跋扈、以貌取人，而应该始终平等、谦虚待人。

适度原则是指在商务交往中应把握礼仪分寸，根据具体情况、具体情境而行使相应的礼仪。如在与人交往时，既要彬彬有礼，又不能低三下四；既要热情大方，又不能轻浮；要自尊却不能自负，要坦诚但不能粗鲁，要信人但不能轻信，要谦虚又不能拘谨；要老练稳重，但又不能圆滑世故。

（3）自信自律原则。

自信是商务交往中一项重要的原则，一个人唯有对自己充满信心，才能如鱼得水、得心应手。自信是商务活动中一份很可贵的心理素质，一个有信心的人，才能在交往中不卑不亢、落落大方，取得商务合作的成功。一个缺乏自信的人，就会处处碰壁，处处不顺。但自信不能自负，自以为是，一贯自信的人，往往会走向自负的极端。运用自律原则可以正确处理自信与自负的关系。自律就是要克己，慎重。在商务交往中，要树立一种内心的道德信念和行为修养准则，从而对自己的行为进行约束，严于律己。

（4）信用、宽容原则。

信用即讲究信誉的原则，守信是中华民族的传统美德。在商务活动中，尤其要讲究信用，守时、守约，做到"言必行，行必果"。宽容的原则即与人为善的原则，是容许别人有行动和判断的自由，能够容忍那些与自己和传统观点不同的见解。

在商务交往中，宽容是创造良好商务关系的法宝，宽容他人，理解他人，体谅他人，站在对方的立场去考虑一切，是顺利完成商务工作的良方。

3．提高商务礼仪修养的途径

（1）加强道德修养。

礼仪作为一种修养，是在多层次的道德规范体系中最基本的行为规范之一，属于社会公德的内容。礼仪与道德相辅相成、互相补充。道德是礼仪的基础，礼仪是道德的表现形式。举止大方、温文尔雅、彬彬有礼，是基于良好的道德修养，道德修养可以有效地调节和控制人的行为，美好情操在一定程度上是文明习惯的修饰和流露。有德才会有礼，无德必定无礼。因此，修礼宜先修德。

（2）自觉学习礼仪。

作为一名商务人员，要想讲究商务礼仪，就要先学习好礼仪的基本知识。从理论上掌握在不同场合、面对不同交往对象，应该运用哪些礼仪。只有掌握了礼仪的基本知识，才能够更准确地遵守商务礼仪。

（3）注重践行礼仪。

讲究商务礼仪，必须积极运用礼仪，做到知行统一。在实践中，一是养成习惯。俗话说："习惯成自然。"习惯一旦形成，就会成为无意识的行为。从点滴做起，持之以恒，不断积累、升华，并抑制和纠正不良的习惯，将学习、运用礼仪真正变为自觉行为和习惯做法；二是注意细节。所谓"教养体现细节，细节展示素质"；三是坚持不懈。修身养性在于日积月累。

第二节　商务礼仪的基本原理

▌一、商务礼仪的特性

时代在前进，岁月在变迁，社会在进步，文明在演变。步入现代社会，商务礼仪的基本特性主要表现在以下四个方面。

（一）规范性

规范性是指人们在待人接物时必须遵守一定的行为规范。这种规范性不仅约束着人们在一切商务场合的言谈话语、行为举止，也是人们在一切商务场合必须采用的一种"通用语言"，是衡量他人、判断自己是否自律、敬人的一种尺度。

（二）多样性

从人类有商务礼仪迄今，从语言礼仪到举止礼仪，从仪式礼仪到消费礼仪，从服饰礼仪到仪表礼仪，凡此种种，不可胜数，而且礼仪的内涵与表达方式，也因不同的国家地区、不同的文化背景和不同的场合而有所不同。以商务场合的见面礼仪为例，就有握手礼、点头礼、亲吻礼、鞠躬礼、合十礼、拱手礼、脱帽礼和问候礼等不下数十种。不仅如此，有些礼仪所表达的内容，在不同国家、地区则大相径庭或全然相反，甚至在一个国家的不同地区也有不同的含义。

（三）变化性

世界上任何一项事物都有其产生、形成、发展和演变的过程，商务礼仪也是如此，有自己产生、发展的轨迹与内容。但商务礼仪并不是僵化不变的，而是随着社会发展和商务活动的需要不断发展变化的。特别是进入信息化的 21 世纪，商务往来的沟通交流不再局限于传统方式。电子、网络等新科技的广泛使用，使之成为商务人士问候、处理业务的主要方式，与之相应的电子科技礼仪也应运而生，并且在商务礼仪中占据重要的地位。

（四）共通性

尽管商务礼仪有上述特异性，但从商务活动自身的规律和共通性来看，商务礼仪有其共同遵循的规范与准则。例如使用谢谢、对不起、再见等礼貌用语，各种庆典仪式、签字仪式的流程等。正是这种共通性，才使国家之间、民族之间、地区之间的商务往来有了通行的基础和条件。

■ 二、商务礼仪的准则

在具体遵行商务礼仪时，一般应掌握以下三项基本准则。

（一）严以律己、待人宽容

"严以律己、待人宽容"是中华传统文化特别强调的一种美德，这种传统同样适用于商务环境。律己以严则身正，待人以宽则彼悦，身正、彼悦则会有更多的商业客户，才能实现更高的商业诉求。律己就是严格按照一定的道德标准和社交礼节，规范自己的言行举止，对于自己所犯错误不回避、不迁就。自律还表现在不忽视细节，因为别人往往是从细微处来观察品格。因为有时一个细节，可能就会得到别人的尊重和敬佩。因此，商务交往中，要坚持"宁可让人待己不公，也不可自己非礼待人"的原则。世间不存在不犯错误的人，海纳百川，有容乃大。对于对方的非原则性过失应视为未曾发生；对于原则性问题，要通过合理的方式、方法去处理，才会使商务活动更为融洽。

（二）平等互敬、自尊自爱

每一个人都有友爱和受人尊敬的心理需求，渴望平等地同他人沟通与交往。因此，在与人交往中，既不要盛气凌人，又不能卑躬屈膝。平等原则也适用于商界范围，只有这样才能建立起和谐的人际关系。互敬，包括自尊和敬人两个方面。自尊就是在商务场合自尊、自爱，维护自己的人格。敬人就是不仅要尊敬交往对象的人格、爱好和习俗，还要真心诚意地接受对方，重视并恰到好处地赞美对方，这就是敬人"三 A"理论。

（三）真诚守信、入乡随俗

真诚守信是商务礼仪的基本准则，也是商务活动得以延续的保证。人与人相处时，自己的思想、观点、愿望能否为对方所接受，往往与自身的信用程度成正比。越是真诚守信，对方接受自己的思想、观点、愿望和要求的可能性就越大，建立良好的商务关系就越容易，取得商业成功的概率也就越高。

礼源于俗，礼与俗有密不可分的关系。《礼记•曲礼上》中指出："入竟（境）而问禁，入国而问俗，入门而问讳"皆为尊敬主人之意，这也是商务交往的一个原则。由于地域、民族、文化背景的不同，商务礼仪习俗也有很大的差异。因此，行礼者要入乡随俗，与绝大多数人的礼俗保持一致。掌握这一原则，有助于商务交往的融洽和商务活动的拓展。另外，职场应避免谈论私事，正式场合不要谈论敏感性话题，开业典礼要制造喜气的气氛，这都是约定俗成，不能随意更改的。

■ 三、商务礼仪的作用

现代社会的商务礼仪体现在商务活动的每一个环节中，展现在商务场合的每一个细节中。可以说，商务礼仪无论对社会组织还是个人都发挥着独特的作用。这些作用具体表现在以下方面。

（一）塑造良好形象，展示内在素养

商务礼仪是研究、塑造和维系组织和个人形象的一门学问。拥有一个良好的形象，无论对组织，还是对个人都是一笔无形资产，是无价的财富。在商务交往中，合乎礼仪的言谈举止、行为外貌不仅可以有效地塑造出个人乃至组织的美好形象，而且在与人沟通中，也容易赢得他人的好感和认同。学习运用商务礼仪，无疑有助于更规范地塑造组织和个人形象，更充分地展示个人良好的教养与优雅的风度。当个人自觉注重塑造自身形象，以礼待人时，商务交往将会更加顺畅，组织形象将会更加夺目，这就是商务礼仪的功能所在。商务礼仪往往是衡量一个人文明程度的标准。它不仅反映一个人的交际技巧与应变能力，还反映一个人的气质风度、阅历见识、道德情操、精神风貌。在这个意义上，可以说礼仪即教养，有道德才能高尚，有教养才能文明。

（二）实现有效沟通，营造和谐氛围

社会是人们交往的产物。没有社会交往，人类的生活则不可想象。商务礼仪的基本原则是平等、敬人、律己、包容、真诚、随俗。而商务交往中的个人或组织的社会政治、经济、文化背景不同，性格爱好、职业身份、年龄性别、思想意识、价值取向、审美观念等存在差异，有时为维护自身的利益，难免会发生不同程度的矛盾或冲突。商务礼仪就是矛盾冲突的调节器和润滑剂，它能调整、改善相互间的紧张关系，或能化干戈为玉帛，或能增进彼此的理解和体谅，进而为双方架设一座友谊的桥梁，营造出一个和谐友善的交往氛围，实现双赢。

（三）扩大影响力，增强凝聚力

社会组织举办的专项活动是商务礼仪的一种具体表现方式，其目的一方面是扩大组织在社会上的影响力，另一方面是增强组织内部的凝聚力和向心力。

对社会组织内部而言，开张庆典或揭幕、揭牌等颇具仪式感的活动，可以鼓舞员工士气，激发员工对组织的热爱，激励员工的责任心和进取心，营造组织的良好风气。例如，著名的日本松下电器公司就是通过自己的"社歌""社训"活动，要求遍布世界各地的松下分公司的员工每日清晨上班前都要高唱松下"社歌"，穿着佩有企业标志的制服，时刻意识到自己是公司的一员，从而确保每天保持在高昂的精神状态下工作。

对组织外部而言，精心组织的专项活动可以提高组织的知名度与美誉度。例如，通过精心策划新产品或突发事件的新闻发布会，在新闻真实性的原则下，让组织成为报纸、广播、电视报道的对象，给人们留下难以忘怀的深刻印象，从而达到提高组织知名度与美誉度的目的。

▌四、商务礼仪的学习方法

学习商务礼仪不仅需要勤奋，也需要讲究学习方法。方法得当，则事半功倍。学习商务礼仪的方法主要有以下五个方面。

（一）联系实际

商务礼仪本身是一门应用学科。学习商务礼仪，务必坚持知行合一。注重社会实践，学以致用、用以促学、学用相长。这是学习商务礼仪的最佳方法。

（二）循序渐进

学习商务礼仪应有主有次，抓住重点。可以从自己最熟悉或最喜欢的内容开始，往往会取得事半功倍的效果。然而值得注意的是，学习是一个渐进的过程，对一些规范、要求、习俗，只有反复运用、重复体验，才能真正掌握。

（三）勤查勤问

一个人无论礼仪知识多么丰富，总会遇到不熟悉的商务环境、不熟悉的人，学习解其礼俗，至少要避免其禁忌之事，在来不及准备时，也可直接询问其禁忌，做到"入竟（境）而问禁，入国而问俗，入门而问讳"（《礼记·曲礼上》），这样会避免许多不必要的尴尬。

（四）多头并进

学习商务礼仪不应将其孤立于其他学科，而应将其与其他学科的学习相结合，如心理学、民俗学、美学、公共关系学等学科。这样，不但可以全面提高个人素质，还有助于灵活运用商务礼仪。

（五）自我监督

古人强调提高个人修养要注意反躬自省，"一日三省吾身"。学习商务礼仪，也应进行自我监督、自我管理。这样，有助于自己发现缺点，找出不足，将学习和运用商务礼仪真正变成个人的自觉行动和习惯。

第三节　商务礼仪的构成要素

一、商务礼仪的主体和对象

（一）商务礼仪的主体

商务礼仪的主体是指各种商务礼仪行为和商务礼仪活动的操作者和实施者。没有主体的礼仪行为和活动是根本不存在的，因为任何礼仪都必须有人进行操作和实施。

1. 商务礼仪主体的类型

商务礼仪主体包括个人和组织两种基本类型。当礼仪行为或礼仪活动规模较小或较简单时，礼仪主体通常是个人。例如，一个迎宾员在门口迎接客人时，为客人开门、问候、引路，这个迎宾员就是这个商务礼仪行为的主体。当礼仪活动规模较大时，礼仪主体通常是由集体来充当的，如一个学校、一个公司、一个集团、一家企业、一个省乃至一个国家，均可以作为礼仪活动的主体。

2. 商务礼仪主体的代表者

商务礼仪主体的代表者指的是代表礼仪主体进行礼仪操作和实施的人。当礼仪活动规模较大、规格较高时，代表者往往由多人组成，即升格为代表团。对于不同类型的礼仪主体，其礼仪活动不可能靠组织自身来完成，必须由具体的人进行操作和实施。也就是说，由具体的人代表组织进行操作和实施，这就是礼仪主体的代表者。商务礼仪主体在选代表者时，应考虑两个问题：一是代表者真正能代表礼仪的主体，不但具备资格而且具备能力，能较好地完成代表礼仪主体操作和实施具体礼仪的特定任务；二是代表者必须能够为礼仪对象所认可、接受、欢迎，能巩固并发展礼仪对象与礼仪主体的良好关系。

（二）商务礼仪的对象

商务礼仪的对象是指各种礼仪行为和礼仪活动的指向者或接受者，也称礼仪的客体。任何礼仪行为和礼仪活动都必须有所指向，都必须有接受者。礼仪对象的外延是非常宽的，可以说一切在礼仪主体看来具有真、善、美的东西，都可以成为礼仪的对象。如每天早晨，学校运动场上的升旗仪式中，当五星红旗冉冉升起时，全体师生对国旗行注目礼，因为五星红旗是他们的礼仪对象；演员结束表演，全体站在舞台上向观众鞠躬，因为观众是演员的礼仪对象等。礼仪的对象，既可以是有形的，也可以是无形的；既可以是具体的，也可以是抽象的；既可以是物质的，也可以是精神的；既可以是人，也可以是其他物体。

（三）商务礼仪主体和对象的关系

商务礼仪主体与商务礼仪对象是一个矛盾的两个方面，它们之间的关系是一种既互相对立又互相依存，同时又在一定条件下互相转化的关系。任何一个礼仪行为或礼仪活动，都包含着礼仪主体和客体的矛盾运动。一般来说，礼仪主体是矛盾的主要方面，礼仪行为或礼仪活动的发展方向是由礼仪主体决定的。刘备三顾茅庐，终于请得诸葛亮出山。其原因之一就在于刘备对诸葛亮实施了一系列的礼仪活动，而刘备作为礼仪活动的主体，始终牢牢地把握着礼仪操作的方向。

礼仪主体与礼仪对象之间的关系不是一成不变的，在一定的条件下，它们之间是可以互相转化的。如演员结束表演，全体站立在舞台上向观众鞠躬，演员是礼仪的主体，观众是礼仪的对象；如果观众也全体起立，向演员鼓掌回应演员的鞠躬致意，则演员就是礼仪对象了。

二、商务礼仪的环境

（一）商务礼仪环境的含义

任何礼仪行为和活动，都是在特定的时间和空间中进行的。实施商务礼仪行为和活动的特定时空条件即是商务礼仪的环境。商务礼仪环境的内容是十分复杂的，从大的方面讲，可以归纳为自然环境和社会环境两个方面；从小的方面讲，凡天气状况、地理位置、世事变迁、自然灾害、收成好坏、战争胜败、风俗习惯、人际关系等，都可以成为特定礼仪的环境因素。《礼记·曲礼上》中有一句话，"礼从宜，使从俗"，意思是说，行礼要从实际出发，出使在外要遵循当地的习俗。这里所涉及的宜和俗，实质上指的就是商务礼仪环境问题，是礼仪环境对礼仪的制约问题。如父子两人在同一企业工作，父亲是厂长，儿子是车间主任，在工厂里，他们要按照领导与被领导的关系来规范他们各自的行为，当然也包括礼仪行为，而在家里一般就不应该这样了。这是因为礼仪环境发生了变化，而这种变化显然是一种空间位置的变化。

（二）商务礼仪环境对礼仪的制约

商务礼仪环境对礼仪的制约作用一般体现在两个方面：一是实施何种礼仪要由礼仪环境决定；二是具体礼仪如何实施也要由礼仪环境决定。就第二种情况而言，如前面所举例子，在工厂是领导与被领导的父亲和儿子，回到家里后，这个礼仪环境就决定了他们之间不宜行上下级的礼仪而应该行父子礼仪。也就是说，在礼仪类型确定之后，要根据礼仪环境对实施礼仪的规模大小、程序繁简、规格高低等做通盘考虑和妥善处理。

第四节　商务交往中的礼仪

■ 一、商务见面礼仪

商务见面礼仪主要表现为称呼、相互介绍、问候、递送名片、握手、致意等礼仪，它是商务人员基本的礼仪规范，是衡量商务人员基本素质的最重要指标。掌握正确的商务见面礼仪，能使商务人员展现自身的修养，增强沟通能力，从而能有效地推动商务活动的顺利进展。

（一）称呼与介绍

1. 称呼

称是指名称、称谓；呼是指叫、呼唤，即对人的叫法。称呼指的是人们在日常交往应酬之中，所采用的彼此之间的称谓语，包括表示彼此关系的名称，对方姓名、职务、身份的名称等。称呼是一种友好的问候，是人际交往的"开路先锋"。

正确、适当的称呼如同人际关系的润滑剂，将有利于进一步沟通交往。同时，它反映出好恶、亲疏等情感，是一个人的修养、见识的完全表现，甚至还体现着双方关系发展所达到的程度和社会风尚。在工作岗位上，商务人员彼此之间的称呼是有其特殊性的，但必须要庄重、正式、规范。

1）称呼的类型

（1）职务性称呼。

职务性称呼多用于工作单位之中谈论公事之用，而在日常生活或其他场所可以用别的称谓。

以交往对象的职务相称，如"部长""经理""主任"等，以示身份有别、敬意有加，这是一种最常见的称呼。

在称呼职务前加上姓氏，显示了说话人对对方身份的熟知和地位的肯定。在职务前加上姓名，仅适用正式的场合。

（2）职称性称呼。

对于具有职称者，特别是具有高级、中级职称者，在工作中应该直接称呼其职称。以职称相称，也有以下三种常见的情况，即仅称职称、在职称前加上姓氏、在职称前加上姓名，最后一种情况在比较正式的场合更加适用。

（3）姓名性称呼。

在工作岗位上称呼姓名，一般限于同事、熟人之间。对于地位、身份、辈分高者并不适用。以姓名相称有以下三种具体方法：一是直呼姓名；二是只呼其姓，不称其名；三是，只称其名，不呼其姓，一般限于同性之间，特别是上司称呼下级、长辈称呼晚辈的时候。

2）称呼的原则

（1）使用敬称。

商务人员要有称呼他人的意识。逢人就叫"喂"，对他人不使用称呼，这是极度不尊重他人的无理表现。

商务人员对称呼交往的对象要尊敬。对年长者、知名人士要用尊称；对上级领导者或其他单位负责人，可称其职务；对职务低于自己的，也要选择有敬重含义的称呼，一般不宜直呼其名。此外，在商务场合，也不应使用一些庸俗低级的称呼，这会显得档次不高，不伦不类。

（2）核实身份。

称呼他人前，要清楚他人的身份，切莫张冠李戴。不要使用错误的称呼。一般有以下两种比较常见的错误称呼：一是误读，通常表现为念错被称呼者的姓名；二是误会，通常指错误判断被称呼者的年纪、辈分、婚否等。

（3）注意顺序。

商务人员若同时需要对多人进行称呼，那么一般来说应遵循先长后幼、先上后下、先疏后亲的顺序。

（4）注意场合。

根据社交场合和实效对象的具体情况，考虑称谓的使用。例如，在正式商务、社交场合，即使对方与自己有一些间接的亲属关系，一般也不用亲属称谓，而是用职业或职务称谓。同一个称呼，在有些场合中使用就合适，换一个场合就不合适。

（5）注意表情、语气。

准确称呼别人时，带有感情色彩也是非常重要的，特别是称呼地位比较高的人时，眼神、表情、语音的高低及腔调等都非常关键。如果声音比较低沉、语气比较平静，对方以及在场的人士会觉得你没礼貌，不懂得尊重别人，不是性格内向、表现拘谨，就是不够大方。称呼任何人时，都要注意自己的表情和声音，让在场的人感觉到你既热情大方，又不卑不亢。

3）国际商务交际中的称呼规则与注意事项

在不同的国家，称谓的习惯是不同的，所以我们必须掌握相应国家的相应称谓，以减少冲突和摩擦。在国际商务活动中，了解并掌握外国人的基本称呼习惯是必需的。根据惯例，在国际交往中，对世界上多数国家的男子称"先生"，对已婚女子称"夫人"，未婚女子称"小姐"，或统称为"女士"。这些称呼前面可以加上姓名、职称官衔等。Mr. 一般用在人名前，只表示先生，一旦改为 Sir，恭敬之意就更浓些。Miss、Mrs.、Ms. 用在姓名前只表示小姐、夫人、女士，而 Madam 恭敬之意就很浓。对有公、侯、伯、子、男等爵位的人士既可称其爵位，也可称"阁下"，一般也称"先生"。对地位较高的官方人士，按国家习惯可称"阁下"或以职衔加先生相称。对医生、教授、法官、律师及博士等，可单独称之，同时可加上姓氏或先生。对军人，一般以职衔或职衔加先生相称，知道姓名的可以加上姓名。有的国家对将军、元帅等高级官员称"阁下"。

各国人姓名的组成顺序不同。英美人是名在前，姓在后；妇女在婚前一般用自己的名字，婚后一般是自己的名加丈夫的姓。与法国人的交往中，称呼对方时直称其姓，并冠以"先生""小姐""夫人"等称谓。唯有区别同姓之人时，方可姓与名兼称。熟人、同事之间才直呼其名。德国人在交谈中很讲究礼貌，他们比较看重身份，特别看重法官、律师、医生、博士、教授一类社会地位的头衔。对于一般的德国人，应多以"先生""小姐""夫人"等称呼相称，德国人没有称对方"阁下"的习惯。

在国际商务交际中，在称呼的使用上还应该注意以下问题。

（1）虽然英美等国家的人喜欢别人以教名或爱称相称，但其主要适用于非正式场合，在较为正式的场合，使用正式称呼是恰当的。

（2）对于英美国家的人们来说，专业头衔更受人尊敬，因此相较于行政职务，这些国家的人们更乐于接受专业职称的称呼，例如，对方有博士学位，以"Dr.××"称呼其，能获更好的效果。

2．介绍

现代人想要生存和发展，就必须与他人进行沟通，从而寻求他人的理解、帮助和支持。商务活动是与人交往的艺术，介绍是人际交往中最基本、最传统的一种交际方式，可以增进与他人的理解和联系。

1）自我介绍

自我介绍，即向他人介绍自己。在社交活动中，如果你想要认识一些人，但是又没人介绍，那么可能的话，就向对方主动介绍自己。自我介绍是推销、展示自身形象和价值的一种必要的社交手段和方法。良好的自我介绍有利于更好地打开自己的知名度，形成广阔的人际网络。

（1）自我介绍的场合。

什么时候应该进行自我介绍是关键所在，也是经常被人们忽视的问题。在以下场合，有必要适当地介绍自己。

在商务或社交场合，与不相识者相处，且对方表现出对你的兴趣时。

在公共聚会上，与身边的陌生人组成了交际圈，并打算介入此交际圈时。

交往对象因为健忘而记不清自己，或担心这种情况可能出现时，不要做出提醒式的询问，最佳的方式是直截了当地再自我介绍一次。

（2）自我介绍的形式。

自我介绍的内容，可根据实际的需要、所处的场合而定，要具有一定的针对性。

①应酬式。应酬式在一些公共场所和一般性社交场合比较适用，自己并没有与对方进行深入交往的愿望，做自我介绍的目的只是向对方表明自己的身份。这是最简洁的自我介绍，通常只包括姓名这一项。

②工作式。工作式是由于商务、工作需要与人交往，做自我介绍就应稍详细些，包括本人姓名及部门、职务等。

③交流式。交流式在一些社交活动中比较适用，若希望能和交往对象进行深入交流与沟通，就应该详细进行自我介绍。自我介绍一般应该包括介绍者的姓名、工作、籍贯、学历、兴趣等，还应该在介绍完时表示"请多多指教"。另外，重要

的是使对方记住自己的名字，因此要对自己姓名的字，尤其是生僻字，加以必要的解说。

④礼仪式。礼仪式适用于讲座、报告演出、庆典、仪式等一些正规而隆重的场合，包括姓名、单位、职务等，还应加入一些谦辞、敬辞。

（3）自我介绍的原则。

做自我介绍的目的是使他人知晓你、了解你。介绍时应遵循以下原则，这样可以避免不必要的尴尬。

①注意时机。自我介绍应该在适当的场合进行，并且要抓住时机，应该在对方有空闲，且心情比较好，又有兴趣的时候进行，这样才不会打扰到对方。当对方没有兴趣、心情不好的时候，一定不要去打扰，从而避免尴尬现象的发生。不要中止别人的谈话而介绍自己，要等待适当的时机，否则将引起对方不快，反而不利于进一步沟通。此外，如果有介绍人在场，自我介绍则被视为不礼貌的，显得对介绍人不够尊重。

②讲究态度。态度一定要自然、友善、亲切、随和，要表示自己渴望认识对方的真诚情感。自我介绍的第一句寒暄话通常是："你好！"，应当先问好，再介绍，并且还要语气自然、语速正常、语音清晰。在进行自我介绍时，镇定自若、潇洒大方，往往会给人以一种良好的感觉。反过来，如果表现出胆怯和紧张，结结巴巴、无精打采、面红耳赤、手忙脚乱，就会被别人瞧不起，双方之间的交流也会受阻。态度不要轻浮或过分夸张，要尊重对方，如大力握手或热情拍打对方手背的动作，可能会使对方感到诧异和反感。无论男女都希望别人尊重自己，因此在自我介绍时，表情一定要庄重。

③注意时间。进行自我介绍的时候应该言简意赅，尽量节省时间，最好控制在半分钟左右，不宜超过一分钟，越短越好。当说的话太多时，不仅会让人觉得啰嗦，而且交往对象也很难记住。为了节省时间，也可以通过名片、介绍信等来辅助进行自我介绍。

2）介绍他人

介绍他人是作为第三方为彼此不相识的双方引荐、介绍的一种方式。通常，介绍他人是双向的，即第三者介绍被介绍的双方。在某些情况下，也可只将被介绍者中的一方介绍给另一方。然而，前提是前者已经对后者的身份有所了解，而后者对前者却不了解。一般是由社交活动中的东道主作为介绍人，为使被介绍双方愉快地结识，介绍者之前要事先酝酿，准确了解双方各自的身份、地位等基本情况，并了解介绍他人的规范和程序，认真做好介绍。

（1）介绍的顺序。

①为双方做介绍。介绍他人时，必须认真遵守"尊者有优先知情权"的规则。也就是说，应该将年轻者介绍给年长者，将职务低者介绍给职务高者，将男士介绍给女士，把家人介绍给朋友。当要介绍的双方满足其中两个或两个以上顺序时，我国通常按照先职位再年龄，先年龄再性别的顺序做介绍。例如，要为一位年长的职位低的女士和一位年轻的职位高的男士做介绍时，应该先将这位女士介绍给这位男士。而在西方社会奉行的惯例，则是"女士优先"，即应将这位男士先介绍给这位女士。

②为集体做介绍。注意从职位的高低依次介绍贵宾。在高低长幼客人不明显的社交场合，高低次序也可以适当淡化，按位置顺序依次进行介绍。

（2）介绍的礼仪。

①征求同意。介绍者介绍被介绍者之前，必须征求被介绍双方的意见，不能直接上去开口就讲，这会显得十分唐突，往往会让被介绍者感到不知所措，介绍者绝不能用命令口气。当介绍者问被介绍者是否有兴趣认识某人时，被介绍者通常不应拒绝，而应欣然同意。如果实在不愿意，那么应该给出一个拒绝的理由。

②动作文雅。当介绍他人时，手势动作应该文雅，不管介绍哪一方，都应该手心朝上、手背朝下、四指并拢、拇指张开，指向被介绍的一方，并向另一方点头微笑、顺序介绍。必要时，可以适当说明被介绍的一方与自己的关系，从而便于新结识的朋友之间增加了解和信任。当对具体的人进行介绍时，应该有礼貌地用手掌示意，不能用手指指人。

③语言清晰、友善。介绍时不要含糊其词，应准确、清晰、完整地介绍被介绍者的身份和姓名。此外，介绍时语言应友善、平等，切勿把介绍的双方弄得感情不平衡，如称一方为"我的朋友"，另一方为"我的好朋友"。

④态度热情。介绍人和被介绍人都应起立，以示尊重和礼貌。在介绍时除女士和长者之外，其余的人都应当站立起来。在宴会、会议桌上，如果介绍人和被介绍人不方便起立，那么应该点头微笑致意。如果被介绍的双方相隔较远的距离，中间又有障碍物，则可举起右手致意。

等到介绍人介绍完之后，被介绍的一方必须表现出结识对方的热情，双方都要面对着对方，微笑点头示意或握手致意，并相互问候。如有必要，还要进一步进行自我介绍。

（二）握手、致意与鞠躬

常言道：礼多人不怪。与陌生人初次相识，或与熟人见面，都少不了礼节。

在商务交中，商务人员经常通过握手、致意、鞠躬等形式来表达对他人的善意与敬意。正是这些优雅的举手投足，为他们获得尊重、增加魅力、赢得友谊。

1．握手

在商务、社交等场合中，握手是十分重要的一个部分。一般来讲，和人初次见面、久别重逢、告辞或送行都可以通过握手来表达自己的善意。握手不仅是见面的一个礼节，还表示祝贺、感谢或相互鼓励。有些特殊场合，双方在交谈中达成一致时，也往往习惯以握手为礼。

1）握手的顺序

（1）两人握手的先后顺序为：男女之间，等女方先伸手后，男方才能握手，如果女方没有握手的意思，不伸手，可通过点头或鞠躬致意；长幼之间，年幼的要等年长的先伸手；上下级之间，下级要等上级先伸手，以示尊重。当然，握手的顺序也并非绝对，在公务场合，职位和身份决定了握手时伸手的先后次序；在社交、休闲场合，年龄、性别、婚否等决定了握手时伸手的先后次序。

（2）如果需要和多人握手，握手时要讲究先后次序，由尊而卑，多人同时握手切忌交叉，要等别人握完后再伸手。交际时，如果在有很多人的情况下，可以只跟相近的几个人握手，向其他人点头示意即可。

（3）在接待客人时，握手这一问题变得更加特殊。当客人到达之后，主人应该主动与客人握手，表示"欢迎"。在客人离开之前，客人应该主动与主人握手，表示"再见"，反之则有逐客的嫌疑。

2）握手的礼仪

（1）握手的姿势。

在商务场合握手的标准方式，是行礼时行至距握手对象约1m处双腿立正，上身略向前倾，伸出右手，四指并拢，拇指张开与对方相握，握手时用力适度上下稍晃动3～4次，随即松开手，恢复原状。握手时，双方神态要专注、自然，面含笑容，目视对方双眼，问时问候对方。但切忌左顾右盼、心不在焉、用眼睛寻找他人，而冷落对方。握手时，双目要注视对方，不要看着他处或和其他人说话，否则对别人很不尊重。

商务人员应当避免倨傲式握手，即在握手时掌心向下，表现出一种支配和驾驭感，这是不礼貌的。特别是对待上级或长辈时，这种握手方式易引起反感。

（2）握手的时间。

握手时间长短的控制可根据双方的亲密程度灵活掌握。关系亲近的人可以长久地把手握在一起。初次见面者，时间一般控制在三五秒钟以内。握手时间过短，握手时两手一碰就分开，漫不经心地用手指尖"蜻蜓点水"式去点下，会被人认为傲慢冷淡、敷衍了事，好像在走过场。而长时间的握手，尤其是长时间拉住异性或初次见面者的手不放，可能会显得不真诚，甚至可能会被怀疑为"想占便宜"，应避免此种"马拉松式"的握手。

（3）握手的力度。

为了表示热情友好，握手时应该稍微用力，但不能握痛对方的手。切记不可用力过猛，甚至握得对方感到疼痛，即"野蛮式握手"。男子与初识的女士握手，不能握得太紧，轻轻握一下即可。握手时，用力需适度，即完全不用力或柔软无力地同人握手，会给人造成敷衍之感。

2. 致意

致意又被称作"袖珍招呼"，人们见面之后通过点头、微笑、挥手等传达问候之意，向对方表示友好和尊重，通常用于相识的人之间在各种场合打招呼。

一般情况下，致意的顺序为"位卑者先向尊者致意"，即下级先向上级致意、年轻者先向年长者致意、男士应先向女士致意、学生先向老师致意。若向多人致意，则应按先长后幼、先女后男、先疏后亲的顺序。

1）致意的形式

致意形式多样，具体有起立致意、举手致意、点头致意、欠身致意、脱帽致意等。在同一时间里，对同一人施礼，可只选择一种，也可数种兼用，如微笑、点头、欠身，可一气呵成，关键看对方是谁及致意人向对方表达友善之意想达到何种程度。

（1）起立致意：常用于集会时，对报告人到场或重要来宾莅临时致敬。

（2）举手致意：通常不必出声，只微屈右臂，掌心朝向对方，轻轻摆一下手，不要反复摇动。

（3）点头致意：通常在不适宜交谈的场合比较适用。例如，在进行会议、会谈的过程中，在同一地点与相识者多次见面、忘记对方姓名或只觉得对方面熟时都可以点头为礼。点头致意的方法：头微微向下一动，不必幅度太大。

（4）欠身致意：即全身或身体的一部分微微向前一躬。它作为一种致意方式，表示对他人的恭敬，其适用的范围较广。

（5）脱帽致意：朋友、熟人见面时如果戴有檐的帽子，那么应该脱帽致意。其方法是：微微欠身，用距对方稍远的一只手脱下帽子，将其置于大约与肩平行的位置，同时交换目光。如果自己一只手拿着东西，则应以另一只空着的手去脱帽。若是熟人、朋友迎面而过，那么轻掀一下帽子致意即可。脱帽的同时别忘了问好。戴的是无檐帽就不必脱帽，只需欠身致意即可。

2）致意的礼仪

（1）致意的动作不能马虎。必须认真，从而充分表现出对对方的尊重。

（2）致意时要文雅，一般不要在致意的同时，向对方高声叫喊，以免妨碍他人。

（3）致意时要面带微笑，这是对人的礼貌，不可面无表情。

（4）在餐厅等场合，如果男女双方不是很熟悉，通常男士不必起身到女方跟前去致意，可以在自己座位上欠身致意。

（5）假如对方先致意自己，应该报以同样的致意形式，毫无反应是失礼的。

（6）不宜叼着香烟或手插在口袋里与人致意。

3．鞠躬

鞠躬主要表达"弯身行礼，以示恭敬"的意思。鞠躬礼是表达对别人恭敬的一种礼节。在商务、社交场合，鞠躬常用于下级对上级、晚辈对长辈、学生对教师表达由衷的敬意。有时，鞠躬还用于向他人表达深深的感激之情。

鞠躬在东南亚一些国家较为盛行，也是日本、韩国、朝鲜等国家传统的、普遍使用的一种礼节。因此，商务人员在接待这些国家的客户时，可以行鞠躬礼。

1）鞠躬的顺序

在商务、社交场合，地位较低的人要先鞠躬，受鞠躬后应还以鞠躬礼，地位较低的人鞠躬要相对深一些。

2）鞠躬的姿势

鞠躬是对他人的极其尊重的一种礼节，行鞠躬礼时要掌握以下要领：首先，呈立正姿势，两腿并拢，保持身体的端正；面带笑容，目视受礼者；男士双手自然下垂，贴放于身体两侧裤线处；女士的双手下垂，搭放在腹前。然后，以腰部为轴，上身前倾弯腰，目光向下，脖子不可伸得太长，不可挺出下颌，耳和肩在同一高度，低头比抬头慢。

3）鞠躬的幅度

下弯的幅度可根据施礼对象和场合来决定。与客户交错而过时，面带微笑，行15°鞠躬礼；接送重要客户时，行30°鞠躬礼；初见或郑重地感谢客户时，行45°鞠躬礼。

4）鞠躬的仪态

一般来讲，鞠躬时必须脱下帽子，因戴帽鞠躬是不礼貌的。鞠躬时，嘴里不能吃东西或叼着香烟。若是迎面相遇，在鞠躬后，向右边跨出一步，给对方让开路。

（三）名片礼仪

中国有句俗话叫"人过留名，雁过留声"。在商务、社交等场合，与他人初次相识，往往要互呈名片。名片不仅是记录双方的联络方法，也是进行商务活动的敲门砖。名片已成为当前人们社交活动的重要工具，使用已经非常普及。

1．名片的用途

在当代社会生活中，名片是商务人士最重要的书面介绍材料，是自我介绍信和商业社交活动的联谊卡。名片具有介绍、沟通、留存纪念等功能，运用十分广泛，具体包括下列用途。

1）一般用途

（1）自我介绍。

见面时，名片这一进行自我介绍的辅助工具是最重要的。与交往对象初次见面时，不仅要做必要的自我介绍，而且可以利用名片作为辅助工具。这样不仅可以向对方表明自己的身份，还能节省一定的时间，增强效果。

（2）结交他人。

要想在社交活动中认识某人，名片通常可以用来表示结交之意。主动将名片递交给初识之人，不仅表明信任友好，也有"可以交个朋友吗？"之意。在这种情况下，对方通常会"礼尚往来"，从而完成双方相互了解的第一步。

（3）保持联系。

大部分名片都会印有一般的联络方式，可以随时提醒对方知道你是谁以及如何联系你。与此同时，通过对方在名片上提供的联络方式，可以与对方保持联系，从而促进双方的交往。

2）特殊用途

（1）简短留言。

如果拜访某人不遇时，可以留下自己的名片，并将具体事由简单地写在名片上，然后委托他人转交。这样做，会使对方"如闻其声，如见其人"，不至于误事。

（2）拜会他人。

在初次正式拜访他人工作单位或住所时，可以先将自己的名片交给对方的门卫、秘书或家人，由其向拜访之人进行转交，意为"我是×××，我可以拜访您吗？"对方确认拜访者的实际身份之后，再决定双方是否见面。这种做法比较正规，可避免冒昧造访。

2．名片的内容

名片是"第二身份证"，名片是商务人士身份的象征。名片就像一个人的履历表，在递送名片的同时，也是在告诉交往对象自己是谁、在何处任职及如何联络。商务人士在商务、社交活动中，可根据交往对象的不同而有选择地提供个人信息。

1）社交名片内容

社交名片即私用名片，指用于社交场合在工作之余以私人身份进行交际应酬时的名片。社交名片只在社交场合适用，一般与工作无关，所以通常不印有工作单位及职务，从而表明"公私有别"。

2）工作名片内容

（1）具体归属。

具体归属主要包括供职单位、所在部门等内容，两者均应采用正式全称。一张名片上不得列两个以上的单位或部门。如果确实有两个以上的供职单位和部门，或同时承担不同的社会职务，则应按照不同的交往对象和交际内容分别印制和分发不同的名片。通常会在名片的左上角位置印上具体归属。

（2）本人称呼。

本人称呼主要包括本人姓名、行政职务、技术职务、学术头衔等内容。本人称呼一般印于名片正中央位置。从商务角度来看，名片的内容宁可印得实一些，不要太虚，太虚反而得不到别人的尊重。因此，名片上所列的行政职务通常不应多于两个，并且应该对应同一名片上的具体归属。

3．名片的使用

商务活动中，交换名片成为不可缺少的一部分，有了名片的交换，双方的结识就迈出了第一步。使用名片并不是一个简单的动作，其实也是一门学问。因此，商务人士必须注意名片使用过程中的礼仪，这样才能给他人留下更好的第一印象。

1）准备工作

商务人员平时应该多关注自己的名片是否充足，也应该随身携带一些名片，并应该随时补充名片的数量。名片质量是十分重要的，并且要保持干净整洁，绝不能出现折皱、污损、涂改的情况。

名片的放置位置应方便拿取。最好使用专门放置名片的名片夹，或者把它放在公文包或上衣口袋内。在办公室，可以把它放在名片夹内。不能随便将名片放置在钱包、裤袋内，以免找不到名片而给人留下很差的印象，并且会显得做事没有条理。

2）递交名片

（1）把握时机。

发送名片应该掌握一定的时机，名片只有在必要的时候才能发送，这样名片才能发挥作用。通常应该选择在初识之际或分别之时发出名片，过早或过迟都是不合时宜的。

（2）讲究顺序。

名片递送的顺序为"先客后主，先低后高"。即职务低者、身份低者、拜访者、辈分低者等，应该先向他人递交自己的名片。如果向多人递送名片，应该根据职位高低的顺序依次进行，千万不能跳跃式地进行，从而避免对方产生厚此薄彼之感。

（3）招呼在前。

递上名片前，应当先向接受名片者打个招呼，令对方有所准备。既可先做一下自我介绍，也可以说一些提示语。

（4）表现谦恭。

递交名片的这一过程应该表现得郑重其事。当把自己的名片递给对方时，要主动起身站立，面带微笑走向对方，眼睛应注视对方，为了便于对方阅读，将名片正面面朝对方。递送时，用双手的拇指和食指分别持握名片上端的两角，上体前倾15°左右，举至胸前递送给对方，并说一些礼节性用语。如果是坐着的，应该起立或欠身递送名片。总的来说，在递交名片的整个过程中应该始终表现得谦逊有礼、郑重大方。

3）接受名片

（1）接受名片的姿势。

商务人士接受他人的名片时，不管他有多忙，都要暂时搁置手里的一切事情，并起身站立，面含微笑相迎，双手接过名片。如果是两人同时递接名片，则应当右手递、左手接，接过名片后双手持握名片。

（2）认真阅读。

当接过名片之后，应该首先谢谢对方，然后从头到尾将名片默读一遍，在心中牢记对方名字。如果不明白对方名片上的内容，可以当场向对方请教。随手把别人的名片放到袋中，之后又询问人家姓甚名谁，是最糟糕、最拙劣、最不礼貌的做法。而放进口袋之后又拿出来观看，也会令对方有被忘记的不快，这些都是应当避免的。

（3）精心存放。

名片如脸面，不尊重他人的名片，如同不尊重他人一样，是缺乏教养的体现。接到他人名片后，避免拿在手里玩耍、涂改、做笔记，或乱丢乱放，而将其放置在名片夹、办公桌或上衣口袋内，从而表明尊重和珍视对方，并且应该将他人名片和本人名片分别进行放置。

4）索取名片

（1）一般情况下，不要主动向别人讨名片，必须索要名片时，语气一定要委婉。向平辈或晚辈索要名片，则说"如果方便的话，能否给我一张名片，以便日后联系"。

（2）当他人索取本人名片，而自己没有名片时，千万不能说"我没有名片"之类的表达，这样说既有损公司形象，同时也贬低自己，不可取。可以说："对不起，我忘了带名片。"或者说："抱歉，我的名片用完了。"但是一定要加上一句"改日一定补上"，并且一定要言出必行。否则，对方会误认为自己没有名片。

二、商务接访礼仪

拜访和接待是商务交往中必不可少的环节。商务人员通常由接待、拜访来建立、维持及改善商务关系。

（一）商务迎接礼仪

商务接待工作包括对来宾的迎接、招待、送别。要做好接待工作，严格根据接待要求，规范各种礼节，使来客充分感受到尊重和热情。在对重要宾客的接待活动中，既要展示公司形象，又要充分尊重其需求，给对方留下美好而难忘的印象。

1. 迎客礼仪

1）商务迎客规范

（1）迎接来宾前，首先应该了解来宾的背景资料。必须充分掌握迎宾对象的基本情况，特别是主宾的个人简介，如单位、姓名、性别、职务、年龄等。必要时，还需要了解其籍贯、民族、学历、职称、专业、专长、偏好、婚姻、健康状况，以及政治倾向与宗教信仰。

（2）根据迎送规格，准备好必要的车辆和食宿接待。

（3）掌握抵达的时间，提前到达迎宾地点。若迎送时间有变化，则应及时掌握。

（4）迎接未见面的客人，在车站、码头、机场上有必要准备一块牌子，写上"欢迎×××"。

（5）见到来宾后，应该按照来宾的身份、性别、年龄等与他们热情拥抱、握手，或向他们鞠躬、鼓掌以示欢迎。

（6）向来宾行礼后，应该道句辛苦并做自我介绍。

（7）应主动帮助客人拿行李，但没必要帮助来宾拿他手中的外套、提包或密码箱。

（8）如有车来接，应为他打开车门。上车后，应将活动日程表提交给客人，行车中可向客人介绍沿途建筑、风光、民俗、气候、特产等情况，并询问客人有何私人活动需要帮助安排。

（9）商务接待住宿安排要根据客人的身份、人数和工作需要酌情考虑，要根据接待经费预算、交通状况等因素来考虑选择哪一个宾馆。到了宾馆之后，接待人员不能逗留太久，应该让客人有充足的休息时间。

2）接待人员引导礼仪

（1）在宾主双方并排行走时，引导者应主动行走在外侧，而请来宾在内侧行走。如果三人并行，那么一般中间的位次最高，内侧的位次居次，外侧的位次最低，在这时可以酌情决定宾主之位。

（2）在单行行走时，引导者应该在前面行走，来宾应该跟在后面，这样，引导者才能更好地为来宾带路。

（3）在进出房门时，引导者应该主动为来宾开门或关门。引导者在这时可以先行一步，推开或拉开房门，等来宾通过之后，再轻轻关上门赶上来宾。

（4）待上下楼梯时，上楼时应让来宾走在前面，引导者走在后面；下楼时应由引导者走在前面，来宾走在后面。不管是上楼梯还是下楼梯，引导者都应该保证来宾的安全。

2．待客礼仪

1）提前打扫，力求整洁。

在待客的房间内，应该拥有一个舒适的环境，保持空气清新、窗明几净、用具干净。应合理调节室内温度，以舒适为宜。

2）起身相迎，专门恭候。

为了避免来宾来访时"吃闭门羹"，负责招待的有关人员至少应该提前10分钟到达指定地点。如有必要，应在约定地点的正门口专门迎候来宾。最好不要同时招待来自不同地方的来宾。如果发生这种情况，则可以根据"先来后到"的顺序接待，或者安排其他人员进行接待。对突然的来访者，应起立欢迎，并让座、献茶。

3）盛情款待，斟茶倒水。

泡茶时，首先要做的就是清洁茶具，每杯茶应该斟至杯高的 2 / 3，应双手捧上放在客人的右手上方，先敬尊长者。把茶水送给客人，随之说声："请您用茶。"或"请喝茶。"切忌用手指捏住杯口边缘往客人面前送，这样敬茶既不卫生，也不礼貌。

4）聚精会神，认真专注。

与来宾交谈时，务必要认认真真地洗耳恭听，耐心倾听和回答，不要频频看表、打呵欠，那样一定会得罪人。万万不可在招待来宾时，忙于其他事情。万一必须在中途暂时离开，或去接电话，必须事先向来宾表示歉意。

3．送别礼仪

（1）起身在后。

客人要走，应等客人起身后，再起身相送，不可客人一说要走，主人就站起来。一般而言,主人应该在对方起身后才能起身相送,千万不能通过动作、表情来传递厌客之意。

（2）伸手在后。

与来宾握手作别时,就应由客人首先伸出手来与主人相握,表示"再见"。若主人先伸出手,则有逐客的嫌疑。

（3）相送一程。

为远道而来的重要客人送行的地点,一般应该是来宾返还时启程的地点,等到对方走后,自己才能离去。也可将送行地点定为来宾的临时下榻之处。

（二）商务拜访礼仪

随着市场的日益活跃以及各种各样的商务活动的增加。在商务活动中,合乎礼仪的拜访对商务活动的成败起到了很大的影响,这也在一定程度上提高了对职业人士的商务礼仪素质要求。

1. 拜访前的准备

（1）仪表准备。

商务拜访要成功,就要选择与个性相适应的服装,以体现专业形象。通过良好的个人形象,向顾客展示品牌形象和企业形象。最好穿公司统一服装,让客户感觉公司很正规,企业文化良好。

（2）了解客户资料。

如果客户是公司,商务人员应该了解以下情况:公司概况;业务情况;财务状况;与供应商关系;主要客户的个人情况。相关资料越多,客户的图像就越清晰,面谈的切入点就越明确,越有利于提供个性服务和相关商务的接触。如果客户是个人,应该了解对方包含学历、年龄、健康、个人嗜好、最近的活动、家庭状况等相关资料,以及别人的评价等。为了能够准确把握客户的情况,必须认真归类和分析所收集的资料,从大量的资料中寻找突破口,与之进行沟通。

（3）根据拜访的目的携带相关资料。

拜访目的有签单促成、收款、售后服务等。商务拜访应有选择地准备相关物品,包括:公司介绍、产品介绍、宣传资料、推销图片、样品、合同书、发票。

（4）时间路线安排好。

拜访前,应和客户事先约定,以免扑空或扰乱客户的计划。应该根据客户的习惯、生活规律以及职业等确定拜访时间和安排场所,应该特别引起注意的是,不能与客户的工作、生活产生冲突,避免客户出现反感的情绪。应避免在客户用餐、午间休息、早晨未起床、晚上10点半以后拜访,否则不礼貌。拜访应选择适当的时间，并准时赴约，这是商务人员起码的礼仪要求。如有突发事件不能准时到达，应该尽快想方法向客户解释，说明原因，请求推迟时间，或另约时间，并表达深深的歉意。拜访时不要过早到达，这会打乱客户的安排，甚至会使客户因未准备就绪而难堪。

选择好路线也很重要，商务人员必须事先做好规划，避免找不到目的地。浪费时间。

2．见面时的礼仪

（1）按时抵达后，如无人迎候，则应按门铃或轻轻叩门，敲门讲究艺术。应该用适中的力度敲门，间隔有序敲三下，等待回音。如果没有回应，可再稍加力度，再敲三下，如有应声，再侧身立于门框一侧，待门开时再向前迈半步，与客户相对。

（2）待有回音或有人开门后，务必主动向对方问好。进入室内后，待客户安排指点后坐下。如果客户因故不能马上接待，应安静地等候。若等待时间过久，可向有关人员说明，并另定时间，不要显现出不耐烦。如果拜访的是重要客户，访谈前可事先关掉手机。

（3）有抽烟习惯的人，要注意观察该场所是否有禁止吸烟的警示。如果客户不吸烟，那么应该尽量克制自己的烟瘾，尽可能做到不吸烟，从而尊重客户的习惯。

（4）拜访时，应彬彬有礼，注意交往细节。到拜访地点之后，如果是第一次见客户，那么应该将自己的名片主动上交，或进行自我介绍。如果是熟识的客户，可以通过握手来表达问候之情。

（5）与客户谈话，语言要客气。谈话时要开门见山，不要海阔天空，浪费时间。当客户有不耐烦或有为难的表现时，应转换话题或口气。与客户的意见相左时，不要争论不休。对客户提供的帮助，要致以谢意。

3．告辞时的礼仪

（1）控制时间，适时离去。拜访时间长短应根据拜访目的和客户意愿而定，不能由于自己停留过长的时间，而对对方已经定好的其他日程有所打乱。通常来讲，初次商务拜访应该将时间控制在 15～30 分钟。最长的拜访也不能超过 2 小时。有些重要的拜访，通常需要宾主双方提前对拜访的时间和长度进行议定。在这种情况下，一定要严格遵守双方的约定，万万不能单方面延长拜访时间。

当客户有结束会见的表示时，应立即起身告辞。例如，当客户说出"今天我们就谈到这儿吧"或"待会儿我还有其他安排，以后我们再找时间谈怎么样"之类的话时，千万不要再拖延，应立即告辞。若有需要，可约定下次拜访时间。

（2）在拜访期间，若遇到其他重要的客人来访，也应知趣地告退。

（3）起身告辞时，应该向客户传递"打扰"之歉意，感谢对方，并主动与对方握手。主人起身相送时，应说"请回""请您留步，不必远送"。待主人留步后，走几步，再回首挥手致意，表达"再见"之意。

三、商务馈赠礼仪

中国人自古以来都崇尚礼尚往来。在现代商务交往中，礼物仍是商务往来的一个有效媒介，它就好比桥梁和纽带，直接传递着情感和信息，无言地表达着对受礼者的关爱。因此，恰当的馈赠有助于商务活动双方进一步沟通与交往。

（一）馈赠的基本原则

1．轻重原则

礼品有贵贱、厚薄之分，有善恶、雅俗之别。礼品的贵贱和厚薄通常是衡量交往人的诚意和情感的重要标志。通常，若礼物太轻且不具有一定的意义，那么对方会认为是对他的不尊重，特别是对那些关系不亲密的人，更是这样。商务场合，如果礼物价值太轻，而想求别人办事的难度较大，成功的可能几乎为零。但是，礼物太贵重，又会使接受礼物的人有受贿之嫌。因此，礼物的轻、重选择以对方能够愉快接受为尺度。

2．时机原则

对于馈赠的时机，最重要的就是及时、适宜。中国人很注重"雪中送炭"，不仅要注重送礼的时效性，还要注重送礼的时机，原因在于，只有在最需要时得到的礼物才最珍贵、最难忘。所以，应该准确把握馈赠的时机。通常送礼贵在及时，超前和滞后都无法实现馈赠的目的，同时也贵在需要的程度。人们在"门可罗雀"和"门庭若市"这两个时间段对馈赠的感受是非常不同的。因此，如果在商务交往对象处境困难时对他进行馈赠，那么其表达的情感就会更加真挚和高尚。

此外，商务馈赠最好选择一些重要的节日、对方的某些纪念日。这样的话，送礼不仅不显得突兀虚套，而且受礼的接受者也更容易接受，会使双方感情更为融洽。

3．效用性原则

像所有的事物一样，当礼以物的形式出现时，礼物本身也开始具备实用价值。对礼品本身的实用价值来说，由于人们具有不同的经济状况、文化程度和追求，所以会对礼品的实用性有不同的要求。

礼品的选择应该根据收礼人的不同而有所不同。通常，应该送朋友带有趣味性的礼品；应该送老人实用的礼品；应该送孩子启智的礼品；应该送外宾具有特色的礼品。因此，应视受礼者的具体情况，有针对性地选择礼品。

（二）馈赠礼品的礼仪

1. 礼品包装要讲究

精美的包装会使礼品增添光彩，也能更好地表达送礼者的诚意，还能引起受礼人的兴趣和探究心理，使双方愉快。好的礼品如果包装得不好，那么既会使礼品逊色，又大大降低了其内在价值，并且受礼人还容易轻视礼品的内在价值，从而折损了礼品所寄托的情谊。

赠礼前应该去掉礼物的价格标签。如果价格标签很难取，则应把价目签用深色颜料涂掉。

2. 赠礼的态度要大方

赠送礼品应双手奉送，或者用右手呈交，避免用左手。赠礼者的态度平和友善、动作落落大方、言语表达得体，才会使得赠受礼双方共同接受。把礼物悄悄放在桌下的做法往往会适得其反，达不到馈赠的目的。一般来讲，我国习惯送礼时谦虚地说："只是一点小意思。"在介绍所赠送的礼品时，重点应该放在自己对受赠一方的好感和情义上，不能过分强调礼物的实际价值，否则，会使对方产生接受贿赂之感。

3. 赠礼选择好具体时间

礼品一般应当面赠送。一般说来，应在相见或道别时赠礼。送礼的最佳时机是，进到大门，寒暄几句就奉上礼物，这样，对方就不会由于客套而不收礼，双方也就不会出现僵持的情况。如果错过了在门口送礼的时机，那么可以等坐定后，主人倒茶的时候送，这样不仅不会打断原来谈话的兴头，还能增加另一个话题。送礼也很讲究时间间隔，不能过频、过繁，或间隔过长。

（三）受礼的礼仪

1. 接受礼品的礼仪

受礼和答谢是受礼人对馈赠者的深情厚谊的肯定，它能从另一方面帮助馈赠者完成送礼的任务。接受礼品看起来很简单，但其中也有一些需要注意的方面。

（1）当他人口头宣布要赠送礼品时，无论自己在干什么，都必须立即中止，起身站立、面向对方，以便有所准备。

（2）在对方取出礼品准备赠送的时候，不应伸手去抢或双眼盯住不放。在这时应该保持应有的风度。

（3）在一般情况下，只要礼品不带有贿赂性质，通常不要拒收，尽量找机会回礼。接受礼物时，应该注意礼貌，但不能过于推辞，避免给送礼者的感情带来伤害；

即使不满意所收的礼物，也应有礼貌地进行感谢。对于一件合适的礼品，受礼人应当郑重其事地收下。受礼者还应赞美和夸奖礼品，以示感谢。

（4）双手接过礼品。在赠送者递上礼品时，应该尽量双手迎接。不要一只手去接礼品，尤其是不要单用左手去接礼品。在接受礼品时，一定要面带微笑，双目注视对方。

（5）视具体情况，或拆看，或只看外包装，还应该邀请赠礼人介绍礼品的功能、特性以及使用方法等，以示喜爱之情。一般而言，中国人在接受礼品时，通常不会在送礼者的面前打开礼物，而是把礼物放在一边以后再看。这表示自己看重的是对方送礼的心意，而不是所送的礼品。而西方人通常习惯当场打开礼品，并表示赞美之情。

2．回礼的礼仪

在接受他人所赠的礼品后，受礼人往往要回礼。回礼时，应该具备合适的理由与时机，不能单纯地为了回礼而不选时间、地点，并拿用等值的物品进行回赠。

一般而言，如果是回赠礼品，应注意以下三点。

（1）接受他人的馈赠，应留心记住礼物的内容，回赠时以选择类似的物品为宜。但回赠的礼品切忌重复。

（2）选择适当的时机。回礼也可以根据自己的情况而定。例如，来客赠送礼品，主人有很多种回礼的方式，不仅可以回赠一定的物品，而且可以采用款待对方的方式。如果是以酬谢为目的的馈赠，受礼者可不必回礼。

（3）选择适当的礼物。一般回礼要与所收礼品价值相当。回礼的价值一般不应超过对方赠送的礼品太多，否则会给人攀比之感。

第五节　中西商务礼仪差异及案例分析

一、中西商务礼仪的差异

（一）介绍顺序的差异

在商务交往中，中西方在介绍两个人认识时的顺序相反。一般西方人具有以下4种做法：①他人介绍给你尊敬的人；②把男士介绍给女士；③把较年轻的介绍给同性别的较年长者；④把比较次要的人介绍给同性别的较重要的人。然而，中国的习惯则恰恰与之相反，中国是"先尊后卑"，西方则是"先卑后尊"。

（二）商务用餐的差异

和西方人一同进行商务用餐时，尽量不要将餐具碰撞出声。此外，在西方人看来，大声咀嚼、打嗝、打喷嚏等都是不礼貌和无礼的。当同桌的人还在吃饭时，千万不能吸烟，以免打扰别人。西方人没有劝酒、灌酒的习惯，在他们看来，强迫别人饮酒是非常无礼的。因此，和西方人在一起时，不会喝酒是可以拒绝的，可以用其他饮料代替，即便会喝酒，也不能过量。在西方人看来，酒醉呕吐、失态都是不雅的行为。

（三）商务拜访的差异

在外国人家中，不能评论他们的摆设，也不能随意欣赏某件物品，那样会使主人将该物品赠送给你，造成不必要的尴尬。倘若主人家养猫、狗等宠物，一定要友好对待它们，这是因为外国人非常珍爱宠物。美国人办事注重效率，并且有计划地安排自己的时间，有人突然拜访是他们最不希望看到的。所以要想拜访他们，必须事先约会。

二、中西方商务礼仪案例

（一）案例一

1. 案例引入

在一次商务活动中，中国的王琳遇见了一位美国朋友杰克，杰克夸王琳的衣服很漂亮，王琳却说自己的衣服不是很漂亮，也不值多少钱（其实还挺昂贵的）。当杰克听说衣服便宜，想买一件送给自己的妻子，询问王琳在哪买的时候，王琳支支吾吾说不出来，陷入了尴尬的局面。

2. 案例分析

从这个例子我们可以看出，在中国，人们习惯贬低和自己有关的东西，认为谦虚是一种美德；而在美国，人们都是自由地表达自己的思想和感情。

（二）案例二

1. 案例引入

司马小姐至今都记得自己第一次在商务宴会中吃西餐的情形。走进餐厅，看到豪华而气派的装饰，而且整个餐厅很静，若有若无的音乐轻轻回荡，让司马小姐心动，同时也不免紧张。她走到餐桌边，伸手去拖餐椅，而侍从赶紧过来，帮她轻轻挪动椅子，司马小姐同时发现自己站在了椅子的右边，脸一下子就红了。接下来进餐的过程中，她牢记左叉右刀的原则，但是其实她是左撇子，而且第一次用，心里很紧张，更显得笨拙。整个进餐的过程中，司马小姐觉得像是在受罪，音乐、环境对她而言都不曾留下什么印象，只有紧张与小心翼翼，以及小心翼翼后的笨拙，令她终生难忘。

2．案例分析

在参加西餐宴请时，要注意西餐礼仪。在走到餐桌旁时，应站在餐椅的左边位置，由侍者挪开餐椅。而司马小姐事先没有对西方餐桌礼仪进行了解，导致出现了失礼行为。在使用刀叉时，感觉不方便时，可以换右手拿叉，但不宜频繁更换位置。司马小姐虽知晓左叉右刀的原则，却不知道变通，而显得自己十分笨拙。因此，这是失败的社交事件。

第五章　跨文化商务交际中的冲突

第一节　跨文化商务交际中的精神文化冲突

文化是人类所创造的物质财富与精神财富的总和，其内涵随着时代的变化不断丰富与发展。由于各个民族有着不同的发展历史与人文底蕴，因此在进行交际的时候难免会产生文化的碰撞。本节主要介绍了跨文化商务交际中的价值文化冲突和思维方式冲突。

▌ 一、价值文化冲突

（一）价值观念

不同的文化具有其特定的系统，但价值观始终是文化的核心，对人类的活动起着规定性作用，是人们道德的标准、评价的依据、推理的模式、处世的哲学、认知的准绳、行为的规则、思维的方式。一般情况下，这种价值体系形成于人们日常生活的交际中，潜移默化地影响着人们的生活、行为、思想、心态等方面，成了其民族性格的基石。

价值观具有稳定性，即人们的价值观在特定的条件、地点、时间下是相对稳定的。同时，价值观还具有持久性，即价值观是在人类成长的过程中形成的，所处的经济地位、社会生产方式对价值观的形成有着决定性的影响。除此之外，价值观还受他人观点与行为和舆论宣传的影响。

1. 群体取向与个人取向

1）中国社会的群体取向

中国社会的群体取向主要提倡以国家、社会、家庭利益为重，个人利益在这些利益面前是可以牺牲的。通常人们在处理环境、集体与个人之间的关系时，往往会被要求与集体或领导保持一致。在当今社会，尽管传统的群体意识已远远超过了它原有的意义，但人们对集体或群体仍有很强的归属感。

他人取向是群体取向的延伸表现，人们的行为受他人意见的影响，往往使自身的言行举止符合群体的意志。这种表现最终导致了避免另类、随大流、求大同等现象的出现。

可以从群体取向的消极影响和积极影响两个方面来分析。

（1）消极影响。

过于强烈的群体主义取向导致人们欠缺自主创新方面的主动性，人们缺乏个人竞争意识和进取精神。

（2）积极影响。

群体取向使人们共同合作、相互依赖、谦虚谨慎，有利于提倡集体主义，强调爱国主义。在一定的条件下，群体取向使中国社会完成了许多西方社会难以实现的奇迹。

2）西方社会的个人取向

西方社会与中国社会相反，崇拜个人主义。15世纪的文艺复兴时代首次出现了个人主义取向，17世纪以英国哲学家洛克为代表的西方传统哲学充分体现着个人主义这一重要观念。他们认为，社会制度产生于社会秩序建立之前的、为个人利益而行动的个体之间的交往之中，这一个人本位的观点对早期美国社会的发展有着巨大的影响。

个人主义体现为人们的思想、言论、行为等方面的与众不同，以及对个性和差异的追求。因此，美国人喜欢在别具一格中出奇制胜，更喜欢标新立异、独辟蹊径。自由发展、解放个性、个人享受是西方人民的追求，这也就是为什么西方人崇尚竞争，强调功利的、权力的、个人的、外在的主要原因。

但是美国人的个人主义取向并不意味着个人利益高于一切，可以为所欲为，不顾他人。他们崇尚个性解放、提倡自我奋斗，是在法律、法规约束范围内的，因而在总体上是积极的、健康的。美国人积极进取、锐意创新的精神不可否认，这也是美国能成为世界强国的原因之一。当然过于强烈的个人主义取向也有一定的消极性，过分的个性张扬影响了社会群体的合力，过于自信、自重也影响了人际关系的亲和力。

2．求稳与求变

（1）中国文化的求稳心态。

天下万事万物总是处在两种状态中，那就是稳定与变化。群体主义取向决定了求稳的选择，与个体相比，群体由于受到限制不会轻易改变。我国传统社会长期受儒家思想的影响，国家稳定、家庭和睦等求稳的观念深入人心，中国社会在这种观念下不断进步。

近代以来中国社会发生了巨大变化，尤其是 20 世纪 80 年代以来，随着我国经济的发展，综合国力和国际地位不断提升，这些都是在稳定中求发展的成果。

（2）西方文化的求变心态。

与中国文化形成对照的是以美国为代表的西方文化。崇尚个人主义取向的美国人更倾向于求变。在美国人的心目中，核心思想是"无物不变"，而且变化永不停止。变化表现为不断打破常规、不断创新的精神。他们不满足于已取得的成就，不执着于传统的秩序，不甘受制于家庭、经济、教育乃至个人能力的条件。对美国人来讲，变化、改善、进步、发展与未来几乎都是同义词，没有变化就没有进步，没有创新就没有成就，没有发展就没有未来。美国社会充满了一种打破常规、不断创新的精神。

美国人的求变突出表现为他们喜欢独辟蹊径，热衷于冒险探索。变化的背后隐藏着危险、动乱和破坏，然而美国人把这些东西看作创造性的破坏。正是这种求变的价值取向，使美国人永远处于闯新路、创造新生活的气氛之中。

美国人的求变集中表现在他们不同形态的流动上，他们的职业选择、事业追求、求学计划、社会地位、居住地域都在频繁地流动。在社会意义上的"挪动"，为美国人带来了更多的业绩、财富，带来了更多的休闲、享受，也带来了更多的机会、运气。

（二）民族性格

以价值观念为基础的民族性格，是了解一个民族的文化和行为的重要方面。如果说价值观念是文化特质的深层结构，那么民族性格就是文化特质的外化表现。因此，民族性格是可感知的行为特征，对交际行为有着直接的支配作用。民族性格就是指一个民族在对人、对事的态度和行为方式上所表现出来的心理特点，是一种总体的价值取向。性格的表现是心理特征，性格的根由来自态度取向。

态度可以理解为对人、对事的一种心理倾向，它决定人们是积极地、肯定地还是消极地、否定地对待某人、某事或某种行为。根据社会心理学家的研究，态度由认知、情感和意动三个范畴构成。任何心理倾向在某种程度上具备了认知、情感和意动的内容，便形成了态度。尽管态度泛指主体对人或事物的一种心理倾向，但多数心理学家都把他们的研究重点集中在人们对待其他文化群体所持的态度方面，从而引导人们与不同文化群体的人们进行有效的跨文化交际。认知成分被概括为一个人对人或物的信念或真实知识；情感成分包括一个人对某些人或物的评价、爱好和情绪反应；意动成分则包括指向人或物的外显行为。

1. 认知

认知指人们对某种对象所持的思想、信念及知识。它是指人或物被感知到的方式，即在大脑中形成的心理映像。比如很多人相信黑人擅长歌舞和体育运动，日本人拘谨礼貌，美国人慷慨大方，中国人好客，德国人严谨，犹太人富有等。这些信念在人际交往时常常使人们先入为主，这显然是一种思维定式。

2．情感

情感指人们对某种对象在评价方面的反应，是带有主观色彩的情绪表现。在日常交际中，情感成分往往比认知成分更重要。有时交际双方可能有相类似的信息或共识，却在情绪上表现出对立。态度扎根于情感之中，而情感又具有执着的特点，所以一般来说相当稳定。

3．意动

意动指人们对某种对象的行为意向，意动成分受认知和情感成分的影响。如一个崇尚效率和创新的人，在商务合作与谈判当中，会对双方合作中打破传统合作弊端，提高合作成效的措施表现出高度认可和赞扬的态度。

人们自己的态度完全是心理需求的结果，也就是说人的态度是为心理功能服务的。一些学者认为态度具有 4 种功能：一是功利实现功能，人们持有某种态度是因为可以得到某种利益；二是自我防御功能，人们通过某种态度来保护他们的自身利益和自我形象；三是价值表现功能，人们用态度来表示自尊，并肯定自我形象；四是客体认知功能，人们持有某种态度来证明他们拥有支配世界的知识。

（三）相关案例

意大利推行按绩取酬

约翰逊在意大利推出新的按绩取酬的激励机制，第一季度效果喜人，而第二季度业绩却一落千丈……

1．案例引入

约翰逊先生最后决定每个国外"代表处"最多只能派出 3 个代表。这一决定成功解决了代表权问题。虽然没有进行投票，但这一决定得到了所有人的同意。现在他的任务是在接下来的一年里引进按绩取酬和奖励的激励机制。

与往常的做法一样，他从介绍按绩取酬激励机制在美国公司的执行情况开始入手。美国公司 3 年前引进了按绩取酬激励机制。他解释说，虽然不能不提到相似的体制在生产部惨遭彻底失败，但总体来讲，他们能够观察到这一体制能促进计算机销售的增长。这是一种经过改进了的按绩取酬的激励体制。"总之"，约翰逊表示，"我们强烈认为应该把这一体制推广到其他国家的代表处。"

西北欧代表对这一提议提出了谨慎但肯定的意见。然后，意大利代表加里先生开始描述这一体制在意大利的推行情况。在意大利，这一体制在头 3 个月的效果大大超出了他的意料。但是接下来的3个月，业绩却急剧下降。在前一阶段业绩最好的销售员的销售额迅速下滑。他说："经过多次讨论，我最后找到了原因。拿到奖金的销售员在其他销售员面前感到内疚，所以在下个季度里极力减少自己的业绩，避免拿到奖金。"

意大利区经理最后建议，下年应该把意大利市场分成9个区域，按照区域颁发奖金，并把自主权下放给区域内的全体销售代表，由他们决定是平分奖金还是按业绩分发奖金。坦率的荷兰代表说："我从来没听到过这样不可思议的建议。"

2．案例分析

（1）矛盾冲突。

从案例中可以看出，约翰逊认为按绩取酬在世界各国都是有效的激励机制，这种制度将会提高员工工作的积极性和公司的销售业绩。但约翰逊的这种看法是从美国这个典型的个人主义国家的情况出发的。他不清楚世界上还有很多像意大利这样注重集体主义的国家，在那里按绩取酬这种造成员工间薪酬不平等的做法是不受欢迎的。约翰逊新的薪酬制度在意大利失败的原因是他对意大利文化缺乏足够的了解，尤其是在个人主义和集体主义方面。

（2）原因分析。

按绩取酬作为一种新型的管理理论和激励机制在美国获得了巨大的成功，并被众多美国公司相继采用，有效地提高了员工工作的积极性，提升了公司的业绩，被普遍认为是一种先进的管理思想。然而任何理论都有其适用范围和应用的先决条件，管理学作为一门社会科学，更需要注意理论产生和应用的条件和环境。那种认为一种管理思想在一国取得成功，便可放之四海而皆准并取得相同的效果的想法是幼稚和无知的。本案例中按绩取酬在意大利应用的失败，正是忽视了该理论所要求的文化环境和价值观。可以说，正是意大利和美国文化的差异造成了新的按绩取酬制度的失败。在像美国这样的个人主义国家里人们鼓励竞争而不是合作，强调个人的努力和成就。个人的财富被当作成功的体现，会得到人们的尊重。而在意大利这种相对强调集体主义的国家，人们非常注重家庭和社会关系，对集体有情感上的依附。人们需要集体的照看，并因此忠于集体。这种文化强调人与人之间的和谐、合作、互惠互利。案例中当按绩取酬的制度在意大利实施后，虽然在头3个月取得了比预想要好的业绩，但在接下来的3个月却遭受了很大的损失。那些拿到奖金的销售员在他的同事面前感到内疚，以致在下一个季度里尽力避免拿到奖金。他感到内疚是因为他所在的文化强调集体的协作而不是个人的业绩，他自己拿到奖金使大家显得无能没有面子，并拉开了他与其他同事的距离，造成了他与同事的不平等，破坏了团队的团结和同事之间和谐的关系，如果继续拿奖金就会被同事们孤立。

（3）文化沟通。

在一国推行新的管理制度前，首先对该管理制度要求的环境应该有基本的了解，其次还要了解应用国的文化价值观，只有在对人们对新制度的反应有了准确预测后才可以推行。本案例的失败正是由于对理论认识不够深刻，且没有调查应用国的文化价值观造成的。按绩取酬在美国是有效的员工激励手段，而在意大利适得其反。在意大利，约翰逊应该批准加里关于采取更加灵活的奖励制度的建议：让销售员们自行决定是个人领取还是由集体来平均分享奖金，只有这样结合了制度的合理性和当地的具体情况才能有效地达到目的。

■ 二、思维方式冲突

（一）思维方式

思维方式是人们认知客观世界最重要的方式，当人们感知外界信息时，会对信息进行各种心理加工，如分析、整理、评价等，从而获得外界信息的意义。由于不同文化的思维方式存在差异，因此往往会影响人们的交际行为，通常表现在交际风格、译码方式、编码方式、语篇结构，以及句法、词法差异等方面。由此可知，思维方式是跨文化交际产生阻碍的原因之一。

有学者认为，认知模式的差别可能表现在思维活动时对环境的依赖程度方面。可以将对环境的依赖分为领域依附和无领域依附两种情况：①领域依附。领域依附主要是指人们具有较强的统摄整体问题的能力，不仅能更好地从整体上把握事物的本质属性，还能领悟事物内部之间的有机联系；②无领域依附。无领域依附主要是指人们具有较强的解决具体问题的能力，不仅能准确地将部分从其整体中分离出来，还能把组成部分从环境中离析出来，并根据实际情况加以解决。

当然，采用这种两元对立的方式来表示两种认知模式的差异是一种较为极端的做法，更合理的做法是把领域依附和无领域依附当作一个非离散的连续体的两端，这两端分别代表领域依附的整体式思维方式和无领域依附的分析式思维方式。因此两种思维方式的差异是相对的，有些文化的思维方式比较接近于领域依附范畴，而有些文化的思维方式则比较接近于无领域依附范畴。相对而言，东方文化的思维方式比较接近领域依附型，而西方文化的思维方式比较接近无领域依附型。

1. 整体思维与分析思维

1）整体思维的特征

东方人以直觉的整体性与和谐的辩证性著称于世，这也是中国文化传统思维的主要特征，东方人的思维属于领域依附型的思维活动。

（1）直觉的整体性。

思维的整体性是指思维的对象、成果及运用思维成果对思维对象加以改造，都表现出整体的特征。中国人也习惯于把事物分为对立的两个方面，但这两个对立面被看成是一个不可分割的整体，它们相互制约、相互依存。这就是典型的整体性思维，即整体地去认识自然并改造自然，认识世界并改造世界。因此中国传统文化中对人和自然界关系的认识是以"天人合一"为出发点的，人和自然的关系不是像西方文化那样被看成截然对立的主体和客体，而是处于统一的结构之中，天与人、阴与阳、精神与物质是不可分割的统一体。同样，在社会中人与人的关系方面，他们也习惯于把个人放在整个人际关系中去把握，强调人与人相互依存、相互作用。中国传统文化思维的整体性是"直觉"的整体性。所谓"直觉"，就是通过下意识或潜意识活动而直接把握事物，明显的特点是对环境中的事物统而摄之，进而产生悟性，得出结论。这种直接纳入人的经验的方式就是直觉思维，它不依靠逻辑思维推理，而是讲究思维中断时的突然领悟，即灵感或顿悟。中国人认为，凭直觉觉察到的东西是最实在的东西，因此中国人在处理问题时，很相信"车到山前必有路，船到桥头自会直"。

（2）和谐的辩证性。

古代中国人没有选择分析的途径，却追求和谐的辩证，即追求公允、协调、互补和自行调节，以此达到事物的平衡和稳定。"辩证"是指思维过程中善于发现事物的对立，并在对立中把握统一，从而达到整体系统的平衡。"和谐"是指中国人善于把握对立面中的统一、统一中的对立，从而达到和谐。

2）分析思维的特征

西方的思维模式以逻辑、分析、线性为特点，这是一种无领域依附型的思维活动。西方人注重内在的差别，寻求世界的对立，进行"非此即彼"式的推理判断。古希腊的柏拉图首先提出了"主客二分"的思想。笛卡尔开创的西方近代哲学明确地把主体与客体对立起来，以"主客二分"作为哲学的主导原则。这一原则深刻地影响着近代哲学家，成为认识论的一个基本模式。分析性思维明确区分主体与客体、人与自然、精神与物质、思维与存在、灵魂与肉体、现象与本质，并把两者分离、对立起来，分别对这个二元世界进行深入的分析研究。

分析性思维把整体分解为部分，并加以分门别类，把复杂的现象和事物分解为具体的细节或简单的要素，然后深入考察各部分、各细节、各要素在整体中的性质、地位、作用和联系，从而了解其特殊本质。为了解整体及其要素的因果关系，必须把各部分、各细节、各要素割裂开来，抽取出来，孤立起来，因而分析具有孤立、静止、片面的特征。美国人的思维就具有这种典型特征，他们强调以经验和事实为依据，看重观察和分析的方式，热衷于搜集资料和数据，是典型的"归纳法"和"实证主义"。斯图瓦特曾这样描述过美国人的思维特点："对美国人来讲，世界是由事实而不是概念组成的，他们的思维是归纳式的，由事实开始向理论发展。然而，从具体到抽象理论的过程很少是一个完全成功的，因为美国人总是一而再、再而三地希望重新证实他们的理论。"所以他们特别喜欢问"Why"（为什么），就是要你提供数据、事实、理由或证据。

3）中西方思维方式的差异

中西方思维方式的差异表现在很多方面。例如，从医学方面来看，西方主要是通过专用仪器、化验手段、医学指标等检查身体，从而对某个部位进行有效治疗。而中医更注重整体的系统性，强调人体的阴阳协调，主要通过脸色、舌苔、脉象等观察身体状况，从而利用中药进行调和。从绘画风格来看，西方传统油画主张追求神似的写实风格，其画风通常形象生动、栩栩如生。中国传统国画则讲究意境，追求写意，其画风通常具有浓墨淡彩的特点。从烹调方面来看，西方饮食较为单一，注重营养结构。而中国的饮食讲究五味调和，荤素搭配。中国人看问题习惯从整体到局部，由大到小，先全面考虑，之后缩小范围，考虑具体细节，西方人则相反。这在汉语和英语的时空表述上表现得最为透彻，同样是表述时间，汉语从大到小，如"2020 年 10 月 1 日上午 10 点"，而英语从小到大，如"10am，Oct. 1，2020"。

2．具象思维与抽象思维

从思维的结构分析，整体思维倾向于具象的思维模式，即人们以经验为基础，通过由此及彼的类别联系和意义来沟通人与人、人与物、人与社会，进而达到协同效应。具象思维由类比、比喻和象征等思维方式组成。抽象思维，通常也叫作逻辑思维，是以概念、判断、推理作为思维的形式，再通过分析、综合、抽象、概括、比较、分类等途径加以系统化、精确化，并形成相关体系。从本质上看，不同民族都具有以上两种不同的思维方式，但由于历史和文化等原因，不同民族会有不同的侧重和选择。从总体上看，传统的中国文化思维具有较强的具象性，西方文化思维则具有较强的抽象性。

中国人的思维偏重具象性，习惯于以"实"的形式表示"虚"的概念，以具体的形象表达抽象的内容。习惯于用具体的事物进行类比的联想，把事物的相关属性联系起来，从而形成一个完整的认识。思维之中的逻辑性联系可以不很明显，只要有相关性，就可建立联想。通常也不需要准确定义的概念、程序严格的推理，象征的意味较为浓重，思维的结果也以整体性感悟为归宿，不必条分缕析，追求精确。具象思维所依托的是类比、比喻、象征等思维过程，在性质上它们都属于同一范畴。比喻是类比的一种表现形式，象征是比喻的一种表现形式，三者都以经验和具象为基础，都是借助于某种事物的具体形象来阐明抽象的概念。

西方人的思维偏重抽象性，这种思维方式的特征主要体现在以下三方面。①它的思维的基本过程包括分类、比较、概括、抽象、综合、概念、系统化等；②它的思维形式包括推理、判断、各种概念等；③它的思想或思维的工具以符号、数字、文字、语言等第二信号为主。

以语言这种抽象符号作为思维工具是其抽象的主要原因。经过抽象思维得出的定律、法则、原理等，所应用的范围较为广泛。各个国家表达抽象思维的方式也各不相同。例如，英国通常以演绎法来表现抽象思维、美国通常以归纳法来表现抽象思维等。

（二）相关案例

如今，很多跨国公司都采用团队式管理模式。团队精神已经成为一个流行的名词。但是，不同的文化对团队有不同的理解。杰恩·萨弗管理一家美国企业在日本的分公司。由于一个工人的失误，产品组装过程被严重耽误。但整个小组主动承担起了责任，这令杰恩非常困惑。

1．案例引入

杰恩里被美国公司总部派到日本子公司调查一位日本员工所犯的严重失误，一个部件被插倒了，导致整批产品都得回炉重做，造成的损失重大。

杰恩问日本工厂主管有没有查出是哪位员工造成的失误，有没有对她采取任何措施？当那位主管告诉她说不知道时，杰恩很吃惊。"整个工作组已经接受了事故责任，"他说，"至于那个肇事的员工，他们没有告诉我，我也没有问他们。车间监工对此也毫无所知，即使他知道，他也不会告诉我。"

但如果每个人都有责任，那实际上是谁也不负责任。他们简直是互相包庇。这让杰恩很气愤。

"我们可不这样认为，"工厂主管礼貌而又坚定地说，"我知道那个犯了错误的员工回去的时候非常沮丧。她试图辞职。她的两个同事极力挽留了她。工作组知道她是新来的员工，他们没有给她足够的帮助，也没有关心她或关注她是否得到适当的培训。所以整个工作组都道歉了。他们的致歉信还在这里。他们也愿意公开向您道歉。"

"不，不，那不是我想要的，"杰恩说。"我是想阻止此类的事件再次发生。"

她在想她该怎么做。

杰恩应该坚持调查出是谁犯的过失吗？犯过失的人应该得到惩罚吗？

2．案例分析

（1）矛盾冲突。

美国管理者和日本员工对团队和集体的不同理解导致了彼此的不理解，归根到底是东西方文化在团队问题上不同的侧重点成了矛盾的焦点。

（2）原因分析。

这个案例充分展现了拥有不同价值观的东西方人在个人和集体问题上的分歧。在个人主义社会，员工被视作"经济人"，他们只是为了自己的利益工作；而在集体主义文化中，员工属于公司的一部分，他们应维护公司的利益，因此，两个文化对团队和责任有不同的理解。

在美国文化中，人们都是独立的个体，他们应该照顾好自己的利益，没有必要为了别人牺牲自己的利益。人们更强调竞争而不是合作，个人目标先于集体目标。他们认为权利和义务是并存的，因此，公司多采用奖惩制度管理员工。工作出色就会受到奖励，出了失误就要受到惩罚，这是比较有效的激励机制。由此可见，美国的团队是任务导向型的。

在日本这样典型的集体主义国家，团队与组织之间的关系不同于美国。虽然也有较强的自主性，但团队本身却自愿终身依附于组织，而组织也有将其视为自己保护和照顾的对象的强烈倾向。因此，团队和组织之间有类似"亲子"的关系。团队是为了保护成员的利益和权利而存在的。当其中的某个人犯错时，整个团队要承担起责任。

在集体主义文化中，人们把内群体（in-group）和外群体（out-group）画上了清楚的界线。在人际交往时，他们的态度往往内外有别。对待内群体，他们强调内部和谐，与群体的其他成员保持良好的关系，彼此相互信任，乐于为他们提供帮助。而对待外群体，他们的态度要相对疏远，外来人很难融入他们的内群体中，取得他们的信任。对日本员工来说，那个造成失误的女工是他们中的一员，她的困难就是大家的困难，他们有责任帮助她，愿意为她的失误承担责任，希望能通过和平的方式在内部解决这个问题。为了保护她不受责罚，他们选择保持沉默，并愿意集体公开道歉。而杰恩对他们来说是外人，不属于他们的内群体，很难取得他们的信任，因此很难了解事情的真相。作为员工和杰恩之间的协调人，工厂主管既不愿意追查谁是肇事者，也不想与上司发生冲突。

在日本，面子是一个很敏感的问题。大家都知道那个女工会因犯了错误而非常难过。为了照顾她的面子，他们不会把这件事公开。而对美国人来说，承认自己所犯错误是理所当然的，并不是什么丢脸的事情，每个有责任感的人都应该这么做。所以就这一点上，杰恩不能接受他们处理问题的方式。

（3）文化沟通。

要想避免类似的冲突和误解，双方都需要去试着了解对方的文化，了解对方的思维方式和看问题的角度。杰恩应该与日本同事多做沟通，了解他们的管理之道。日本商业的成功与其独特的管理方式是分不开的。她应该尊重日本的管理习惯，学会宽容日本员工的沉默，避免与他们发生直接冲突。在了解日本文化之后杰恩就会知道，其实他们并不是想要使犯错者免受惩罚，而只是想公平地对待，避免她受到太大的伤害。而日本员工也要理解杰恩的个人负责制的思想并加强和杰恩的交流，消除误解，共同解决问题。

第二节　跨文化商务交际中的制度文化冲突

随着经济全球化的发展，跨文化商务交际越来越频繁，但由于各国之间的商务制度和商务文化存在差异，在跨文化商务交际中存在制度文化冲突。这些制度和文化层面的冲突影响了双方的商务交际，长此以往，不利于国际贸易的发展。本节将以案例的形式探讨跨文化商务交际中的制度文化冲突及其解决途径。

■ 一、管理、契约方式

（一）合同规定的最后期限

由于非人为因素而造成的工程延期完工在中国人看来是可以容忍的，但是来自北欧一家银行的 × 先生却无法容忍这种违背合同的事，最后合同双方竟对簿公堂。

1. 案例引入

有一项投资额为800万元的房产建设项目，承建公司请求一家银行在国内的分行作为其担保并向该银行申请贷款。× 先生作为此项目的项目经理被北欧的一家银行派驻北京工作。× 先生，40岁，以前做过律师，工作非常仔细认真。每次要与担保行谈判的时候，他都会带上所有相关合同与文件。担保行的人认为 × 先生太过吹毛求疵和认真。

有一次由于整个工程拖延了两个月才完工，× 先生与担保行以及参与此次工程的施工单位发生了冲突。作为贷款行的代表，他认为施工单位违反了合同的规定，因此如果它不承担起违约责任的话，贷款不会发放。施工单位解释说，工程大而复杂，延期完工是很正常的事。但是无论施工单位的担保行如何解释，× 先生仍然坚持自己的决定。因此双方矛盾冲突不断，最后不得不对簿公堂。

2．案例分析

（1）矛盾冲突。

这个案例反映了中西之间对时间的态度的不同，以及对合同和法律的重视程度方面的差异，第二点的差异更加明显。这些差异导致中方公司未能按时完工，中方的贷款无法落实甚至到了对簿公堂的地步。可以看出，在本案例中出现的文化差异，如果不加以注意，以后同样的问题还会出现并将直接影响中国与外国的经贸合作。

（2）原因分析。

①中西方对合同的不同认识。在实践中，很多中西方之间的纠纷是由合同引起的，在中国国内此种纠纷也时常发生。很多中国人在签合同之前并没有进行过研读，事后发生纠纷才意识到。这种对合同认识上的缺陷不利于中国社会稳定和经济的发展。中国是一个高语境的国家，强调先建立一个广泛的社会信任的氛围，其信任是建立在良好的人际关系上的。例如，朋友、亲属之间产生必然的相互信任。中国人觉得这些良好的关系是值得信任的，如果要在朋友亲属中签订合同，是疏忽人情的表现，很没面子。西方人在这点上与中国人有很大的分歧。西方是低语境的社会，强调事实重于人情，合同才是最终的凭证。在西方签订合同是非常平常的行为，即使是在亲朋好友之间。这并不表示西方人对他人的不信任，而是一种避免纠纷的行为，应该是值得中国人学习和借鉴的行为方式。在案例中，× 先生在与中方谈判时随时都带着相关的合同和文件，中国人认为这是一种吹毛求疵的行为。中国人不喜欢这种行为，认为这是对自己的一种不信任和怀疑。其实 × 先生认为这么做是对彼此的尊重，避免因为合同上的问题在以后产生纠纷，从而破坏了合作。

②中国人注重过程和客观因素，而西方人更注重结果和主观因素。在案例中，中方在工程拖延后最先想到的是解释，找出很多听起来很有道理的解释，找到客观的因素而不去分析主观的原因。中国人很容易接受这些解释，但是西方人认为合同上的内容就是你的承诺，就必须严格履约；违约就是主观上的过错而不考虑客观因素，解释是没有任何作用的。在本案例中，× 先生不顾施工单位关于工程复杂的解释，他认为这些困难都是在签订合同之前必须认识清楚的。既然施工单位违约，它就要承担相应的法律责任。

③中西方迥异的时间观。与只关注时间相比，中国人更注重质量，"慢工出细活"是中国的一句俗语。在中国人看来，人类能够适应时间，时间是非线性的，不与人或事相关，而是一种循环；环形的时间不是一种稀缺资源，时间似乎源源不断，很容易获得。西方人喜欢高效率的办事方式，厌恶做事拖沓和不守时的行为。在追求利润为导向的社会里，时间是一种珍贵的甚至是稀有的商品，时间就是金钱。他们认为浪费时间的行为是对其的不尊重甚至是在浪费生命，是不值得和有这些行为的人合作共事的。在本案例中，建筑公司延迟了两个月完工，违反了合同中的最后期限，令×先生非常不满，取消了贷款，正是西方人强烈的时间观念的表现。

（3）文化沟通。

由于我国公司与外国公司对时间和法律的认识存在很大的分歧，因此在日常交往中发生冲突是很正常的。但为了更好地合作和相互促进，就应努力避免类似案例中的事情发生。

要认清合同是一种文明地规定权利义务关系的方式，是对签订双方都有益处的事情，在签订合同时一定要仔细研读相关条款，并弄清双方的权利义务，避免日后发生纠纷。

要大力加强普法教育，使法律能够真正成为人们心中的一种衡量行为的准则。要正视法律的作用，改变对簿公堂是丢面子的这一传统观念。一定要认识到承诺的重要性，也许中国人无意中的客气话，外国人都会当作诚心的邀请。不要反感西方人在合同上的认真态度，把它当作一种互利的行为。如果注意到了这些，相信与西方人交往时就会减少这方面的冲突。

（二）在墨西哥分公司中的"偏袒亲属"

一家美国公司在墨西哥设立分公司，经理照美国的标准，规定本公司职员不得在招聘时雇用自己的亲属。这一在美国完全符合道德规范的决定却在墨西哥被改变。

1．案例引入

一家美国公司在墨西哥设立分公司，管理层沿用本公司对亲属关系的管理标准，规定不许聘用员工的亲属。这似乎是一个符合商业道德的决策。可是，不久美国总经理发现一些墨西哥员工还是帮助自己的亲属进入这家公司工作。他把这些员工叫到办公室谈话，但似乎不起作用。不仅如此，他渐渐发现有许多墨西哥员工，包括一些部门经理，将他们的亲属招入公司，甚至就安排在同一个部门。在一次经理例会上，他提出了这一问题，并要求对这一严重违反公司规定的做法拿出"合理"的解释。起初所有墨西哥经理都低头保持沉默，所有的人都感觉很尴尬。最后一位墨西哥经理说："也许这一规定是不公平的，因为我们工作都很努力，并且业绩很好。"之后，会议又陷入了僵局。

2．案例分析

（1）矛盾冲突。

这家美国公司的经理在新的分公司成立时明确规定不得雇用本公司职员的亲属；然而，他们的墨西哥员工却认为，他们有责任帮助自己的亲友在美国公司内谋得一份收入丰厚的工作，而且他们的亲属把工作干得很好。

（2）原因分析。

在公司招聘员工时，本公司职员不得偏袒雇用自己的亲属，这在美国是基本的规定。美国文化中，对个人的定义是独立的、平等的，人人应得到平等的待遇，公平竞争。如果在招聘竞争中偏袒自己的亲友，便被视为不公平竞争，与美国文化中的人人平等原则相悖，应当在招聘中选择能力与资格最适合工作岗位的人选。而在南美国家，人们看重家庭，认为社会关系很重要，在工作中应该忠于自己的亲友和家人。因此在公司招聘中，人们认为将自己的亲友介绍进公司，他们会更用心地工作，更加忠诚。

（3）文化沟通。

当这两种不同的商业道德相遇时，应考虑具体的环境和目的。如本案例中美国公司在墨西哥经营，应当考虑适应当地文化。否则，容易挫伤员工的积极性，影响公司效益。如墨西哥公司在美国，则应多考虑美国员工的价值观，重视公平竞争。

二、企业文化融合

（一）某公司并购带来的文化问题

经过艰苦的谈判，X公司终于如愿以偿，将欧洲老牌的家族企业Z公司揽至旗下。然而，公司高层管理者不久就发现，尽管两家公司的人员聚集到了一间办公室工作，但员工在办事风格和效率上有很大差别，这些差别导致员工工作中的冲突不断，而且客户流失的现象也日益加重。

1．案例引入

经过近两年的艰苦秘密谈判，X公司终于如愿以偿，将欧洲老牌的家族企业Z公司揽至旗下。X公司之所以花费巨资，原因在于X公司的销售主要依赖于渠道销售，缺乏直销经验。而随着中国市场的发展，直销必将成为驱动公司快速发展的另一台强有力的发动机。Z公司不仅拥有十分丰富的直销经验，而且占据着文化教育这块市场近70%的份额。因此，在宣布购入Z公司后，X公司立即着手开始制订新的销售目标、拜访客户以及机构合并等整合工作。同时问题也很快出现：公司高层管理者不久就发现，尽管两家公司的人员聚集到了一间办公室工作，但员工在办事风格和效率上却有着很大差别，这些差别导致了员工工作中的冲突不断，而且有不断升级和蔓延之势。原先Z公司的员工指责X公司的员工办事拖拉，效率低下，不负责任，X公司的员工则抱怨Z公司的员工个人主义严重、事事突出自己、盛气凌人、缺乏团队合作精神。而这些情况在汇报到主管层面后并没有得到应有的重视和处理，事实上，一些日籍或英籍主管也抱有相同的看法。争吵不仅逐渐开始在基层员工中蔓延，而且在主管层面也开始出现。很快，公司员工流失现象开始大量出现，流失员工不单是原Z公司的员工，X公司的员工也有流失。更糟糕的是随着员工流失，客户流失的现象也日益加重，一些员工跳槽到了竞争对手公司，Z公司原先的市场不断被竞争对手所挤占。

半年以后，公司管理层终于公布了新的组织机构图和业务流程、规章以及市场应对措施，但原Z公司的大部分员工已经离去。第二年年初行业市场调查机构公布的市场调查结果显示，X公司觊觎已久的文化教育市场份额不但没有保住，甚至下降到了不足30%。人力资源和市场的流失，标志着X公司对Z公司的并购并没能取得完满的成果。

2．案例分析

（1）矛盾冲突。

不同企业有着不同的文化，这种文化差异不仅存在于不同的国度之间，同样也存在于相同大文化背景下的不同企业之间。跨国企业并购所面临的不仅仅是如何处理好不同国度文化之间的文化差异，同时也需要关注并处理好同一国度文化背景中不同的企业文化之间的差异。对文化差异的忽视势必会导致严重的后果，轻者会出现公司运营中的资源浪费、效率低下，重者会危及公司的生存。

（2）原因分析。

根据霍夫斯特的"个人取向和集体取向"的文化维度，西方的一些国家属于典型的"个体取向"国家；而日本和中国属于"集体取向"国家，但二者之间又有很大的不同。日本企业里很重视人际关系的协调，依靠融洽的上下级关系以及同事间的密切联系来提高工作效率。但由于个人很难发挥自己的独创性，决策和行动的时间较长，显得"拖拉、效率低下"。相比之下，虽然中国也是"集体取向"国家，也同样强调个人服从集体，但同时也强调个人的主观能动性，特别是在商务环境中，个人保有较大的活动空间，有较强的主动性，因此能够更大限度上发挥个体的能力，同时能够独立地做决策。个人的主动性与独立性增强，独立决策的机会增多，这在强调集体的日籍员工看来，就是"个人主义""盛气凌人""缺乏团队精神"。

案例涉及的Z公司既是欧洲的老牌企业，又较早进入中国市场，这意味着在Z公司本地化的过程中一方面适应了中国的文化，另一方面又不可避免地带来一些西方企业强调个人取向的经营理念，这在X公司兼并Z公司的过程中造成了不小的文化障碍。

X公司对Z公司的并购之所以未能取得预想的效果，就在于管理层急于求成，急切地想得到市场认可和回报，对不同国度文化之间的差异重视不够，同时又忽略了大文化背景下不同企业文化的差异。正是企业文化的不同导致基层员工间的冲突，而大文化的不同更进一步将这些冲突引向了公司主管层面，最终导致公司人心涣散、人才流失乃至市场份额的大幅下滑。

（3）文化沟通。

从公司管理层面来讲，应积极主动地面对不同的文化背景，引导全体员工努力吸收、消化不同企业文化中的积极因素，将这些因素为己所用，倡导一种开放式的、积极向上的、能够海纳百川的文化。只有与时俱进，企业才能不断进步，最终立于不败之地。

（二）肯德基的成败之路

著名的快餐业大王肯德基在全世界取得了举世瞩目的业绩，但它的成功之路并非一帆风顺。它在进入中国的香港市场时遭遇了惨败的经历。肯德基今天的成功在于吸取失败的教训，不断在产品和营销方式上创新，将自己的竞争优势与本地文化很好地结合在一起。

1. 案例引入

肯德基是一家在世界各地拥有分店的快餐连锁店。然而，作为第一家进军中国香港的美国快餐店，它第一次却遭惨败。1973年著名的肯德基踌躇满志地进入了中国香港，到1974年肯德基在中国香港发展了11家店。肯德基采用的宣传口号是"好味到舔手指"。肯德基采取了猛烈的广告攻势，其独特的烹饪方法也引起了人们的兴趣，而且在肯德基进入之前香港人也很少尝试西式快餐。那时肯德基店里没有座位，只出售外卖。尽管那时香港也有几家快餐店，但他们的规模都很小，不足与肯德基相匹敌。然而，问题不久就出现了，肯德基在香港没有坚持多久。1974年9月，很多肯德基的店面宣布停业，只有4家继续营业。到1975年，所有的店面都关门了。据说失败是由于房租上涨，但肯德基没有吸引住顾客，失败也是必然的结果。不久它就撤出了香港市场。

10年后，在马来西亚、新加坡和菲律宾取得成功之后，肯德基决定于1985年重返中国的香港市场，并于次年在佐敦道和铜锣湾各开了一家新店。这次，肯德基调整了营销战略，将它的顾客定位为16～39岁的人群。所有的鸡肉和原料都从美国进口，依照特别的配方烹制。超过45分钟的炸鸡就会被从货架上取下来，以保证食物的新鲜。炸鸡的定价高于平均水平，但薯条、沙拉和玉米等其他杂项的售价要低于竞争者。公司采取了低调的宣传策略，所做的广告宣传非常有限，其宣传口号也改为"甘香鲜美好口味"。肯德基二次进军香港市场取得了成功。

1987年，肯德基在北京开业了第一家西式快餐店，进入北京市场后，它展开了大规模的广告宣传。肯德基广告的一个引人注目的特点是运用了古老的艺术形式——中国京剧。一个美国快餐品牌在广告中展示了日渐衰落的传统艺术和现代流行元素，这是个很有趣的现象。其中一则广告描述了一个没有卸妆的京剧演员正在吃肯德基。另一则广告则讲述了父子之间的冲突与和谐。画面被分为两部分：父亲在左边的房间里唱京剧，儿子在右边的房间里跳街舞，他们最后在吃母亲端上来的老北京鸡肉卷时取得了和谐统一。

除了广告，他们还注重产品的多样性。他们提供的老北京鸡肉卷，仿照了北京烤鸭的吃法。四川辣味鸡肉汉堡则吸收了川菜的风味。

2．案例分析

（1）矛盾冲突。

早在1973年西式快餐在中国香港还属于新鲜事物时，肯德基就踌躇满志地要进入中国的香港市场。当时，肯德基已在世界各地拥有数千家快餐店，形成了一个庞大的快餐店连锁网络，因此对于香港市场很有信心。肯德基利用声势浩大的宣传攻势引起消费者的注意，加上独特的烹饪方法和配方，很多顾客都乐于尝试。其他快餐业的竞争者都规模较小，不足与之竞争，形势对于肯德基一片光明。但好景不长，1974年肯德基突然宣布多家快餐店停业，仅剩的4家在1975年也都全部关门。虽然肯德基宣称是租金问题导致的歇业，但失败的主要原因还是由于它没有吸引住顾客。

（2）原因分析。

肯德基把全套的美国式服务和宣传方式搬到中国香港导致了它的失败。肯德基采用鱼肉饲养鸡，破坏了鸡特有的口味，让香港居民很不适应。它所采用的广告语还是肯德基的世界性宣传口号"好味到舔手指"，这一广告语在观念上也很难被香港居民接受。服务上，肯德基采用了美式服务。在欧美，快餐店一般是外卖店，顾客驾车到快餐店，买了食物回去吃，店内通常不设座位。但这一做法在中国香港则行不通，人们习惯在店内进餐，喜欢边吃边聊。因此这种不设座位的做法等于赶走了一批潜在的顾客。

事隔 10 年，肯德基重新进入中国香港，这次肯德基采用了更为谨慎的营销策略。首先它进行了市场细分，将自己定位为介于高级餐厅和自助快餐之间的高级快餐厅，主要消费对象是年轻人。食品上，大多数原料和鸡都从美国进口，口味得到改进，保证了食物的新鲜。价格上，它提高了炸鸡的价格，同时降低了其他杂项的价格，以吸引消费者。原来的广告词也改为"甘香鲜美好口味"，更容易被人接受。

1987 年肯德基进军中国大陆市场，在北京开张了中国大陆第一家美式快餐店，取得了巨大成功。这次肯德基吸取在香港的成败经验，充分考虑了大陆的文化投资环境。从肯德基在大陆所做的广告和他们对菜单所做的改进都体现了他们在本地化方面所做的努力。

肯德基开展了大规模的广告宣传。在广告中，他们把传统的国粹京剧与现代元素结合在一起，体现了中西文化交融的精神。除了广告之外，肯德基还在菜单上提供了老北京鸡肉卷和四川辣味鸡肉汉堡，从传统的中国菜中找到灵感，使洋味快餐更适合中国消费者的口味，不断给他们带来新鲜感。老北京鸡肉卷就是仿效北京烤鸭的吃法，将炸鸡和大葱甜酱卷在一起。四川辣味鸡肉汉堡也是结合了川菜的独特风味。肯德基还推出各种粥品作为早餐，更适合中国人的早餐习惯。

（3）文化沟通。

吃一堑，长一智。肯德基在中国香港由失败到成功的案例说明了文化经营的重要性。忽略当地文化，照搬自己一贯的经营方式，必然会招致失败。本地化对于饮食业尤为重要，因为一个地区长期的饮食习惯是很难改变的，人们可能出于新鲜感去尝试，但要保持长盛不衰还要在文化上下功夫。不仅要使当地人从食物的口味，也要从心理上接受它。随着人们生活水平的提高，饮食不仅仅是为了满足基本的生理需求，也体现了人们的生活品位，人们面临的选择也越来越多，怎样才能吸引消费者的注意成了商家的难题。肯德基的成功不仅在于它提供的食物方便、快捷、适合中国人的口味，更在于它抓住了年轻人崇尚外来文化的心理特点，将饮食的营销变为文化营销。

第六章　跨文化交际中的商务谈判

第一节　现代商务谈判

▌一、商务谈判概述

（一）商务谈判的定义

商务谈判（Business Negotiations），是买卖双方为了促成交易而进行的活动，或是为了解决买卖双方的争端，并取得各自的经济利益的一种方法和手段。

（二）商务谈判的特征

1. 以获得经济利益为目的

不同的谈判者参加谈判的目的是不同的，外交谈判涉及的是国家利益；政治谈判关心的是政党、团体的根本利益；军事谈判主要关系敌对双方的安全利益。虽然这些谈判都不可避免地涉及经济利益，但是常常是围绕着某一种基本利益进行的，其重点不一定是经济利益。商务谈判则十分明确，谈判者以获取经济利益为基本目的，在满足经济利益的前提下才涉及其他非经济利益。虽然，在商务谈判过程中，谈判者可以调动和运用各种因素，而各种非经济利益的因素，也会影响谈判的结果，但其最终目标仍是经济利益。与其他谈判相比，商务谈判更加重视谈判的经济效益。在商务谈判中，谈判者都比较注意谈判所涉及的重要技术的成本、效率和效益。所以，人们通常以获取经济效益的好坏来评价一项商务谈判成功与否。不讲求经济效益的商务谈判就失去了价值和意义。

2. 以价值谈判为核心

商务谈判涉及的因素很多，谈判者的需求和利益表现在众多方面，但价值则几乎是所有商务谈判的核心内容。这是因为在商务谈判中价值的表现形式——价格最直接地反映了谈判双方的利益。谈判双方在其他利益上的得与失，在很多情况下或多或少都可以折算为一定的价格，并通过价格升降而得到体现。需要指出的是，在商务谈判中，我们一方面要以价格为中心，坚持自己的利益，另一方面又不能仅仅局限于价格，应该拓宽思路，设法从其他利益因素上争取应得的利益。因为，与其在价格上与对手争执不休，还不如在其他利益因素上使对方在不知不觉中让步。这是从事商务谈判的人需要注意的。

3．注重合同的严密性与准确性

商务谈判的结果是由双方协商一致的协议或合同来体现的。合同条款实质上反映了各方的权利和义务，合同条款的严密性与准确性是保障谈判获得各种利益的重要前提。有些谈判者在商务谈判中花了很大气力，好不容易为自己获得了较有利的结果，对方为了得到合同，也迫不得已做了许多让步，这时谈判者似乎已经获得了这场谈判的胜利，但如果在拟订合同条款时，掉以轻心，不注意合同条款的完整性、严密性、准确性、合理性、合法性，其结果可能被谈判对手通过条款措辞或表述技巧上，引入陷阱，这不仅会把到手的利益丧失殆尽，而且还要为此付出惨重的代价，这种例子在商务谈判中屡见不鲜。因此，在商务谈判中，谈判者不仅要重视口头上的承诺，更要重视合同条款的准确性和严密性。

（三）跨文化商务谈判的要求

1．要有更充分的准备

跨文化商务谈判的复杂性要求谈判者在谈判之前做更为充分的准备。一是要充分地分析和了解谈判对手，了解谈判对手的文化背景，包括习俗、行为准则、价值观念和商业惯例，分析政府介入（有时是双方政府介入）的可能性及其介入可能带来的问题。二是研究商务活动的环境，包括国际政治、经济、法律和社会环境等，评估各种潜在的风险及其可能产生的影响，拟定各种防范风险的措施。三是合理安排谈判计划，解决好谈判中可能出现的体力疲劳、难以获得必要的信息等问题。

2．正确对待文化差异

谈判者对文化差异必须要有足够的敏感性，要尊重对方的文化习惯和风俗。西方社会有一句俗语，"在罗马，就要做罗马人"（In Rome，Be Romans），其意思也就是中国的"入乡随俗"。在跨文化商务谈判中，"把自己的脚放在别人的鞋子里"是不够的。谈判者不仅要善于从对方的角度看问题，而且要善于理解对方看问题的思维方式和逻辑。而且，任何一个跨文化谈判活动中的谈判人员都必须要认识到，文化是没有优劣的。此外，还必须尽量避免模式化地看待另一种文化的思维定式。

3．避免沟通中的障碍和误解

语言是联结不同文化和不同谈判者的一个重要纽带，但它也会成为谈判的障碍。因此，谈判者能够熟练地运用对方语言，至少双方能够使用一种共同语言来进行磋商交流，对提高谈判过程中双方交流的效率，避免沟通中的障碍和误解，有着特别重要的意义。

在跨文化谈判中，非语言沟通是一个非常重要的因素。谈判者要注意自己的形体语言，要注意揣摩对方的手势、语调、沉默、停顿和面部表情的含义，从而避免导致歧义和误解。在国际商务谈判实践中，要善于观察，认真学习和及时总结，不断积累和丰富阅历。

4．制定灵活的谈判战略和策略

在跨文化谈判中，谈判双方文化背景的差异导致谈判双方谈判风格的差异与冲突。在认识不同文化间谈判风格差异的基础上，谈判者要使己方的谈判战略和策略具有一定的针对性和灵活性，使己方的谈判战略和策略适应特定风格的谈判对象、特定的谈判议题和特定的谈判场合。

复杂性要求谈判者在谈判之前做更为充分的准备。一是要充分地分析和了解谈判对手，了解谈判对手的文化背景，包括习俗、行为准则、价值观念和商业惯例，分析政府介入（有时是双方政府介入）的可能性及其介入可能带来的问题。二是研究商务活动的环境，包括国际政治、经济、法律和社会环境等，评估各种潜在的风险及其可能产生的影响，拟定各种防范风险的措施。三是合理安排谈判计划，解决好谈判中可能出现的体力疲劳、难以获得必要的信息等问题。

■ 二、立足于文化的商务谈判前准备

商务谈判是一项复杂的业务工作，受物理环境、心理环境、时间环境等一系列交际情境及谈判人自身交际行为能力等因素的影响，而跨文化商务谈判因文化差异的干扰更显风云暗涌，变幻莫测。因此，要适应这种错综复杂的局面，只有做好充足的准备，才能运筹帷幄，决胜千里。下面介绍跨文化商务谈判涉及的主要准备事宜。

（一）礼品的赠送

当前国际贸易领域发展和变化的速度令人叹服，国际间的贸易往来无时不有、无处不在，各国商务人士的相互交往日趋密切。建立互利、互惠、可信的新型贸易合作关系成为贸易双方努力追求的目标。如今，在贸易交往中，人们更注重采用"软推销"（soft sell）的贸易形式达到预期的谈判目标。因此，礼品的赠送也成为众多商务人士（特别是在社会环境优越的国家和重人情味的国家（highcontent and relationship-driven nation））促进彼此良好沟通的有效补充手段。但必须指出的是，礼物在国际贸易中仅是为了能顺畅表达对贸易谈判对方的尊重和欣赏，并非缺其不可。另外，如何选取礼物尤为重要，不合适的礼物只会损害双方的业务关系，与其

这样，不如不送。

俗话说："十里不同乡，百里不同俗"。若要保证礼物能不辱使命，送礼前做功课则显得必不可少。首先要了解贸易国的风土人情，特别是喜好和忌讳，然后可根据送礼的对象（谈判团体或个人）有的放矢地购买合适的礼物。假如目标是整个谈判团体，选取公务性、大众化的礼品即可；假如送给个人，尤其是对方谈判团队中身份地位较高的人，如首席谈判员（the chief negotiator），那么可以多花点心思收集他的生活习惯、兴趣爱好等信息，在此基础上赠送既符合其所在国的商务习俗又富有个性化的礼物，真正投其所好，事半功倍。

在礼品的选取上，要避免品种、色彩、图案、形状、数目、包装方面的禁忌，禁送现金、有价证券、天然珠宝、贵重首饰、药品、营养品、广告性和宣传性物品、易于引起异性误会的物品、涉及国家机密和商业秘密的物品及不道德的物品。在中外商务交往中，中方商务人员可以考虑赠送外国洽谈人士一些具有中国特色的物品，以满足对方好奇的心理。

礼品选取好之后，选择在什么时间、什么场合赠送以及如何送与礼品本身同样重要。有些国家，在对方送礼时才能还礼。通常，初次见面时赠送礼品较为常见，但在沙特阿拉伯，如果与阿拉伯人初次见面就送礼，则不要一个人在场时送，否则可能被认为是行贿。在俄罗斯，人们习惯在初次会谈时赠送礼品，拉丁美洲的一些国家则会选择在交易成功达成后的庆功宴上送礼。在英国，合适的送礼时机是在晚饭后或看完戏后，公司若送礼，最好以老板私人的名义。在荷兰，交易谈成或会议结束后互赠礼物。在巴西，商务礼物是在谈判后送。在瑞士，得选择合适的时机送礼，以免有行贿之嫌。在爱尔兰，要准备双份礼品分别送给个人和公司。在西班牙，通常很少在交易成功之前赠送礼物。赠送礼品在荷兰是一种友谊的象征，而不是用于商业目的，所以最好在建立个人关系后再赠送礼品。

同时，在商务交往中，应牢记赠送礼品侧重形式而非内容，商务活动中能否选择合适的包装往往代表对谈判对方的尊重和重视程度，同时也能凸显品位和面子。在包装材料的选取上要注意色彩的文化禁忌（cultural color taboos）。

英国：一般送花费不多的礼品；高级巧克力、名酒和鲜花。避讳：服饰、香皂等大多数私人物品；菊花、百合花；带有公司标记的物品；数字13。

法国：关系融洽后方互相送礼，喜欢本土出产的奢侈品，如香槟酒、白兰地、带有艺术性和美感的礼品。避讳：笨重、铺张的礼物；剑、刀叉、餐具、数字13；菊花、牡丹花、杜鹃花、康乃馨（石竹）、纸花、其他黄色的花、捆扎的鲜花；带有仙鹤图案的物品。

西班牙：讲求实际，电器等贵重品受人珍视；喜欢家庭手工艺品、优质钢笔、桌面饰物和名酒。避讳：茉莉花、菊花；贵重的礼物；公司标志太突出的礼物。

比利时：无特别的喜好和避讳，可以赠送适宜且实用的名牌物品。

荷兰：无特别的喜好和避讳。有插图的书籍、质量高的皮革制品、办公用具、特制的精美食品或优质法国葡萄酒、西班牙雪利酒或者威士忌等都是受欢迎的礼品。

摩洛哥：喜欢绿色、红色、黑色；喜爱鸽子、骆驼、孔雀图案及数字3、5、7、40。避讳：六角星、猫头鹰图案；数字13。

美国：送礼文化不发达，喜欢书籍、文具、盆景、鲜花、巧克力和中国工艺品，且十分讲究包装；喜欢浅淡简洁的颜色，如牙黄色、浅绿色、浅蓝色、黄色、粉红色、浅黄褐色。避讳：贵重的礼物；双数。

巴西：喜欢酒类、巧克力、办公用品、果酱；欧洲的产品如皮革制品和18克拉黄金；美国的高技术产品和小器具。避讳：棕黄色、深咖啡和紫色；普通且不精致的标志礼物。

澳大利亚：友好、不拘小节，喜欢（商务会议）商用记事本、镇纸、咖啡杯；T恤衫、领带、棒球帽或者一个大头针。避讳：太过贵重的礼物。

（二）时间的准备

留给对方的印象尤其是第一印象在国际商务交往中往往起至关重要的作用。一开始就未给对方留下好印象直接影响谈判的顺利进行（start offon the wrong boot）。第一印象的好坏往往是瞬间之事，而细节决定成败（details determine your success），对时间的把握则是其中必不可少的环节。在商业发展史上还从未发生过因为守时而产生过错的案例，在正式进行商务谈判前谈判方对时间要有清晰的认识：前往谈判地点需要花费多长时间。需要预留多少时间（这其中往往要考虑某些突发状况的发生，尤其在对贸易合作国的地理环境不熟悉的情况下）。当然，世界各国文化形态各异，时间观念自然也会迥然不同，不同的时间观念反映到国际商务交往中，必然会引起交流的障碍甚至冲突，有的人不免会为此产生困惑。在商务交往中，我们应明白守时不仅是表达尊重的方式，即使是在并不怎么恪守时间观念的文化中，还是体现自身专业素质的一种行为，正所谓"自我克制于己有利"。同时，在了解对方时间观念的基础上采取合适的商务交往行为，才能真正做到"知己知彼，百战不殆"。

从文化类型及其时间层面上划分，当今世界可大体分为两类：共时性文化（monochrcrnic）或单向时间习惯；历时性文化（polychronic）或多向时间习惯。共时性文化是指有较强的时间观念，认为时间很珍贵，有明确的时间规范，持有重视时间和守时的态度，多次迟到的人被看作是难以信赖的，是对对方不尊重，对事情、对会议不尊重，很可能事后遭到对方的报复。事先安排、事先通知是共时性文化的另一个特点。中国、美国、加拿大、澳大利亚和西方很多国家属于此类，日程安排对美国人、德国人和北欧人是神圣的。相反，多向时间习惯是指时间观念淡漠，没有严肃对待时间的态度，做事情不愿意恪守时间表，工作安排的随意性较大。亚洲大部分国家、拉美国家、阿拉伯国家和非洲国家都属于多向时间习惯。"一心多用"（do multiple tasks simultaneously）的思维方式正是多向时间习惯文化的表现特征。

（三）引荐与问候

在国际商务交往中，任何一个国家都不可避免地要与他国打交道，建立贸易关系。在涉外交往中，当交往双方不相识时，有必要通过介绍，使其彼此相识。所谓介绍，指的是通过适当的方式使交往双方相互结识，并且各自对对方有一定程度的了解。通常，介绍又可分为自我介绍与介绍他人两种情况。

自我介绍与介绍他人的礼仪的细节和相关注意事项前面章节已有介绍，这里不再赘述。

■ 三、商务谈判过程

以商业谈判为例，谈判的过程包括：开局；报价；讨价还价；僵局处理；拍板签约；关系修缮。

开局建立谈判气氛，交换意见，确定谈判议程。谈判开始应注意的事项有：创造和谐谈判气氛，了解对方的生活习性，注意营造使对方舒适的环境；谈一些双方都感兴趣的话题，以形成一种和谐的气氛，各自可以交换一些这次谈判的一些看法。谈判导入阶段的气氛，包括：①入场，表情自然、目光坦率。②自信、态度友好。③握手，力度、时间和方式，亲切郑重。④介绍，由领导介绍己方人员。⑤寒暄亲切、和蔼、轻松自如。

案例导入：出价的高低。

一位工会职员为造酒厂的会员要求增加工资一事向厂方提出了一份书面要求，一周后，厂方约他谈判新的劳资合同。令他吃惊的是，一开始厂方就花很长时间向他详细介绍销售及成本情况，反常的开头叫他措手不及。为了争取时间考虑对策，他便拿起会议材料看了起来，最上面一份是他的书面要求。一看之下他才明白，原来是在打字时出了差错，将要求增加工资 12% 打成了 21%。难怪厂方小题大做了。他心里有了底，谈判下来，最后以增资 15% 达成协议，比自己的期望值高了 3%。看来，他原来的要求太低了。

分析：对于出价的高低，有很多技巧和策略在背后起支持作用，从而影响彼此的心理及认可的变化度。价格是谈判中不可回避的内容，而且是影响谈判成功或失败的重要内容。

报价的顺序：实力强，应争取先报价；实力均，应争取先报价；实力弱，应让对方先报价；不懂行，应让对方先报价；买卖类，应让卖方先报价。

报价时要注意的问题：坚定、果断、严肃——给对方一种认真、诚实、正确的好印象，明确、清晰而完整——对方产生异议与误会，不做过多的解释、说明和评论——以免对方发现你真正的意图或弱点。

讨价还价 = 讨价 + 还价 + 回顾总结 + 进一步磋商

讨价还价的含义：在一方报价之后，另一方根据报价方的解释，对所报价格进行评论，当评论结果是否定态度时，要求对方重新报价。讨价应注意的问题：

①讨价前尽量避免用文字或数字回答对方的问题；

②讨价要持平静信赖的态度，给对方下"台阶"的机会；

③讨价要适可而止，符合行业规律和合作模式。

还价：①不接受报价方，由还价方重新报价；②建议报价方撤回原报价，重新考虑比较实际的报价；③对原报价暂时不做变动，但调整部分交易条件。

注意：只要用文字或数字回答了对方有关价格的提问，就可视为已还价。

进一步磋商：①分析双方分歧的原因；②对谈判施加影响；③提出要求与让步；④形成僵局与打破僵局。

形成僵局的原因：利益问题，即找不到双方利益共同点，无法达成一致；人员问题，如表述沟通不畅、态度过于强硬或木讷；环境问题，如政策发生变化、行情发生变化。

僵局的处理方法：出现僵持局面的解决办法和利益问题：双方是否都正确表明了自己的利益需求？是否可以引入新的条件以创造新价值进而达到双赢？

人员问题：谈判者调整自身态度，或者更换谈判代表；环境问题：当环境发生变化时，双方需要重新审视谈判条件，甚至重新来过；出现僵持局面的应对措施：挑剔对方或对方产品，削弱对方气势；隐蔽自己的弱点；显示谈判结果无关紧要；回避矛盾，先易后难；休会换人；第三方调解；停止谈判。

■ 四、现代商务谈判技法

（一）准确预测法

准确预测法包括科学预测与信息收集两个方面。预测是根据事物的本质、内在联系做出对事物未来发展的判断，预测是与事实为根据的。科学预测：人们对科学的未来发展趋势提出的有根据的预测。其主要任务是用科学的方法去分析研究现代科学各个领域的内在联系，寻求科学发展的目标，为制订科学政策和科研计划提供参考依据，以促进科学研究取得较大的进展和突破。在商务谈判中如何进行科学预测，是商务谈判中能否占据有利地位的关键。故在商务谈判前，应对谈判的内容进行先行的资料收集、整理、加工，事先了解对方谈判意图及谈判底线，预测对方可能采取的谈判方式、谈判计划以及谈判技巧，从而采用行之有效的对策及技巧，争取在谈判上占据优势。信息收集是指通过各种方式获取所需要的信息。信息收集是信息利用与信息加工的前提，能否做好信息收集工作，直接关系到信息利用与信息加工的效果。信息加工是对原信息进行分析、重编、改变成新内容而进行的工作。商务谈判中信息收集要做到知己知彼，既要了解自身的优势，又要了解自身的不足，既能正视自己的实力，又要了解对方的情况，包括对方的谈判策略、谈判态度、经济地位、个人喜好、性格特点等。只有在对谈判对手的相关信息充分了解，才能根据形势来确立自己在谈判中的地位以及策略。倘若对谈判对手情况毫无了解或掌握信息不准确，必然导致在商务谈判处于被动地位。

（二）选好时空法

所有商务谈判都是在一定的时间、空间进行的。选好时空法是指谈判要选择有利的时机、时间、环境，以达到商务谈判的最佳效果。时间压力策略：压力就像空气一样遍布在谈判桌的每一个角落，谈判各方都在或明或暗地给对手施加着各种压力，每个参与者都很清楚，顶不住压力的一方将失去大部分利益。时间就是力量。大多数人在与谈判对手交涉时，总是不自觉地将时间的压力放在他们自己身上，而这种压力一定会影响他们的正常的表现。在商务谈判中，时间可以成为一种无形的压力，在时间的压力下，对手经常会做出他们本不愿意的让步，也经常会出现不应该的错误。谈判双方都会考虑如何才能更有效地利用时间，运用好的一方将取得谈判优势。

美妙公司是一家主营圣诞礼物的专业型企业，主力产品是圣诞卡、圣诞老人及各种毛绒玩具，因为专业性强，在业界享有极高的知名度，其产品遍及市内所有中高档市场。雅贵商厦是一家著名的综合性商场，地理位置极佳且交通便利，每个重要节日都会创造极高的销售额。双方在每年的圣诞节都会有愉快的合作，各自都能达到预期的销售目标。而今年雅贵商厦提高了进店费用，这令美妙公司极为不满。

在这个例子中，哪方处于强势地位呢？

我认为雅贵商厦处于绝对的优势，他们会更多地引进其他品牌的圣诞产品，在销售收入上最大限度地弥补缺少美妙产品的损失，消费者方面也不会有流失率的隐患，他们不会因为缺少美妙产品而拒绝消费其他品牌。所以雅贵商厦如果能与美妙合作是锦上添花，不能合作也不会带来什么影响。美妙公司主营圣诞产品，圣诞节的销售对企业是至关重要的，缺少一家销售终端就意味着丧失一份销售收入，更何况缺少的是雅贵商厦这样的大型商场，另外每年的销售高峰都出现在圣诞节的前20天，因而对他们而言时间就是金钱。所以他们此刻使用时间压力策略是错误的，越临近圣诞，美妙公司的谈判筹码越低，而且对方的选择余地要远远超过美妙商厦，雅贵公司可以从容地等待，而美妙公司已经没有时间了。通过这个例子，我们深入了解了时间压力策略的运用，在你使用之前要分析一下双方的谈判力量，如果你有绝对的谈判优势，可以使用该策略；如果处于谈判劣势，建议你考虑其他的谈判策略，不要试图在时间上做文章。选好空间。商务谈判中的空间环境是指特定的谈判地点、场景、环境、氛围。商务谈判系统在特定的空间环境、氛围中不断变化和运动。

（三）随机应变法

谈判不能由一个人或一方独立进行，必须至少有两个人或两方来共同参加。谈判过程中谈判双方你问我答，你一言我一语，口耳相传，当面沟通，根本没有从容酝酿、仔细斟酌语言的时间。而且谈判进程常常是风云变幻，复杂无常。尽管谈判双方在事先都尽最大努力进行了充分的准备，制定了一整套对策，但是，因为谈判对手说的话谁也不能事先知道，所以任一方都不可能事先设计好谈话中的每句话，具体的言语应对仍需谈判者临场组织，随机应变。谈判者要密切注意信息的输出和反馈情况，在自己说完话以后，认真考察对方的反应。除了要仔细倾听对方的话，从话里分析反馈情况外，还要察言观色，从对方的眼神、姿态、动作、表情来揣测对方对自己的话的感受，考察对方是否对正在进行的话题感兴趣，是否正确理解了得到的信息，是否能够接受自己的说法。然后，根据考察的结果，谈判者要及时、灵活地对自己的语言进行调整，转移或继续话题，重新设定说话内容、说话方式，甚至终止谈判，以保证语言更好地为实现谈判目的服务。如果谈判中发生了意料之外的变化，切不可拘泥于既定的对策，来个以不变应万变。不妨从实际出发，在谈判目的的规定性许可的范围内有所变通，以适应对方的反应。如果思想僵化、死板，不能及时以变化的方式去对付变化的形势，必将在谈判中失去优势，被动挨打。

（四）幽默拒绝法

商务谈判中，讨价还价是难免的，也是正常的，有时对方提出的要求或观点与自己相反或相差太远，这就需要拒绝、否定。但若拒绝、否定时的方式死板、武断甚至粗鲁，会伤害对方，使谈判出现僵局，导致生意失败。高明的拒绝、否定应是审时度势，随机应变、有理有节地进行，让双方都有回旋的余地，使双方达到成交的目的。无法满足对方提出的不合理要求时，在轻松诙谐的话语中讲述一个精彩的故事让对方听出弦外之音，既避免了对方的难堪，又转移了对方被拒绝的不快。例如，某公司谈判代表故作轻松地说："如果贵方坚持这个进价，请为我们准备过冬的衣服和食物，总不忍心让员工饿着肚子瑟瑟发抖地为你们干活吧！"又如，某洗发水公司的产品经理，在抽检中发现有分量不足的产品，对方趁机以此为筹码不依不饶地讨价还价。该公司代表微笑着娓娓道来："美国一专门为空降部队伞兵生产降落伞的军工厂，产品不合格率为万分之一，也就意味着一万名士兵将有一个在降落伞质量缺陷上牺牲，这是军方所不能接受和容忍的，他们在抽检产品时，让军工厂主要负责人亲自跳伞。据说从那以后，合格率为百分百。如果你们提货后能将那瓶分量不足的洗发水赠送给我，我将与公司负责人一同分享，这可是我公司成立 8 年以来首次碰到使用免费洗发水的好机会哟。"这样拒绝不仅转移了对方的视线，还阐述了拒绝的理由，即合理性。

第二节　中西文化差异对国际商务谈判的影响

全球经济一体化进程的加快使跨国界的商务活动与日俱增。商务谈判是各类商贸活动的关键环节。然而在国际商务谈判中，各国间的文化差异就显得格外的重要，否则可能引起误会，甚至可能直接影响商务交往的实际效果。这就意味着在国际商务谈判中如何理解各国不同的文化背景是非常重要的。

一、中西方人的谈判方式

（一）中国人的谈判方式

1. 中国人在国际的交际现状及分析

改革开放以来，中国与世界各国的往来日益频繁，尤其是中国加入世界贸易组织（WTO）后，加之中国综合国力的明显上升、国内环境稳定等因素，其他国家的商人越来越愿意与中国商人合作。在这一过程中，不可避免地会涉及商务谈判，更确切地说是跨文化商务谈判。探讨中国人在国际谈判中（跨文化谈判）所处的现状、存在的问题以及导致这种状况、问题的原因，并探索一些促进跨文化交际的策略。

根据对外文化适应程度的不同，可以把文化适应分为三类：低文化适应，是指商人在对外谈判中对对方的文化和语言了解甚少，在谈判中使用母语和自己传统的谈判方式。他们在交际中主要依赖翻译，虽然知道对方文化与自己文化存在一定的差异，却对它们置之不理，并墨守成规，以不变应万变。中文化适应，是指商人在谈判中既使用自己传统的文化也使用对方的文化。他们可以较流利地使用对方的语言，对对方非语言交际的习俗有较多的了解。在谈判中虽然不刻意表现的与对方一样。但对谈判中出现的文化差异持宽容的态度，文化的适应不涉及价值观和思维的改变。高文化适应，是指商人在谈判中大量地甚至全面地使用对方的文化和谈判模式。他们在与外国人谈判中，刻意把自己扮成与对方一样，完全以对方的谈判方式和语言进行谈判。在谈判中，几乎看不到他们自己本土文化的价值观和思维方式。

2．中国人在国际交际中的现状

在改革开放初期，人们因对西方文化不了解，故对西方文化持排斥的态度，在谈判中以低文化适应为主，这使我们在国际谈判中遇到许多障碍。

尽管在加入 WTO 后，中国强调在谈判中要遵循世贸谈判规则，提高对外文化的适应度，减少因为文化差异而给国际谈判带来的摩擦，许多商人也意识到这一点，并积极采取各种措施去提高自身的文化适应程度。但在具体的谈判过程中仍然会因为文化的差异产生一些障碍。对提高中国人文化适应程度带来困难的因素主要是较强的民族情结和汉语情结。

（1）汉语情结。

大多中国商人都会将英语作为谈判的首要技能来学习。在中国尽管英语的影响力与日俱增．但中国人还是对自己的汉语情有独钟。这不仅是由于他们的日常用语仍以中文为主，而且由于他们对自己的母语文化有割舍不断的情结。在大多数对外谈判中，由于语用的差异，他们常常在使用英语时下意识地加入自己的语言文化，使得对方迷惑不解。他们还认为汉语作为维系中华民族的文化纽带和精神支柱，代表着中华民族的尊严。在谈判中不能使用汉语不仅在语言上向对方示弱，同时也影响他们的谈判心理和在谈判中的地位。

（2）文化威胁。

中国成为 WTO 的成员，就意味着参与国际谈判的商人要按 WTO 的规则来行事，但要真正做到"入乡随俗"不仅对中国商人来说有很大困难，对其他非英语国家的商人同样困难。因为在 WTO 的国际贸易谈判规则中的"行事"主要体现了以美国为代表的英语国家的文化。这不仅体现在语言上，也体现在谈判思想与策略上。它要求谈判者不仅要学习英语语言知识，还要学习英语文化知识，包括法律、政治、宗教、社会意识等。这不是一个简单的学习，而是会影响观念、意识的"洗脑"过程。许多中国商人非常抗拒这种文化同化。他们认为：学习和运用以英美文化为主流的国际谈判文化知识，就意味着帮助英美文化在世界上的进一步扩张，这对本土文化无疑是巨大的威胁。

　　3．简介谈判伦理与谈判策略

　　西方现代谈判理论及其社会文化背景在西方发达国家中，越来越多的人直接或间接地跨进了谈判领域，英美等国仅商务谈判人员就占人口的5％以上。谈判学在西方现代管理教育中越来越受到人们的重视。美、英、德、法、日等发达国家以及部分发展中国家的大学、企业和科研机构，都把谈判学作为培养现代政治、经济、管理、外交、政法、教育等人才的重要课程，有的国家还成立了全国性的谈判学会。在西方激烈的竞争和特定的社会条件下产生的谈判理论，其原则与方法日趋完善和系统化，日益显示出其对谈判实践的指导作用。具有代表性的理论主要有尼尔伦伯格的"谈判需要理论"，在他与科罗合著的 *How to Read a Person Like a Book* 和他自己所写的 *The Art of Negotiating* 中系统地提出了自己的理论；约翰·温克勒的"谈判实力理论"，代表著作是 *Bargainingfor Results*；费希尔、尤瑞、雷法等人共同提出的"原则谈判法"（principled-negotiationstratey）；卡洛斯的 The Negotiating Game，从美国人的观点出发，主要研究谈判中策略的运用等。其中，"原则谈判法"被誉为"西方谈判理论的集大成者"。

　　原则谈判法的主要内容由四大部分构成：第一，始终强调在触及实质问题时，人与问题一定要分开分别处理；第二，主张谈判的重点应放在利益上，而不是立场上，因此必须随时把握住谈判各方的利益，尽量克服立场的争执；第三，在决定如何实施方案前，先构思各种可能的选择，谈判者应该安排一段特定的时间，构思各种可能的解决方案，创造性地努力避免或削弱各方利益上的冲突，为对方谈判者主动提供某些解决问题的建设性提案的机会；第四，坚持客观的标准，谈判者应设法引入尽可能多的具有科学优点的客观标准。客观标准具有较高的权威性，不容易受到质疑，而且以客观标准而不是以主观判断来解决问题，使沟通和交际更加顺畅；通过对客观标准的引入及其应用来逐步达成协议，有利于提高谈判效率，减少无谓的争执。

　　纵观西方谈判学的研究和实践，除了对谈判本身固有规律的研究外，还特别注重不同的社会制度、文化观念、传统与习惯对谈判活动的影响，特别针对东方文化提出了一系列的谈判方略，这是值得我们认真研究和加以重视的。中西方文化差异与文化冲突对谈判活动的影响，涉外商务谈判的己方优势首先来自对对手的了解，并且能在此基础上发挥自己的长处，制约对手的长处。搞好谈判，除了谈判者的个人气质、谈判心理因素外，在不同的文化观念、国家制度等影响下形成的谈判习惯及体现在这些习惯中的谈判作风，对于谈判活动的成败，甚至国家与国家之间的交往方式和交往关系，都将产生深刻的影响。因此，正确认识东西方文化的不同及其冲突，是十分必要的。

4. 中西方文化冲突在谈判中的体现

不同的文化特性往往集中地体现在一个国家的国民性上。所谓国民性，是指一个国家和民族所共有的建立在共同的文化观念、价值判断和行为方式上，有别于其他民族的特性。国民性形成的基础就是其特有的文化根基。中西方由于文化传统和文化观念的不同，在谈判过程中对问题的看法往往容易产生对立或误解。中国的国民性中有一个很突出的现象，那就是十分看重"面子"或者说"体面"。在谈判桌上，如果要在"体面"和"利益"这二者中做出选择，中国人往往会选择"体面"；而西方人不一样，他们则看重利益，在"体面"和"利益"二者中会毫不犹豫地选择"利益"。中国人将谈判的结果是否能为自己脸上争光，看得十分重要，以至有的西方谈判家们在他们的著作中，告诫在和中国谈判时，一定要注意利用中国的这种国民性。很显然，只有正确地认识并妥善地把握中西方存在的国民性的差异，才能有效地帮助我们及时地纠正自己的缺点，强化自身的优势，利用对方的缺点，瓦解对方的优势。

在国际谈判的领域，中西文化差异主要体现在以下两个方面：一是认识客观事物的思维差异。中国作为四大文明古国之一，常以自己的悠久历史和文化而自豪，这种自豪感使中国人富有浓烈的民族感情、宏放的气魄和极强的爱国之心，这对民族的进步和发展有着积极的作用。然而，由于历史悠久，文化昭昭，也往往容易产生一种"自傲的偏见"，形成一种"面子"，使自己背上沉重的包袱，甚至故步自封，这种"面子"心理甚至渗透到几乎所有的领域。英国谈判学家比尔·斯科特在他的谈判学著作中曾对此做过专门分析，他说："中国人极重面子，在谈判中，如果要迫使中国人做出让步，则千万注意，不要使他在让步中丢面子。同样，如果我们从原来的强硬立场上后退，也不必在他们面前硬撑，这对我们来说是极为重要的。最后的成交协议必须是彼此的同事认为是保住了他的'面子'，或为他增光的协议。"还有一种有趣的现象，那就是有的中国人虽然要"面子"，但又绝不准别人当众说出来给了他的"面子"，否则，也会使他感到不自在。美国人卢西思·W. 派伊在他的《谈判作风》一书中指出："用帮助中国人得到面子的办法可以得到很多东西。"任何时候，如果不给面子，就可能造成损失。看来，西方人对我们的"面子"观念还是看得比较透彻的。我们能否在谈判领域乃至所有的领域克服自身的偏见，是我们能否迎头赶上世界先进水平，再次成为世界强国的一个重要问题。

西方国家的国民性，虽然也千差万别，但确有着一定的共性。在此，特以美国人为例来说明。美国人的国民性在西方恐怕是最有典型意义的。美国人的国民性特点，既与他们取得的经济成就有密切的关系，也与其历史传统息息相关。他们崇尚奋斗和独立行动、性格外露、充满自信、热情奔放，美国人的这些特性在社交中随处可见。他们在参与国际事务中，很精于使用各种手段，配合外交谈判，从而谋得利益。由于美国人具有这种特点，所以，他们对表面的、仪式性的东西看得很淡，而对实质性的问题却非常敏感，对直率的谈判对手怀有好感。这一些，相对于中国人的谈判作风，具有较大的差异性。

伦理和法制观念的差异。在调节人的行为和处理纠纷方面，中西方有着更大的差异。这种差异主要表现在以下两个方面：首先，中国文化习惯于回避从法律上考虑问题，而是着重于从伦理道德上考虑问题；而大多数西方人却恰恰相反，他们更多的是从法律上考虑问题。在中国，"伦理至上"的观念始终占据着人们思想的重要地位，一旦发生纠纷，首先想到的是如何赢得周围舆论的支持，崇仰"得道多助，失道寡助"，这在中国人看来认为有着极其特殊的内涵和意义。于是，中国人对很多应该利用法律来解决的问题感到不习惯，而是习惯于通过"组织"、通过舆论来发挥道德规范化的作用。西方人则与此不同，他们对于纠纷的处置，惯用法律的手段，而不是靠良心和道德的作用，西方很多个人和公司都聘有法律顾问和律师，遇有纠纷时则由律师出面去处理。一些在中国人看来需要通过复杂的人际关系网去解决的纠纷，在西方人看来却未必如此。

其次，中国人在数千年的封建文化影响下建立在社会等级观念上的平均主义倾向，在社会生活的各个领域中发挥着特殊的作用。其中"官本位"的思想显得十分突出，它使一些人崇仰官吏而藐视制度、藐视法律，习惯于依靠当官的"后台"来做交易。美国学者帕伊感慨地在其著作中写道："许多我们会见过的美国工商业者告诉我们，他们已经学会，在中国人中间只需用口头约定，点一点头，或者握一下手，来决定协议或协议生效的可能"。列述这些差异，只是重在说明，中西方的文化差异，对于交往和谈判带来的影响是深刻而复杂的。我们必须深刻而又清醒地认识这一点。

从中西方文化的差异中，绝不可以认为"外国的月亮比中国圆"。客观地看，中西方文化各具优劣势。我们研究中西方文化差异及其冲突的目的就在于：清醒地认识自我，恰当地了解别人，以使我们的涉外谈判真正做到兴利除弊，扬长避短。

笔者认为，从以上认识出发我们在涉外谈判中要特别注意以下几个问题。

（1）先谈原则还是先谈细节。按照中国文化特点，在谈判时，一般习惯"先谈原则，后谈细节"；而西方恰恰相反，他们比较习惯"先谈细节，避免讨论原则"。这种差异常常导致中西方交流中的困难。中国人喜欢在处理麻烦的细节问题之前先就双方关系的一般原则取得一致意见，把具体问题安排到以后的谈判中去解决。这种思维定式在多数情况下，可使我方在以后的讨价还价中，处于较为有利地位。西方人由于对中国人的这种谈判方式不够适应，在谈判的过程中往往是比较有利于中国人。西方人通常认为细节是问题的本质，因而他们比较愿意在细节问题上多动脑筋，而对于原则性问题的讨论则显得比较松懈。很多事实表明，先谈原则必然会对后面的细节讨论产生制约作用。

（2）是重集体还是重个人。应当说，中西方在谈判过程中，都是既重集体又重个人的。但相比较而言，西方人比较侧重于强调集体的权力，强调个人的责任，即"分权"。而中国人比较强调集体的责任，强调个人的权力、即"集权"。这种差异导致谈判场合中出现这样两种现象：西方人表面看来是一两个人出场，但他们身后往往有一个高效而灵活的智囊群体或决策机构，决策机构赋予谈判者个体以相应的权限，智囊群体辅助其应对谈判中的复杂问题；中方则是众人谈判，一人拍板。可以想象，如果拍板的人是行家倒也还好，但如果拍板者是个外行，那么谈判的风险和结果就难以预料了。因此，我们在谈判中，应当科学而恰当地处理好集体与个人、"集权"与"分权"之间的关系，以便在与西方人的谈判中始终处于较为主动的地位。总之，由于中西方文化差异的影响，在谈判桌上各自的谈判作风表现出很大的不同。有时谈判桌上的困难甚至完全是由谈判作风的不同而导致的。因此，了解中西方谈判作风的差异，有助于我们找到建设性的沟通渠道，发现导致彼此误解或对立的真正原因，并且有效地利用我们在谈判作风方面的某些优势，克服某些方面的弱点，积极驾驭谈判过程，把握谈判的方向和进度，这是中国的谈判人员应当予以重视的。

5. "沙拉式"谈判法则

提高中国人国际交际适应度的方法：本书介绍一种新的文化适应类型——"沙拉式"文化适应，它与鼓励世界多元文化发展的宗旨相一致。在国际商务谈判中，它允许多元文化的共同存在，各国商人在一定的贸易规则（"沙拉酱"）中共同合作，但"行事"标准可以各异。这种文化适应模式不强迫文化统一，对差异也持理解和包容的态度，适应的标准可以因国、因人而异。人们在这种氛围中，对文化适应的认知是平等和不排斥的。它要求人们在了解文化差异中既要学习如何和平共处，又要学习如何解决争议以达成共识；既遵循一定的贸易规则，又互相尊重彼此的谈判文化。

这种"沙拉式"的文化适应取向是针对宏观范围来讲的，即这种文化适应取向对各个国家的人均适用，具体到中国人，为了促进国际谈判的顺利进行，还应采取以下几点策略。

（1）树立跨文化的交际意识。

客观地说，近年来，世界经济一体化的深入和互联网的飞速发展，尤其是中国成功地加入世贸组织，但仍有许多人因低估文化对谈判方式的作用而对此缺乏关注。国际商务谈判中，必须加强跨文化谈判意识，认识到不同文化背景的谈判者在需求、动机、信念上的不同，学会了解、接受、尊重对方文化。

（2）敏锐洞察谈判对手文化准则、社会习俗和禁忌。

在与国外商务人员交往之前，一定要尽可能多地了解他们的习俗与禁忌，以避免不知道某些特殊讲究而使对方不快甚至于影响商务谈判的进程和结果。对待文化问题，应保持中立。在跨国商务谈判中，对方的商务文化有时甚至会与中国人的文化截然相反，有些人坚持的原则和礼俗在我们看来可能是不可思议的。千万不要妄加评论对方的文化准则，同样也不要让对方来评判自己的价值观，而且这样很容易引发尖锐矛盾，所以当不同文化在谈判场上碰撞时，要学会尊重，"尽量站在对方的文化角度去观察事物，尽量站在对方的角度去看问题"。

（3）克服沟通障碍。

由于双方文化背景的差异，一种语言的某些表述难以用另一种语言来表达而造成误解，所以在跨文化商务谈判中尤其要注意翻译的质量。

总之，跨国交际已成为一种趋势，提高跨国谈判的技巧也成为中国商人迫切希望解决的问题。专家们给出的建议不管是明确的还是隐含的，都带有一定"入乡随俗"的意义。许多专家认为，进行跨国谈判的最好方式是重视谈判对方的文化，根据文化改变谈判战略，使其与对方文化背景下的行为保持一致。因此，中国人在国际谈判中应树立一种宽广的胸怀，乐于接受各种不同的文化，并对各种文化给予充分的尊重。在此前提下，再强化对国际谈判技巧的学习。

拒绝的艺术

拒绝是一种艺术，当别人对你有所求而你办不到时，你不得不拒绝他。拒绝会让对方难堪，不得已要拒绝的时候，建议大家采取一些拒绝的手段。

①不要立刻拒绝：立刻拒绝，会让人觉得你是一个冷漠无情的人，甚至觉得你对他有成见。

②不要轻易地拒绝：有时候轻易地拒绝别人，会失去许多帮助别人、获得友谊的机会。

③不要盛怒下拒绝：盛怒之下拒绝别人，容易在语言上伤害别人，让人觉得你一点同情心都没有。

④不要随便地拒绝：太随便地拒绝，别人会觉得你并不重视他，容易造成反感。

⑤不要无情地拒绝：无情地拒绝就是表情冷漠，语气严峻，毫无通融的余地，会令人很难堪，甚至反目成仇。

⑥不要傲慢地拒绝：一个盛气凌人、态度傲慢不恭的人，任谁也不会喜欢亲近。特别是当别人有求于你，而你以傲慢的态度拒绝时，别人更是不能接受。

⑦要能婉转地拒绝：真正有不得已的苦衷时，如能委婉地说明，以婉转的态度拒绝，别人还是会感动于你的诚恳。

⑧要有笑容的拒绝：拒绝的时候，要能面带微笑，态度要庄重，让别人感受到你对他的尊重、礼貌，就算被你拒绝了，也能欣然接受。

⑨要有代替的拒绝：你跟我要求的这一点我帮不上忙，我用另外一个方法来帮助你，这样一来，他还是会很感谢你的。

⑩要有出路的拒绝：拒绝的同时，如果能提供其他的方法，帮他想出另外一条出路，实际上还是帮了他的忙。

⑪要有帮助的拒绝：也就是说你虽然拒绝了，却在其他方面给他一些帮助，这是一种慈悲而有智能的拒绝。

喜剧大师卓别林曾说：学会说"不"吧！那你的生活将会美好得多。想做个有求必应的好好先生或好好小姐并不容易，人们的要求永无止境，往往是合理的、悖理的并存，如果当面你不好意思说"不"，轻易承诺了自己无法履行的职责，将会带给自己更大的困扰和沟通上的困难度。"助人为快乐之本"，是人人都可朗朗上口的一句格言，但是，当别人前来要求协助时，难免会遇到自己力不从心的时候，这个时候该如何拒绝呢？有些人在拒绝对方时，因感到不好意思而不敢据实言明，致使对方摸不清自己的意思，而产生许多误会。像是当你语意暧昧地回答："这件事似乎很难做得到吧！"原来是拒绝的意思，然而却可能被认为你同意帮忙了，如果你没有做到，反而会被埋怨你没有信守承诺。

所以，大胆地说出"不"字，是相当重要却又不太容易的课题。有人喜欢你直截了当地告诉他拒绝的理由；有人则需要以储蓄委婉的方法拒绝，各有不同。以下是几种如何说不的建议。

直接分析法：直接向对方陈述拒绝对方的客观理由，包括自己的状况不允许、社会条件限制等。通常这些状况是对方也能认同的，因此较能理解你的苦衷，自然会自动放弃说服你，并觉得你拒绝得不无道理。

巧妙转移法：不好正面拒绝时，只好采取迂回的战术，转移话题也好，另有理由也好，主要是善于利用语气的转折——温和而坚持——绝不会答应，但也不致撕破脸。比如，先向对方表示同情，或给予赞美，再提出理由，加以拒绝。由于先前对方在心理上已因为你的同情使两人的距离拉近，所以对于你的拒绝也较能以"可以体会"的态度接受。

不用开口法：有时开口拒绝对方也不是件容易的事，往往在心中演练多次该怎么说，一旦面对对方又下不了决心，总是无法启齿。这个时候，肢体语言就派上用场了。一般而言，摇头代表否定，别人一看你摇头，就会明白你的意思，之后你就不用再多说了，面对推销员时，这是最好的方法。另外，微笑中断也是一种掩饰的暗示，当面对笑容的谈话，突然中断笑容，便暗示着无法认同和拒绝。类似的肢体语言包括采取身体倾斜的姿势，目光游移不定、频频看表，心不在焉……但切忌伤了对方的自尊心。

一拖再拖法：如果已经承诺的事，还一拖再拖是不明智的，这里的一拖再拖法指的是——暂不给予答复，也就是说，当对方提出要求时你迟迟没有答应，只是一再表示要研究研究或考虑考虑，那么聪明的对方马上就能了解你是不太愿意答应的。其实，有能力帮助他人不是一件坏事，当别人拜托你为他分担事情的时候，表示他对你信任，只是自己由于某些理由无法相助罢了。但无论如何，仍要以谦虚的态度，别急着拒绝对方，仔细听完对方的要求后，如果真的没法帮忙，也别忘了说声"非常抱歉"。

人生在世，不论地位高低，身份贵贱，总会碰到一些求人的事。因此，作为求人的一方就难免会遭遇拒绝。当然，对于拒绝也不能一概而论，也要一分为二，具体问题做具体分析。一般地，拒绝也分为几种情形：一是直截了当地拒绝。被求者不加掩饰，直接告诉对方所求之事不能办，干脆利落，不拖泥带水。二是委婉地拒绝，这就是说被求者碍于面子，不便直接回绝求人者，就先绕一个大弯子，将所求之事先应承下来，而实际上又未做明确承诺，抑或说早已暗示此事根本就办不成。三是无奈地拒绝，对人所求之事、被求者想应承但有难处，不应承又不好直言相告，于是就采取一种暂时拖延的迂回方式。

（二）西方人的谈判方式

1. 中西方思维方式的不同

"东西方"这三个字，范围很广，比如说东方，包括很多国家。笔者这里所讲的东方主要是讲中国。其实，中国的思维方式跟日本是有差异的，但是亚洲作为整体，相对欧洲，又有它的共性。

其实欧洲如果细分，许多国家的思维方式亦有差异。比如，东欧跟西欧、南欧跟北欧的思维方式就不同。同样一个国家，德国东部地区和西部地区，南部地区和北部地区也有差异。但限于篇幅，书中只把德国同中国比较，谈一谈二者之间的差异。

德国人有时跟笔者开玩笑说，你知道我们跟法国人有什么不同吗？例如，一个德国人和一个法国人在临死以前，你问法国人，你死前最大的愿望是什么？法国人的回答是我想喝一杯最好的香槟酒。又问德国人，你死前有什么愿望？他说如果我还有力气的话，我想再做一次报告。这就是德国人，喜欢做报告。

思维方式有哪些特点？

第一个特点，思维方式有它的普遍性和广泛性。也就是说，一种思维方式渗透在各个领域，甚至于我们平常经常见到的现象，往往也反映某种思维方式，比如一个美国人给日本人写信，日本人一看美国人写的开头马上就上火。因为美国人习惯将自己的要求放在最前面、信的开头，开门见山，后面才讲些客套话。日本人为了保持心理的平衡，对于美国人的来信先看后面。而美国人看日本人的信，看得很糊涂，不知道对方要说明什么问题，到信的末尾才看到日本人要说的问题，原来前面都是寒暄等。美国人读日本人的信也是倒过来看。这种不同的写法反映出不同的思维方式。

第二个特点，民族思维方式形成以后，有相对的稳定性。比如一个德国人、一个日本人、一个中国人，三个人坐火车从德国的法兰克福去巴黎，这三个人坐在一个车厢里。突然上来一位客人，因为车厢有三个空位子。这位客人拿了一个鱼缸端上来，放在空座上，德国人开始问端鱼缸的人："您能告诉我一下，这鱼是什么名称，在生物学上应该如何归类，有哪些特性？它们在科学上有什么意义吗？"这是德国人向这位客人的发问。日本人听完德国人的话以后就问端鱼缸的人："请问这位先生，这个鱼我们日本能不能引进？如果根据我们日本的气候和水温、水质，这个鱼能不能生长？"问完以后，轮到中国人来问了："请问这种鱼如何饲养？"这表明了不同的文化和思维方式的特点。

第三个特点，思维方式不是一成不变的，而是不断地发展。比如，现在不少年轻人已经具有了竞争的意识、效率的意识、时间的意识、务实的意识，比较讲究实际。这跟20世纪50、60、70年代的社会心态已经有了很大的变化，这些社会心态和社会心理的变化必然反映在思维方式的变化上。

第四个特点，思维方式的差异有时感觉得到但很难说清楚，也不容易反馈给对方。比如，中方有一个代表团出访以后，举行告别宴会，准备答谢一下接待的主人。答谢宴会的气氛非常热烈，双方都认为，这次访问取得了圆满的成功，签订了合作的协议。但当代表团走了以后，主人跟我讲，我跟你是老朋友，告诉你实话，我非常讨厌这位团长：我说，你们刚才不是谈得很好，双方都很满意吗，那你为什么不告诉他你不满意的地方？他说，这是无法说的。我询问后了解到，原来当这位主人进来时，这位团长的眼睛在握主人手的时候看着站在主人后边的一个人，竟然还跟那个人讲话，这被认为是对主人人格的侮辱、蔑视。因为他们国家的习惯是，握住谁的手，必须眼睛看着谁。可惜这位团长没有机会听取这个主人对他的意见。

还有一件事也是无法反馈的。有一年，荷兰有位高级的贵宾到中国来访问，安排他的夫人参观幼儿园，那天下着毛毛细雨，他夫人到达幼儿园门口时，看见一群孩子站得笔直笔直的，在园门口迎接她，她看到这些感觉到心里不舒服。然后参观幼儿园的教室，进去以后，每一个五六岁的孩子都背着手，面部表情非常严肃。她很快结束了参观。回国后，她请笔者到家里观看她拍的参观幼儿园的幻灯片，她说这是我这次访问心里感到最不舒服的一场，天下着毛毛细雨，为什么让孩子到门口来，为什么孩子都是这样笔直笔直地坐着，五六岁的孩子应该是非常调皮的，吵吵闹闹是正常的，这才像幼儿园。

我们出访的代表团，在活动的最后一般都是交换礼品。交换礼品时，如果对方是德国人，对方会立即打开并表示感谢，这是很正常的。但是我们代表团的人因为不了解德国这种文化就疑惑道："为什么他们都急不可耐地看礼品，是不是对我们送的礼品不放心？"反过来，德国人也对我方代表团提意见，问："我们送给代表团的礼品，为什么不打开看一看，是不是对我们送的礼品不感兴趣？"这些都是很小的问题，但反映思维方式的差别。

2．东西方思维方式的差异

一是义利关系问题。一般来说，西方人重利轻义，东方人重义轻利或义利兼顾。

二是整体性和个体性问题。东方人强调整体性和综合性，而西方人可不是这种表达方式。中国人表达感情比较细腻，我们认为这种内敛是美，而西方人可能认为外露是美。

三是中国人的思维方式里经常有意会性，西方人是一种直观性。比如，我们有些文章或在生活中喜欢用暗示，或者喻古论今。这种含蓄需要你去意会，所谓此时无声胜有声，这与西方人的直观性不太一样。

东西方思维方式差异的原因：一个是东西方社会发展的道路不一样，中国长期农业社会和小农经济造成的民族心理的特点是在很大程度上强调一种乡土情谊、一种乡邻的情谊。我们常说人生有四大喜事：久旱逢甘雨；他乡遇故知；洞房花烛夜；金榜题名时。在德国人那"他乡遇故知"并非什么大喜事，他们如果在国外遇到一个同乡，不会很激动，而我们的华侨，在外面有很多同乡会，西方人一般没有同乡会。我们经常讲本土本乡，甚至讲一方水土养一方人等。这些跟我们的长期农业社会都很有关系。还有落叶归根的思想，这都带有很浓厚的情，这种情的因素恰恰在西方很淡薄。

另外从文化体系角度讲，中国受影响深的是儒家文化。儒家哲学体系里强调的是修身、齐家、治国、平天下。首先是修身，也就是讲究道德文化，这种道德文化里恰恰强调的是一种义。另外还有君子之交淡如水，也强调的是义。当然现在有些变化，有的主张义利兼顾。再加上中国的哲学思想强调综合，西方的哲学思想强调的是分析，就分别形成了侧重整体思维或个体思维的差异。

这些东西文化的差异不能说谁优谁劣，这是客观形成的，我们讲这些是为了了解对方，而且应该相互学习，取长补短。

3. 西方的肢体语言的意义

美国心理学家阿尔伯特·马洛比恩发明了一个原则：总交流量=7％的文字交流+38％口头交流+55％的面部表情交流，说明了肢体语言的重要性。在日常交际活动中，我们都通过言语和非语言相互交流。肢体语言是非语言交流的重要组成部分，在人际交往中起不可忽视的重要作用。但是并非所有的肢体语言都表达了同一种意义，它会受多种因素的影响而有差异。

（1）肢体语言文化差异存在的根源。

具有不同的信仰是肢体语言存在差异的根本原因。美国人类学家 Barnettt Pearce 和 Verrion Cronent 的研究表明，人类的行为和思考问题的方式等都受他们自身的信仰影响，并且每一种文化都有其独特的信仰体系。在一种文化中被认可的行为在另一种文化中可能就会被误解为是粗鲁的、不可接受的。东方世界的国家崇尚谦虚、宽容、忍耐、相互支持和团体责任感，就是由于我们价值观体现的是集体；而西方国家的人崇尚独立、自尊、自由发展、尊重隐私、要求有个人空间等。这是因为西方国家的价值观是个人主义。

（2）肢体语言在不同文化中的区别。

下面从五个方面来介绍肢体语言的文化差异。

第一，目光语。我们常说"眼睛是心灵的窗户。"这就是说，我们可以通过对方的眼睛来读懂说话者的心思。目光语可以用来表达多种复杂的感情，而且是判断交际双方亲密程度的一种重要方式。来自英语国家的人在谈话中会使用更多的目光交流，美国人讲话就会非常注意目光接触的时间和方式。在普通对话中，他们会对看一分钟再挪开。如果两个美国人互相凝视，那就表明他们之间的关系很亲密。在北美，孩子们必须学会直视对方的眼睛，否则就会被认为缺乏激情和自信。他们坚信这样一句话 "Never trust a person who can't look you in the eyes"。而如果是两个阿拉伯人在对话，他们会温和地看着对方，因为他们认为眼睛是他们存在的关键。但是这在美国人眼里是不合适的，甚至会认为这是同性恋。一个有教养的英国男士会认为直视讲话者是有绅士风度的；法国人则喜欢用崇拜的目光专注地看着对方。日本人在交流中通常会看着对方的脖子，他们认为目光交流是不礼貌的。中国人则认为盯着他人是不友好的行为，而会认为是一种挑衅。

第二，手势语。手势语是指我们通过手及手指的动作和方式来交流。如果没有手势语，我们的世界将会停滞和黯淡无光。当我们谈论打扫房间时可能会抢起袖子，紧握拳头时则是为了表达我们内心强烈的感情。但是不同文化的手语是不同的。美国人会点点他人的太阳穴来赞扬他的聪明；但在中国文化中，指太阳穴则表示某人的脑子不好使，或是表明他很愚蠢。中国人也会很惊奇地看到当美国人吃饱饭时，会用把手横在自己的脖子上这一动作表示；而这个动作在中国人看来是一种刺杀行为，中国人常常以用手来拍拍肚子来表示自己已经饱餐。在美国文化中的"OK"手势，意思是"好的，是的"；而在日本这表示某人被老板炒鱿鱼了。来自英语国家的人如果在不断地转动自己的戒指，则说明他们紧张不安，但是如果中国人这样做，就可能会被认为是在炫耀自己的富有。很显然，同一手势可能会表达不同的含义，而不同文化国家的人会通过不同的手势来表达同一含义。这就要求我们熟悉东西方文化的差异，从而避免误解。

第三，面部表情。脸被称为"感情的器官"，因为我们通常能从他人的面部表情读出他人的内心感受。脸为我们自己的感情向周围的人提供了重要的线索。在所有非语言的交际方式中，脸是我们感情最重要的广播员。在许多文化（如美国和中国文化）里，微笑是幸福或友好的象征。当我们向别人微笑时，别人也会回报以微笑；但如果对方拉着脸，并不友好时，我们也会停止微笑。

当我们有客人在家时，我们会微笑以示欢迎。但美印第安人则用哭来表达欢迎。微笑不仅可以表示友好和快乐，还可以表示歉意和理解。例如，当我们在公交车上因急刹车而踩了他人的脚时，我们就会朝对方笑笑，意思就是"对不起，非常不好意思"。但有时西方人会对中国人的微笑感到不礼貌。例如，一个外国人在餐馆就餐时打碎了一个盘子而感到非常尴尬，当时在场的一位中国人向他微笑了一下，意思就是"没关系"以示安慰。没想到这个善意的微笑让这个外国人更加生气，或许在他心里这意味着双重的耻辱。

另一个面部表情就是吐舌头。当中国人感到自己行为不合时宜或非常尴尬时，他们经常会吐舌头，同时缩一下脖子（这个动作在女孩子中间比较普遍）。但在美国人看来，这个表情非常粗鲁。

避免交际障碍应遵循的原则：

正如谚语所说的"When in Rome，do as the Romans do"，我们交际活动的主要原则就是说交际一方应该尊重所在国家的文化并尽力消除自身文化带来的干扰。根据这一原则，我们就应该熟知风俗及文化的差异、信仰和他们的肢体语言的含义。

我们对于不同的文化应保持一种宽容的态度，包括信仰、风俗习惯等，从而避免歧视和盲目崇拜，保持一种开放理解的态度。

4. 典型的国家谈判风格

（1）丹麦。

交易习惯：丹麦进口商在与一个国外出口商做第一笔生意时，一开始为小金额的订单（以样品寄售或试销性订单），一般愿意接受信用证这种支付方式。此后，经常使用凭单付现和30～90天远期付款交单或承兑交单。

关税方面：丹麦对从一些发展中国家、东欧国家以及地中海沿岸国家进口的商品给予最惠国待遇或者更为优惠的普惠制。但实际上，在钢铁和纺织方面很少能得到关税优惠，拥有较大纺织品出口商的国家往往采取自行限额的政策。

注意事项：要求货样一样，很注重交货期，在一个新合同履行时，国外出口商应明确具体的交货期，并及时完成交货义务。任何违背交货期、延期交货的，都有可能被丹麦进口商取消合同。

（2）西班牙。

交易方式：可以用信用证缴付贷款，双方根据合同约定设定赊货期限。

注意事项：该国对其输入产品不收关税。供应商应缩短生产时间，注重品质及商誉。

（3）东欧。

东欧市场有其自身的特点：产品要求的档次不高，但要想求得长期发展，质量不佳的货品是没有潜力的。

（4）俄罗斯。

俄罗斯人做生意只要签约后，都以外汇现金直接电汇较普遍，并要求准时出货，很少开信用证，但要寻求搭线不易，只能通过会展或深入当地拜访。当地语言以俄语为主，英语使用很少，商贸洽谈一般都需要找翻译协助。

（5）联合国。

联合国每年的采购量都很大，但是并没有引起中国企业足够的重视。

注意事项：中国企业必须首先申请成为其供应商，其次要主动应标，在建立起信誉的基础上争取进入短名单。短名单内是联合国通过长期与供应商接触，认可的一些优秀的供应商。联合国在进行一些金额较小的采购时就不进行大规模招标，而主动与短名单内的供应商联系，并立即拍板成交。

通常能进入短名单的一般是某种产品前十名的企业，企业进入短名单就相当于在比赛中直接进入了决赛，对中标非常有利。当然，这要靠企业本身的素质和产品的质量。

值得中国企业注意的是，对于联合国的电函，无论竞标与否都必须有回答。联合国规定，3次不回复即取消供应商资格。因此，如企业的地址、电话、传真或电子信箱变更，应及时通知联合国。

联合国的采购与一般商业往来有所不同，它非常重视公开透明、平等廉洁，而且从来不还价。因此企业报价时一定要报实价，即最终价格。与联合国做生意，必须价廉物美，不能靠一次性暴利赚钱，而要通过建立信誉和长期采购关系来获得利润。

（6）英国人的谈判风格。

英国人比较冷静、持重，在谈判初期与对手保持一定的距离，绝不轻易表露感情，随着时间的推移，才与对手慢慢接近；英国人比较直率，谈判的时候让对方了解自己的观点，也能考虑对方的观点；英国人自信心很强，不肯轻易放弃自己的观点，做出让步；英国是礼仪之邦，崇尚绅士风度；但是，英国人也有缺点，他们不遵守时间，以英语为自豪，从来不使用第二语言。

（7）英国。

与英国人洽谈贸易时，有三条忌讳：忌系有纹的领带（因为带纹的领带可能被认为是军队或学生校服领带的仿制品；忌以皇室的家事为谈话的笑料；不要把英国人称呼为"英国人"（他们更乐意被称呼为"英格兰人""苏格兰人"等）。

（8）法国。

与法国人洽谈贸易时，严忌过多地谈论个人私事。因为法国人不喜欢大谈家庭及个人生活的隐私。

（9）南美。

赴南美洲做生意的人，为了入境随俗，在洽谈贸易的过程中，宜穿深色服装，谈话宜亲热并且距离靠近一些，忌穿浅色服装，忌谈当地政治问题。

（10）德国。

德国商人很注重工作效率。因此，同他们洽谈贸易时，严忌闲谈。德国北部地区的商人，均重视自己的头衔，当你同他们一次次热情握手，一次次称呼其头衔时，他必然格外高兴。

（11）瑞士。

若给瑞士的公司寄信，收信人应写公司的全称，严忌写公司工作人员的名字。因为，如果收信人不在，此信永远也不会被打开。瑞士人崇拜老字号的公司，如果你的公司建于 1895 年之前，那么你应在工作证件上或名片上特别强调出来。

（12）芬兰。

与芬兰商人洽谈时，应重视行握手礼，应多称其"经理"之类的职衔。谈判地点多在办事处，一般不在宴会上。谈判成功之后，芬兰商人往往邀请你赴家宴与洗蒸汽浴。这是一种很重要的礼节，如你应邀赴宴，忌讳迟到，且不要忘记向女主人送上 5 朵或 7 朵（忌双数的）鲜花。在主人正式敬酒之前，客人不宜先行自饮。在畅谈时，应忌讳谈当地的政治问题。

二、中西文化差异对国际商务谈判的影响与体现

（一）中西文化差异对国际商务谈判的重要性

随着商务活动日益频繁，各国对外商务谈判迅速增加。谈判已成为国际商务活动的重要环节。国际商务谈判是指处于不同国家和地区的商务活动的当事人，为满足各自需要，通过信息交流与磋商争取达到意见一致的行为和过程。它具有跨文化性。来自不同文化背景的谈判者有着不同的交际方式、价值观和思维方式，这就意味着在国际商务谈判中了解各国不同文化，熟悉商业活动的文化差异是非常重要的。文化上的差异导致了国际商务谈判中的文化碰撞甚至冲突，相当一部分谈判因此而失败，直接影响了国际商务活动的顺利进行。因此，要顺利地开展商务活动，必须了解不同国家的文化背景及其差异，并在此基础上扬长避短，制定出合理的谈判策略，只有这样才能在国际商务活动中游刃有余，获得成功。

（二）中西文化差异对国际商务谈判的影响

文化对谈判的影响是广泛而深刻的，不同的文化将人们相互疏远并形成沟通中难以逾越的障碍。因此，谈判者要尊重、接纳彼此的文化，而且要透过文化的差异，了解对方行为的真正意图，并使自己被对方所接受，最终达成一致的协议。

总的来说，文化差异对谈判的影响主要体现在以下几个方面：

1．语言及非语言的使用

由于长期的文化传承与积淀，各国形成了各自灿烂的语言文化。中文讲究谦逊、含蓄；而英语反映了其直率、个性张扬的异域文化。虽然解决语言问题的方法也很简单，如雇佣一个翻译或者用共同的第三语言交谈。但来自不同文化背景的谈判人员所使用的语言行为存在着很大的差异，如果不了解这些差异，那么很容易误解对方所传播的信息，从而影响谈判目标的实现。

在国际商务谈判中，谈判各方除了用口头语言来交流外，还通过手势、面部表情等身体语言表达自己的意见和感受。由于文化的差异，身体语言的表达方式和其含义有所不同。如在世界上大多数国家和地区，人们多以点头表示赞同或接受，以摇头表示不同意或反对，在南非一些国家却相反，人们用点头表示否定，用摇头表示赞同，所以谈判人员以非语言的、更含蓄的方式发出或接受大量的、比语言信息更为重要的信息，而且所有这类信号或示意总是无意识地进行的。因此，当谈判人员发出不同的非语言信号时，具有不同文化背景的谈判对手极易误解这些信号，还意识不到所发生的错误。这种不知不觉中所产生的个人摩擦如果得不到纠正，就会影响商业关系的正常展开。

2．谈判风格

谈判风格是谈判者在谈判活动中所表现的主要气度和作风，谈判风格体现在谈判者谈判过程中的行为、举止和控制谈判进程的方法、手段上。谈判者的谈判风格带有深深的文化烙印。文化不仅决定着谈判者的伦理道德规范，而且影响着谈判者的思维方式和个性行为，从而使不同文化背景的谈判者形成风格迥异的谈判风格。

（三）中西方文化差异在国际商务谈判中的体现

1．中西方价值观差异

价值观是文化的核心因素，包括世界观、人生观、人与自然关系、宗教信仰、道德标准等，表现为某些符合社会文化，具有持久性、稳定性，为社会成员所普遍接受的信念。中国以仁为核心的儒学，倡导一种人自身、人际间、人与社会的和谐主义，也就是集体主义。国外学者把中国传统文化的这种特质称之为集体主义文化，认为集体主义文化的成员愿意为了群体的利益牺牲个人的利益、需求和目标。正因为如此，中国人在进行交流时，强调个人利益应当服从社会整体利益，只有整个社会得到发展，个人才能得到最大利益。而西方国家是个人主义占据其文化的核心位置。西方文化突出个人价值、个人意志、个人尊严、个人自由、个人情感、个人权利及个人利益，并以个人成功来衡量人生价值。物质至上受到极度重视是西方文化个人价值至上论的主要特征。因此，他们在交流中总以自己为中心，即以传者为中心，交流语言直截了当，即以结果为导向。为了达到自己的目的，不惜使用各种说服技巧。

2．思维方式的差异

思维方式具有社会文化属性，在不同的社会文化结构中形成的思维方式是有差异的。东西方由于各自的地理位置、自然环境、种族渊源、历史变迁、宗教信仰、风俗文化等的差异，便形成了不同的、具有各自民族文化特色的考虑问题、认识事物的思维方式。

（1）整体性思维与分散性思维的差异。中国传统文化强调"人与天地万物一体"。在国际商务谈判中，中国人的谈判方式是首先就有关合同双方所共同遵守的总体性原则和共同利益展开讨论。他们主要关心的是双方长期合作的可能性，因此他们避免在谈判起始阶段讨论细节问题，并把所谓的具体的细节问题安排到以后的谈判中去解决。这种"先谈原则，后谈细节"的谈判方式是中国的谈判方式最明显的特征之一。而西方人恰恰相反，他们注重"先谈细节，避免讨论原则"。尤其美国人采用的谈判方式是"局部取向，重视细节"。他们的思维方式在谈判桌上的具体体现就是"直接"和"简明"。因此，他们惯于开门见山，直截了当。

（2）感性思维与逻辑思维的差异。中国人的思维方式是感性的。中国人的形象思维方式讲求以形见理、以美启真。它强调的是根据某一清楚界定的立场来判定目标或结果的价值。中国人对于直观经验较为重视，而在理论上往往停留在经验论层面。西方人的思维方式则是理性、逻辑的。西方人的抽象思维方式，讲求概念分析、逻辑推理。它强调的是不具任何价值色彩的事实。

三、中美文化差异对商务谈判及其策略的影响

在21世纪的今天，全球化这股时代潮流以不可逆转的趋势正在迅猛地推进并波及全球，在这样的大趋势下，各国文化总体来讲都倾向于趋同，但是，表面上的趋同无法掩盖不同文化之间的本质区别。相反，随着各种文化的相互交流与碰撞，文化差异也引起越来越多的人的重视。毋庸讳言，文化在国际商务谈判中起着举足轻重的重要作用，能否了解和正确地处理文化差异是决定谈判能否成功的决定因素之一。本书以中美两种文化之间对待时间的不同取向，即美国文化的共时性取向和中国文化的历时性取向，和中美文化中人际关系的不同价值观来说明这两种文化差异对商务谈判的深远影响。

（一）中美时间取向的差异

作为分别位于东、西两个半球的两个大国，中美两国地理环境不同，历史进程

不同，国俗民情各异，因而两国文化当然存在着巨大的差异。而中美文化差异表现在时间观念上，就是共时性时间取向和历时性时间取向的差异。

1. 共时性时间取向

共时（单式时间）性是指人们在特定的时间内集中精力只做一件事。在共时性的文化中时间是线性的、连续的，仿佛一条道路一般，从过去延伸向未来。这样时间很自然地就被切分成若干段，或者说时间被"区间化"，即每个被切分的区间就具化为日程安排。这便要求人们在一定的时间内只能做一件事。在这种共时性文化里，日程安排至关重要，压倒一切，常常被视为不可变更的。在共时性的文化中，人们可以"争取"时间，可以"节省"时间，可以"浪费"时间，也可以"失去"时间。受共时性时间取向支配的人们，习惯在特定时间内只做一件事情，因此他们会依照这件事情的时间要求来决定做什么、怎么做和与谁做。共时性时间取向尽管是美国人从北欧和英国沿袭而来的，但在美国文化中起着重要的作用，而且这种时间取向在美国工商界的影响更为深远。美国人非常重视日程安排，每一件事情他们都会给自己制定最后期限，并力求严格按照日程安排来开展各项工作。这种时间概念深植于他们的文化之中，使人们的思维方式与工作方法在不知不觉中便受其控制支配。不可否认，这样的工作方法虽然效率甚高并井然有序，却给人们增加了时间和期限的额外压力。

2. 历时性时间取向

历时性与共时性恰恰相反，其主要特点是：许多事同时发生并同时涉及许多人。在历时性的文化中，时间并不像在共时性文化中那么重要；历时性文化下的人们更强调以人为中心来进行人际交往，而不是死板地恪守日程安排。在历时性文化里，一个人的时间就像一间永远敞开的房屋随时欢迎到来的客人，不管是不速之客还是期待已久的贵宾。如果说共时性是一条从过去通向未来的单行道，那么历时性就是条条大道的交会处。日程安排在历时性文化中并不是那么重要，因为这些日程安排和最后期限都可以随着情况不同而随时更改。中国作为一个东方国家，属于历时性文化，但随着国际交往的日益频繁，中国人同时接受了历时性和共时性两种时间取向。在与西方人往来时，中国人依照共时性的时间取向来做事情；而在个人生活中特别是在经营和维护人际关系时，他们则自然而然地按照传统的历时性时间取向来为人处世。也就是说，中国文化关于对间的概念是非常灵活多变的，一方面中国文化是历时性文化；另一方面中国人也认识到美国文化乃至整个现代西方工业社会基本都属于共时性文化。因此在与美国人交往的过程中，中国人能够完全适应共时性时间取向的要求。因此，相比较美国人而言，中国人在对待时间、期限的态度上是非常灵活多变的，而非像美国人那样死守日程安排。

（二）时间取向差异对中美商务谈判的策略性意义

美国文化习惯对时间进行切分，形成了一个个具体的日程安排，如果延长或中断其中的任何一个都会影响后面一系列的安排。所以，美国人常常努力在规定的时间内完成日程安排上要做的所有事务。否则，他们的心理上便会感觉有压力，而这种压力直接表现为时间期限的压力：要恪守最后期限，便要承接随之而来的压力。在谈判中，美国人十分看重时间，他们通常希望在很短的时间内达成协议，所以他们会按部就班地开展一项又一项的谈判工作。中国人对于时间处理的灵活性以及对美国文化共时性的认识，对于谈判策略上的意义是显而易见的：他们能够一方面让自己不受最后期限的约束，另一方面又能利用美方的最后期限给对方造成压力并使之最终不得不就范。这就解释了为什么往往在谈判中，中方常常利用对方的最后期限施加共时性的了解，能够有利于他们充分把握中美文化在这个方面的巨大差异，从而使他们能够在谈判中及时调整他们的策略，做到扬长避短、游刃有余，从而最终获取最大程度的商业利益。

（三）中美文化中人际关系的价值观差异

（1）中国文化的人际关系价值观。

由于长期受到儒家思想的熏陶，中国人向来都非常注重身份地位、上下尊卑，注重人脉和人际关系的和谐。关系在中国人的各行各业中都起着举足轻重的作用。它不仅意味着更低的成本，还意味着许多潜在的好处，诸如更多的商业机会、更大的利益空间、更多的销售收入、更多的信息渠道等。一般来讲，中国人不赞成也不习惯直接的、纯粹的商业活动，他们更愿意在谈判的场外功夫上花大力气。究其原因，这是因为在中国文化中，"面子"历来是中国人非常看重的要义，因此在绝大多数场合保全谈判双方的"面子"比谈成生意本身更为重要。如果中国人不能相信对方的"为人"，他们就不会同对方做生意，不管这笔生意是否有利可图。中国人一般在与对方相处感觉和睦融洽时才开始讨论谈判事项，而且中国人非常重视建立互信融洽的长期合作关系，并愿意为建立这种关系投入大量的时间和金钱，所以他们正是基于这样的文化传统，中国人才会热情周到、无微不至地款待来宾，他们就是力图在非正式的场合去了解未来的生意伙伴。并且在谈判中，中方有时也会主动让步以便于与对方建立长期的业务关系。

（2）美国文化的人际关系价值观。

在美国文化里，人与人的关系通常是比较肤浅而简单的，美国人在商务谈判中常常谋求的是当下的利益而并非长期的业务合作关系。在美国人眼里，谈成一笔生意就意味着与对方的关系画上句号，即"成功就是结束"。他们注重经济效益，"Bang for Buck"即以最少的投入换取最大的利益，利润最大化是他们的基本原则。在谈判中，美国人一贯遵循的就是"Business is business"，所以他们谈生意的风格就是开门见山、直截了当。而且对美国人来讲，他们做生意习惯对事不对人，他们常常不愿意将个人的关系与商业利益相互联系起来，他们很难想象和一个或几个商业伙伴建立终生的业务关系。他们做生意非常注重时效，"时间就是金钱"，根本不愿花过多的时间在培养双方感情、拉近彼此关系上，所以常常给人以"急功近利""不近人情"的印象。很多时候，我们看到美国人把中方在谈判中所做出的妥协看作是他们自己的成功而沾沾自喜，他们并不了解这其实是中国人为了表示诚意或者为了发展长期的业务关系在谈判中所做出的策略性让步。

（3）中美人际关系价值观差异的策略性意义。

尽管中国人对人际关系的注重是其悠久的儒家文化传统使然，但是其谈判策略上的意义是不容小觑的：一方面，中国人为培养和经营良好的人际关系而付出的种种努力能使对方从心理上对我方消除戒备感和陌生感，在一定程度上建立双方初步的信任，给对方建立良好的第一印象，从而能够事先克服不利于谈判的主观因素。另一方面，这种人际关系价值观也有利于中方在各种非正式的场合从不同的侧面来了解谈判对手的个性特点和做事风格，从而能因人制宜地制定谈判策略，或者对已制定好的谈判策略进行适时的调整以达到理想的谈判效果。

综上所述，无论中国文化还是美国文化，并不存在优劣之分，只是这两种文化在不同的情境下会表现出其优势、积极的一面或者劣势、消极的一面。从跨文化的视角来认识中美文化中时间观念和人际关系这两个方面的差异，能够使我们更好地认识并充分地尊重文化差异，并能在国际商务谈判中做到知己知彼，因人而异，并在此基础上克服自己的短处，制约对方的长处，从而把握谈判主动，驾驭谈判过程，从而达到最终的谈判目的。买卖双方共同获利，反对强买强卖、以次充好、缺斤短两等违背公平交易原则的不法活动。随着我国市场经济的发展，从事营销活动的商家的直接目的越来越趋向于最大化地获取利益。正是基于对利益最大化的追求的驱动，各个商家在营销活动中可能会选择某些不公平的竞争方式藉以实现自己的利益最大化。因而，这种情况下公平性原则的遵守就显得至关重要。

坚持在企业的营销活动过程中诚实信用。企业营销活动的诚实信用是指在商品营销过程中买卖交易双方一定要诚实守信，遵守商业道德。所谓诚实就是不虚假，守信就是交易双方能够严格按照交易前约定的条款去履行条约，从而达到进一步取得对方信任的目的。诚实守信，是市场经济环境下我国企业营销活动中交易双方把握道德界限的重要基础规则。总之，企业的营销活动只有切实遵循相关的法律和相关的规则，才能真正地做到在法律规定的范围内从事营销活动，从而避免各种违反法律的行为的发生，有效地维护正常的市场秩序；企业的营销活动只有符合相关法律，才会在促进产品销售的同时，提高企业的信誉，树立良好的企业形象，促进企业不断地发展壮大。

第三节　跨文化差异的商务谈判策略

一、影响国际商务谈判的文化因素

在谈判策略中处理文化差异需要在是否调整你的策略以利于对方或坚持己见中做出决定。有时候没有选择的机会。而有时维持你所偏好的策略会使你在谈判中处于不利的地位。基本的策略有四种：

（1）对峙（confrontation）。谈判人之间的对峙，或者是直接的（面对面或利用电子媒介），或者是间接的（通过第三方或非语言行为）。在争端解决谈判中，想想什么样的第三方可能站在他的立场上。考虑一下对你的利益也许更有帮助的第三方。当在跨国团队中做决定时，处理程序性冲突和人际冲突方面，间接对峙也许比直接对峙更有效。然而，如果这项任务需要团队所有成员的知识、技能和承诺，那么出现的冲突就需要直接面对了。

（2）信息（information）。信息对于谈判就像货币一样重要。有关地位和其他公平标准的信息影响分配性协议；有关利益和优先事项的信息影响整合性协议。当谈判人不理解另一方传达的信息时，整合性潜力就几乎只能留在谈判桌上，有时谈判就会陷入僵局。如果你更喜欢直接共享信息，那么当与喜欢间接信息共享或其他冒着被利用风险的人谈判时，就要注意调整你的策略。直接共享信息的好处是当它像我们所预期的那样发挥作用的时候，所谓的快速信任感就建立起来了。当谈判双方表明了各自的利益立场，而那些利益又得到了尊重，双方便开始在互重互惠的基础上发展彼此之间的关系。如果没有互惠，那么泄露了更多信息的谈判方就有可能得到最坏的结果。提建议并不能快速建立信任，这是因为该过程不需要揭示信息这一首要的敏感步骤。但是，建议又是极其有用的，它把整合性与分配性结果联系起来。如果谈判双方对于各自的偏好和优先权乐意开诚布公，那么谈判就很容易达成整合性协议。

（3）影响（influence）。影响就是影响谈判另一方接受你愿望的能力。在社会交往中有很多不同的影响力基础，但有两个基础对谈判似乎特别重要：最佳替代方案和公平标准。谈判人的最佳替代方案越糟糕，谈判人对达成协议的依赖程度就越大，迫使对方让步的影响向力就越小。公平标准（fairness standards）是披着公平外衣的决策规则。规则可以是先例，可以是合同或法律，还可以是社会地位（如年龄或经验）或社会意识形态（如公平、平等或需要）。如果你来自一个有着等级文化的国家，倾向于影响其他谈判方，是在跟一个来自平等文化国家的人谈判，而他们希望在谈判中把影响力降到最低，要注意谈判中有可能发生冲突而陷入僵局。如果谈判双方把注意力集中在谁对谁错或谁有最大的权力，是否这种权力与地位有关等问题上面，冲突就会愈演愈烈。

（4）激励（motivation）。激励一般与谈判人利益有关。谈判人可能关心自我利益（self-interests）、谈判对方的利益或延伸到当前谈判桌外的集体利益（collective interests）。如果你来自一个有着集体主义文化的国家，倾向于与圈内成员合作，而与圈外成员竞争，那么当你跨文化谈判时，若不进行策略上的调整，则很可能处于下风。合作的谈判者善于整合，却冒着让步的危险，只能达成分配性协议。高自我目标、权利感以及好的备选方案激励谈判者去寻找变通的解决办法，进而可能达成整合性协议。

（一）语言和交流

人们的交流方式，包括语言交流和非语言交流，直接影响着国际商务谈判。语言是谈判力量的一大源泉，几乎在各种谈判中，无论大小、重要或是不重要，语言——口头语言和书面语言，都将成为是否达到谈判目的的决定因素。在相同文化背景下，讲话的内容尚有误差，可以想象，当一个人讲第二种语言时，误差肯定会更大，这是因为语言决定着文化，不同的语言有其独特的建构信息的方式。操双语者要在语言之间转换，在转换过程中，他们要调整自己的观念和思维过程，以适应所使用的语言。所以跨文化谈判总是面临着语言障碍，为了确保沟通的顺利进行，一般商务英语谈判要求使用翻译，一个好的翻译不但要熟练运用两种语言，还应具备相应的专业技术知识。

（二）价值观念

价值观念是以文化衡量人们的行为以及后果的标准。它影响着人们理解问题的方式，也会给人们带来强烈的情感冲击。在不同的文化中，价值观念会有很大的差异。在一种文化中很恰当的行为，在另一种文化中可能会被看成是不道德的。比如，美国人认为"裙带关系"是不道德的，但大多数拉丁美洲人却将它视为一种平常。因此，了解某个社会中流行的价值观念以及这些观念在个人行为受尊敬的程度是很重要的。我们这里将讨论注重那些对理解社会经济活动至关重要的价值观念，更具体地，是那些为增进跨文化交际能力而值得注意的价值观念。

（1）伦理观念。

中国的伦理观念较重。"熟人"和"关系"有其特殊的内涵和意义，一旦关系得到确立，双方成了熟人或朋友，优惠和慷慨相助的局面就出现了，信任和包容的程度也就提高了，所以中国人有较多的口头约定。美国人却不是这样，他们不大注重培养双方的感情，而且力图把生意和友情分开。对问题的处理，惯用的是采用法律手段，律师出面解决问题是常见的，显得生硬而不灵活，我们应清醒地认识这一点。但一旦签署了合同，他们非常注重合同的法律性，合同的履行率较高。中国代表团到了西方，可能会因长时间没人招待而把这误解为主人对他们的访问不感兴趣；欧洲人来到中国，可能发现他们无论做什么事都有人陪着，而把这误解为主人对他们缺乏信任。对外国的某高级来访者关照过多，很可能被错误地认为是对他的公司或者公司的产品有一种偏爱，其实这只不过出于中国人的待客之道，如果合同没谈成，就会导致后来的失望，甚至抱怨。

（2）集体观念。

中国的集体观念较强，强调的是集体的责任，所以谈判的模式基本上是集体出场，但拍板定案的是决定性的一人，甚至决定人根本未出场，这被文化学家称为"高距离权利文化"。在出现较复杂棘手的问题时，谈判人就难以决定。而西方是"低距离权利文化"，表面上看是一两个人出场，谈判人相应的权限已经赋予，或是智囊团辅助其决策，因而在谈判中，谈判人的个人的责任较重，也较高、较灵活。

（3）时间观念。

时间观念以及它如何决定人们的行动计划对国际商务谈判有着广泛而无形的影响。日常谈判行为所体现的遵守时间方面的差异，可能是最明显的表现形式。犹太商人非常重视时间。他们历来认为，时间远不止是金钱，时间和商品一样，是赚钱的资本。钱是可以借用的，而时间是不可以借用的，时间远比金钱宝贵。有位月收入20万美元的犹太富商曾经算过这样一笔账：他每天工资为8000美元，那么每分钟约为17美元。假如他被人打扰，浪费了5分钟的时间，那就相当于被窃取了85美元。强烈的时间观念提高了犹太人的工作效率，在工作中他们往往以秒计算，分秒必争。在犹太人身上，绝不会发生早退、迟到，或者拖延时间等情况。"不速之客"在犹太人的商务活动中，几乎等于"不受欢迎的人"，因为不速之客会打乱原定的计划安排，而浪费大家的时间。对时间极端吝啬的犹太人，在商谈中的时间观念更强。犹太人在谈判之前，是必须约定好时间的。他们不仅要约定好是在某年某月某日的某时，而且要预约好"从几点起，要谈多久"。犹太人会谈时，一见面，除了礼貌性地寒暄外，会立即进行商谈，这是懂礼貌、有修养的表现，同时表示对双方的互相尊重。

二、国际商务谈判中中西方文化差异的策略

（一）在谈判中应增强法律意识，增强法制观念

在现代社会，所有的商务活动都要在法律关系下进行，但由于社会经济和文化背景不同，使中西方的法律观念存在明显的区别。西方国家是法治国家，法制完善，法律意识根深蒂固。中国受到等级观念、官本位思想以及关系意识的影响，法制观念相对淡薄，导致中国谈判者在谈判过程中注重人际关系和非正式的处理方式。因此，中国应健全法制观念，提高国民的法律意识，提高司法人员的综合素质，使学法、懂法、用法成为中国人的必备素质。在国际商务谈判中，一旦发生纠纷，要争取用法律保障自己的权利和义务，营造公平、公正的谈判环境。

（二）在谈判中掌握与不同国家和地区的商务谈判技巧

不同的文化造就不同的性格和行为，形成不同的谈判风格。不同的风格主要表现在谈判过程中的行为、举止和实施控制谈判进程的方法、手段上。在东西方商务谈判过程中，文化背景的差异、不同的文化心态、风俗习惯等，往往被很多人忽略，而常常正是文化因素的影响决定了商务谈判活动的成败。在进行谈判时，大家都是平等的。无论对手所处的文化环境看起来有多么不可思议或无法理解，谈判时都应该彼此尊重。在正确的谈判意识指导下，涉外谈判者必须掌握谈判对手的谈判风格，灵活应变，对症下药，使国际商务谈判向有利于己方的方向发展。

（三）在谈判中应正确表达自己的意思，克服语言上的障碍

在跨国谈判中掌握对方国家的语言对谈判的顺利进展有重要意义。语言不通是谈判中一个很可怕的障碍，因为它可能使双方产生误解，甚至会导致谈判失败。掌握一国的语言并不是单纯地理解语言的表面意思，而是要知道某些词语和短语在一定文化中隐含的特殊意义。

（四）在谈判中应摒弃种族主义思想

进行谈判时，涉外谈判者要灵活多变，使自己的谈判风格和策略适应不同的商业文化类型。譬如与注重礼仪的法国、日本、英国人谈判时，必须注重衣着与礼仪，显示己方的教养与风度。而在一些不太讲究衣着的国家，穿便装也可参与正式的商务谈判。所以说，在与国外商务人员交往之前，一定要尽可能地多了解他们的

习俗与禁忌，以避免不知道某些特殊讲究而使对方不愉快甚至于影响商务谈判的进程与结果。综上所述，文化差异及其对国际商务谈判的影响，任何从事跨文化商务活动的人都应该高度重视。了解文化差异并确定相应的谈判技巧，选择最佳的方案和让步策略，知己知彼，知利知弊，双赢共存，才能各得其宜。

■ 三、商务谈判十大策略及策略的运用

（一）商务谈判十大策略

在商务谈判中，各方的谈判者都在谋求共赢的前提下运用各种策略来达到己方乃至谈判各方的利益最大化。商务谈判策略是对谈判人员在商务谈判过程中为实现特定的谈判目标而采取的各种方式、措施、技巧、战术、手段及其反向与组合运用的总称。商务谈判策略是在长期的商务谈判实践经验和教训的基础上总结出来的。商务谈判的情形错综复杂，运用的谈判策略亦多种多样，仅凭一种单一的策略，谈判不可能获得成功。因此，一个优秀的谈判人员必须熟悉和掌握各种谈判策略与技巧，在复杂多变的谈判中审时度势，灵活组合，巧妙运用，以达到谈判的预期目标。

1. 冷热适中

冷热适中就是在谈判中言行举止和态度不急不躁，不卑不亢。在商务谈判过程中，谈判者对于对方的提案或对达成协议只需表现出感兴趣，但不可表现得过分热心和急迫。过热会让对方很快捕捉到己方的真正的意图、急切想达到目的的弱势，从而在谈判中被对方利用，造成己方在谈判中处于不利地位，丧失谈判的控制权；过冷，会让对方担心己方的诚意以及将来合作不能相互理解，会造成谈判的流产或谈判不能按计划进行。若在谈判场上表现得不急不躁，态度从容，确保对方不能捕捉到己方的真正的意图，让对方自然而然应你而来，那么，己方在谈判中就能把握谈判的主动权，达成有利于己方的协议。

结论：冷热适中是确保谈判主动权的掌控，达到己方利益最大化的一种手段和策略。

2. 虚实结合

虚实结合是谈判中迷惑对方的一种策略。在商务谈判中，为达到某种目的和需要，谈判一方用把小讲大、把易讲难、把无关紧要讲成至关重要等方法制造谈判条件，有意识地将磋商的议题引导到对己方无关紧要的问题上，故作声势，转移对方注意力，让对方觉得己方在这个问题上很重视，然后经过激烈的讨价还价，己方在这个议题上做出一些让步，让对方感到满意，以此换取对方在自己真正关心的议题上也做出一些让步，以求实现自己的谈判目标。比如，对方最关心的是价格问题，

而己方最关心的是交货时间。这时，谈判的焦点不要直接放到价格和交货时间上，而是放到价格和运输方式上。

结论：虚实结合这种谈判策略只要不被对方识破，往往取得很好的效果，但虚不能是骗。这种策略的使用必须建立在谈判者要知彼知己的前提下。

3．刚柔并济

刚柔并济就是谈判中语言和态度软硬结合，斗争和妥协结合的。谈判的本质就一种博弈，一种对抗，是寻求利益上的均等和妥协。如果语言过于直率、强势，态度过分凶狠、强硬，便会刺伤对方，很容易激起对方的反感和恼怒，引发冲突；或把对方吓退，而达不成协议；过柔，一味退让，会让对方觉得软弱可欺，使对方得寸进尺，己方丧失主动而受制于人。刚柔并济就是有进有退，有人充当"红脸"角色，坚持强硬立场，不留情面；有人扮演"白脸"角色，持温和态度，处处留有余地；彼此互相调剂、互相补充，可以在谈判出现危难时扭转对己方不利的局面，使接下来的谈判不容易陷入僵局。刚柔相济让谈判双方表面上都有主动权，只是权重大小的问题。

结论：刚柔并济是避免谈判形成僵局和破裂，避免受制于人的有效谈判策略。

4．拖延迂回

拖延迂回是应对强硬谈判者时采用的四两拨千斤的策略。强硬的谈判者在谈判中有强烈的掌控欲，往往居高临下、咄咄逼人。如果硬对硬或针锋相对，谈判不仅充满火药味，还会造成僵持局面，甚至导致谈判破裂。在这种情况下，要避其锋芒，不与对方发生正面冲突的好方法就是拖延迂回。如利用"请示上级领导""超过我公司授权范围""需要认真研究"回应对方；或故作"糊涂"，化解长的谈判环节，与对方打持久战，消磨其意志，使趾高气扬的谈判者感到疲劳厌烦。当其筋疲力尽之后，再发起反攻。绕开对己方不利的条款，把谈判话题引到有利于己方的交易条件，进入己方的谈判节奏。通过拖延迂回改变了谈判力量的对比，把自己的谈判地位从被动中扭转过来。

结论：拖延迂回是对待强硬的谈判者采用的由被动转为主动，反弱为强的谈判策略之一。

5．货比三家

货比三家是采购方同时与几个供应商进行谈判，经过综合比较和评价各家的交易条件，最终确定更具竞争优势的供应商的策略。如果采购方在与供应商的谈判中处于劣势地位，就不得不接受供应商的高价，采购方会丧失获取更大利益的机会。货比三家让更多的供应商参与谈判，一方面扩大供应商的选择范围，降低了采购方对供应商的依赖；另一方面利用供应商之间的相互竞争，降低了供应商讨价还价的余地，最终以最有利于采购方的条件成交。

结论：货比三家是使采购方处于主导地位，以低成本获得更好的供应商的一种行之有效的策略。

6. 胸中有数

胸中有数是指谈判者对与谈判相关的信息掌握充分、心里有底的一种状态。知己知彼，百战不殆，谈判者所掌握的信息不仅包括谈判对方的信息，还包括己方本次谈判中涉及的信息。如果能了解到谈判企业的企业背景、企业规模、财务状况、在行业内的声誉、经营状况及经营战略等信息，能了解到诸如产品满足的使用标准、产品的生产标准、产品的技术标准、产品的价格、市场对产品的需求度、产品的替代品、产品潜在的市场和需求、交货条款、付款条款、售后服务、产品的缺点和瑕疵等信息，了解对方的谈判目的、谈判风格、心里底线等，那么就将谈判做到了胸中有数。符合市场实际情况的信息是谈判实力的来源，也是谈判策略选择的依据。在谈判中，有力的信息可以支持己方的观点，削弱对方的观点，反驳对方的观点，让对方不得不重新调整或改变谈判条件，既避免了谈判中一些不必要的冲突和矛盾，又得到了己方希望的谈判结果。

结论：谈判是双方心理素质的较量，也是谈判技巧、专业知识与信息应用的较量，充分的信息可以增强谈判者的信心和实力，赢得谈判的主动，甚至决定谈判的结果。

7. 留有余地

留有余地是谈判者对谈判尺度掌控的一种策略。在谈判中，双方都会在唇枪舌剑的论辩和激烈竞争的讨价还价中不停地设计陷阱，追求己方的利益最大化。只要谈判不能锁定，就不能把自己可接受的条件和盘托出。一旦和盘托出，自己将没有砝码应对对方再提出的条件，不但会损失自己的利润，还会造成谈判失败。所以，在谈判中，特别是在协议在即将达成之时，一定要定对方的条件，只有在确认对方没有其他条件下，才能给出自己的最终的结论。否则，只能给出部分可承诺的答复，留出回旋之处，作为己方继续谈判的砝码，让谈判能够顺利进行。如卖方在报价时往往会给出高于自己可以接受的价格（即底价），报价和底价的差价就是给买方留出的还价的余地，给己方留出的让步的余地。只要谈判没有终结，就不能托出底价，必须留出让价的空间来作为继续谈判的砝码。

结论：当不能锁定对方所有条件时，自己不能和盘托出自己可提供的所有条件。谈判不结束，自己手中就得有回旋的砝码。

8．相互体谅

相互体谅是避免谈判陷入僵局所采取的一种真诚合作的态度。商务谈判从根本上说是谈判双方相互寻求利益满足的过程，其表现形式是既合作、又竞争。在谈判中，谈判双方出现意见分歧，利益冲突在所难免，若各持己见，互不相让，就容易出现双方的对峙局面，即僵局。僵局常常使谈判双方陷入尴尬难堪的境地，它既影响谈判效率，挫伤谈判人员的自尊心，更影响谈判协议的达成。当然，出现僵局并不等于谈判的破裂和终结，但它会严重影响谈判的进程，造成双方关系紧张，因此，应尽力避免在谈判中出现僵局。相互体谅是双方在谈判中相互尊重、认同对方，在一些问题上发生分歧时平心静气地考虑双方的需要和意见，以宽容、理解的心态，友好协商，共同探讨满足双方需要的各种可行途径。不要在抓住对方弱势或缺失的地方得理不饶人，步步紧逼。将心比心，求同存异的大度会给己方带来其他方面的回报，对以后的合作也会更加有力。相互体谅是基于双赢的谈判理念所持的谈判态度。谈判是一互利的过程，互利是谈判的基础。如果其中一方只顾己方利益，丝毫不体谅对方的利益，其结果是，要么对方无奈被迫接受，要么导致对方退出谈判，宣告谈判破裂。无论哪一种都不能算作真正意义上的成功的商务谈判。一场成功的商务谈判每一方都是胜者，就其结果来说应该是双赢。

结论：相互体谅的谈判态度可以平和谈判中的局部冲突，推动谈判向前而最终达成共识。

9．底线界清

底线界清是谈判之前确定的己方必须守住的利益的最低防线，是谈判者事先设定好一个能接受的最坏结果。如果是买方，底线是在一定交易条件下愿意支付的最高价；如果是卖方，底线则是在一定交易条件下能够接受的最低价。无论如何，即使谈判破裂也不能弃守。谈判必须有妥协、有让步，妥协什么，让什么，在什么时候妥协，在什么时候让步，怎么让，让多少，让步的幅度和节奏等均可依据谈判进展灵活掌握，目的在于让己方处于有利地位，而又不失谈判的砝码。但无论在谈判中承受多大的压力，甚至冒着谈判破裂的风险，妥协和让步都不能突破谈判的底线。失去这个最后的防线，己方通过谈判寻求的利益不能得到满足，谈判也就失去了意义；高于底线的谈判结果是己方希望的，也是可以接受的。当然，底线的确定必须有一定的合理性和科学性，如果卖方把底价确定得过高或买商把底价确定得过低，都会使谈判中出现激烈冲突，最终导致谈判失败。

结论：底线界清可以避免在谈判中太想达成协议而过度让步，接受一个使己方寻求的根本利益受到损害的协议。

10．随机应变

随机应变是在谈判场上见机行事，随着情况的变化灵活机动地应付意想不到的各种问题的一种能力和超强心态。谈判是斗智斗勇，斗心态的过程。在谈判前商务谈判者必须彻底分析双方的利益所在，认清哪些利益对于己方是非常重要的，是决不能让步的，必须守住的；哪些利益是可以让步的，可以用来交换对方的条件，从而制定多种策略方案以便随机应变。当然，无论谈判方案准备得如何完善和严密，谈判过程中在对手出奇招、不按常规出牌时，都会打乱己方的思维和节奏。见招拆招的应变可以扭转谈判桌上尴尬的局面，促使谈判向前推进并最终获得成功。若对手突然提出很棘手的问题一时难以招架，也可先施缓兵之计，采用暂时回避，另起话题，建议休息，需要请示领导、去洗手间等技巧应对，再图谋对策。

随机应变是谈判者必备的一种能力和心理素质，是避免己方处于被动地位的一种临时保护方案。总之，商务谈判策略是实现谈判目标的手段，因谈判需要而产生，随谈判活动的深入而不断丰富和发展。商务谈判策略是多种多样的，不存在好坏优劣的分别，也不存在作用大小的差异，但存在是否对症的问题。因此，谈判者应当正确认识谈判策略运用的一般规律，不能盲目照搬和套用，要根据谈判的实际需要来选择。谈判者只有选用得当的谈判策略和技巧，才能在谈判中进退自如、攻守得当、掌握主动，从而获得满意的谈判结果。能否审时度势、机智灵活地选用各种谈判策略和技巧也是衡量谈判者能力高低、智慧大小的主要标志。

（二）策略的运用

谈判是现代社会无处不在、随时发生的活动，几乎每个人都在某一特定条件下或为一个谈判者。所谓谈判，是指人们基于一定的需求，彼此进行信息交流，磋商协议，旨在协调其相互关系，赢得或维护各自利益的行为过程。要想在生活或工作实践中，特别是在商务活动中取得满意的谈判结果，必须懂得根据己方在谈判中所处的形势选择适当的谈判策略。任何一项成功的谈判都是灵活而巧妙地运用谈判策略的结果，一个优秀的谈判人员必须谙熟各种谈判策略与技巧，学会在各种情况下运用谈判策略，以达到己方的目标。

1．优势条件下的谈判策略

（1）不开先例策略。

不开先例策略是指占有优势的卖方坚持自己提出的交易条件，尤其是价格条件，而不愿让步的一种强硬策略。当买方所提的要求使卖方不能接受时，卖方谈判者向买方解释：如果答应了买主这一次的要求，对卖方来说，就等于开了一个交易先例，这样就会使卖方今后在遇到类似的其他客户发生交易行为时，也至少必须提供同样的优惠，而这是卖方客观上承担不起的。在使用不开先例策略时，卖方应对所有的交易条件反复衡量斟酌，说明不开先例的事实与理由，使买方觉得可信，另外还要注意是否能获得必要的情报和信息来确切证明不开先例是否属实。

（2）价格陷阱策略。

价格陷阱策略是卖方利用商品价格的频繁变动和人们心理的不安而设的圈套，把谈判对方的注意力吸引到价格这个问题上，使买方忽略在其他条款上争取优惠，从而丢失了比单纯的价格优惠更重要的东西，进而影响实际利益。这种策略之所以能够行之有效，是因为价格在交易中的重要性使许多人产生了以价格为中心的心理定式。另外，迫于时间压力和问题的复杂性，人们可能并未通盘考虑交易的利弊得失，忽略了其他方面的利益。

（3）最后通牒策略。

最后通牒策略指谈判的一方锁定一个最后条件，期望对方被迫接受这个条件而达成协议的一种方法。在实施最后通牒策略时应注意一定的技巧，如用"原则"锁住自己的立场，告诉对方，如果在这个原则上弃守，我们付出的代价太大，我们不会让步。另外也可以用白纸黑字锁住自己的立场，如谈判时可以把内部文件拿给对方看，以锁住自己的立场。为了让对方相信，我们还得遮掉一部分，如告诉对方："对不起，除了这几个部分我不能给你看以外，其他都能给你看。"都给他看，真的东西看起来也像假的，遮掉一些，假的看起来也像真的。

2.劣势条件的谈判策略

（1）疲惫策略。

疲惫策略主要是通过多个回合的疲劳战来干扰对方的注意力，瓦解其意志，从而寻找漏洞，抓住有利时机达成协议。在商务谈判中，实力较强的一方的谈判者常常咄咄逼人，锋芒毕露，表现出居高临下、先声夺人的姿态。对于这种谈判者，疲惫策略是一个十分有效的策略。等趾高气扬的谈判对手逐渐消磨锐气，同时使己方从不利和被动的局面中扭转过来，到了对手精疲力竭之时，己方则可乘此良机，反守为攻，力促对方做出让步。疲劳策略是为了拖延谈判时间，往往把对方的娱乐机会安排得满满的，看来似为隆重礼遇，实际上是为了拖垮对方。有时还采用车轮战加以配合，即谈判一方采用不断更换人员的办法，迫使对方进行重复谈判，从而使对方忙于应付，精疲力竭。

（2）权力有限策略。

权力有限策略是指谈判人员面临对方的苛刻条件时，将申明没有被授予这种条件的策略，以便使对方放弃所坚持的条件。这种策略常是实力较弱的一方的谈判人员抵抗到最后时刻而使出的一张"王牌"。实力较弱的一方的谈判者常带着许多限制去进行谈判，使自己比大权独揽的谈判者处于更有利的地位。因为，谈判人员的权力受到了限制，可以促使其立场更加坚定，可以优雅地向对方说："不，这不是我个人问题，我不能在超越权力范围的事情上让步。"这样，既维护了己方利益，又给对方留了面子，为谈判留下了余地。

（3）吹毛求疵策略。

吹毛求疵策略是指处于谈判劣势的一方，在谈判中处于有利一方炫耀自己的实力，大谈特谈其优势时，采取回避态度，或者避开这些实力，而寻找对方的弱点，伺机打击对方。当然有的问题是实的，有的则是虚张声势，之所以这样做，主要是降低对方的期望值，找到讨价还价的理由，达到以攻为守的目的。

3. 均势条件下的谈判策略

（1）步步为营策略。

策略既攻也守，进则顽强地挺进，不求大成，但求有进，退则顽强抵抗，寸土必争。运用此策略主要突出说理，要顽强地、耐心地说理，以理服人，不服不罢休。

（2）休会策略。

休会是谈判人员经常使用的基本策略，这种策略能使谈判人员有机会重新思考和调整对策、恢复精力，促进谈判的顺利进行。一场复杂的商务谈判往往旷日持久、变化莫测，双方在谈判中所处的形势也不是一成不变的，谈判人员应灵活地根据己方所处的形势选择适当的谈判策略，而不能生搬硬套地照搬某一模式。谈判策略也只有靠谈判人员因时、因地、因人、因情、因景灵活运用，才能在商务谈判中发挥其独特的魅力。

参考文献

[1] 郭晓丽，孙金明，郭海燕．商务职场实用礼仪［M］．北京：北京理工大学出版社，2011．

[2] 郭丽．跨文化商务沟通［M］．济南：山东人民出版社，2014．

[3] 潘文荣．礼仪就是资本［M］．北京：中国纺织出版社，2015．

[4] 徐美萍．商务公关与礼仪［M］．北京：北京交通大学出版社，2011．

[5] 覃金菊，甘文平．实用商务英语口语交际与信函写作［M］．武汉：武汉大学出版社，2016．

[6] 姜伟杰．商务英语教学理论研究［M］．长春：吉林大学出版社，2016．

[7] 王立非．商务英语跨学科研究新进展［M］．北京：对外经济贸易大学出版社，2012．

[8] 周小微，陈永丽．跨文化商务交际［M］．北京：对外经济贸易大学出版社，2011．

[9] 李太志．商务汉英语言文化对比分析与翻译［M］．北京：国防工业出版社，2013．

[10] 柯威．跨文化商务交际［M］．重庆：重庆大学出版社，2017．

[11] 冯艳昌．语言·跨文化交际·翻译［M］．北京：中央编译出版社，2012．

[12] 杨快．跨文化商务沟通［M］．武汉：武汉大学出版社，2014．

[13] 俞利军．跨文化与商务纵论［M］．北京：对外经济贸易大学出版社，2009．

[14] 詹作琼．跨文化商务英语交际［M］．重庆：重庆大学出版社，2016．

[15] 曹盛华．当代商务英语翻译研究［M］．北京：中国水利水电出版社，2016．

[16] 陈国明．跨文化交际学［M］．上海：华东师范大学出版社，2009．

[17] 戴晓东．跨文化交际理论［M］．上海：上海外语教育出版社，2011．

[18] 胡春风．宗教与社会［M］．上海：上海科学普及出版社，2004．

[19] 卿希泰．中外宗教概论［M］．北京：高等教育出版社，2002．

[20] 杜莉．吃贯中西［M］．济南：山东画报出版社，2010．

[21] 贺毅，苏峰．中西文化比较［M］．北京：冶金工业出版社，2010．

[22] 杨乃济．吃喝玩乐：中西比较谈［M］．北京：中国旅游出版社，2002．

[23] 陈坤林，何强. 中西文化比较 [M]. 北京：国防工业出版社，2012.

[24] 高照明，赵昭. 中国旅游文化 [M]. 北京：冶金工业出版社，2009.

[25] 杨乃济. 吃喝玩乐：中西比较谈 [M]. 中国旅游出版社，2002.

[26] 鱼凤玲. 美育 [M]. 北京：中国科学技术出版社，2004.

[27] 于可编. 世界三大宗教及其流派 [M]. 长沙：湖南人民出版社，2005.

[28] 陈坤林，何强. 中西文化比较 [M]. 北京：国防工业出版社，2012.

[29] 李信. 中西方文化比较概论 [M]. 北京：航空工业出版社，2003.

[30] 孙培青. 中国教育史 [M]. 上海：华东师范大学出版社，2008.

[31] 朱永新. 中国古代教育思想史 [M]. 北京：中国人民大学出版社，2011.

[32] 孙玉琴. 中国对外贸易史 [M]. 北京：清华大学出版社，2008.

[33] 翟宇，王霞. 当代商务英语的跨文化交际与应用综合研究 [M]. 北京：北京工业大学出版社，2019.

[34] 江涛. 跨文化交际教程 [M]. 南京：东南大学出版社，2014.

[35] 胡文仲. 跨文化交际学概论 [M]. 北京：外语教学与研究出版社，1999.

[36] 廖国强，夏宏钟. 中西方文化差异与商务交际 [M]. 北京：外语教学与研究出版社，2015.

[37] 于瑶. 现代商务英语的跨文化交际与应用 [M]. 长春：吉林大学出版社，2017.

[38] 吴为善，严慧仙. 跨文化交际概论 [M]. 北京：商务印书馆，2009.

[39] 刘荣，廖思湄. 跨文化交际 [M]. 重庆：重庆大学出版社，2014.

[40] 高小燕，孟蕾. 浅论跨文化广告传播 [J]. 新西部，2008（4）：221.

[41] （美）卢西替戈，（美）凯斯特勒. 跨文化能力：文化间人际沟通导论 [M]. 上海：上海外语教育出版社，2008：136.

[42] 王玉环，李金珊，跨文化交际学教程 [M]. 北京：北京大学出版社，2011：126.